호주사
다이제스트100

호주사
다이제스트100

초판 1쇄 펴낸 날 ┃ 2016년 7월 8일

지은이 ┃ 신봉섭
펴낸이 ┃ 홍정우
펴낸곳 ┃ 도서출판 가람기획

책임편집 ┃ 이상은
디자인 ┃ 김한기
마케팅 ┃ 한대혁, 정다운

주소 ┃ (121-894) 서울시 마포구 양화로7안길 31(서교동, 1층)
전화 ┃ (02)3275-2915~7
팩스 ┃ (02)3275-2918
이메일 ┃ garam815@chol.com

등록 ┃ 2007년 3월 17일(제17-241호)

© 신봉섭, 2016
ISBN 978-89-8435-365-7 (03960)

이 도서의 국립중앙도서관 출판시도서목록(CIP)은 서지정보유통지원시스템 홈페이지(http://seoji.
nl.go.kr)와 국가자료공동목록시스템(http://www.nl.go.kr/kolisnet)에서 이용하실 수 있습니다. (CIP제
어번호: CIP2016014543)

DIGEST100SERIES

14 Australia

호주사
다이제스트100

가람
기획

머리말

처음 ≪호주사 다이제스트100≫의 원고 제안을 받았을 때 기대와 걱정이 동시에 있었다. 개인적으로 8년간 공부했던 나라에 대한 관심과 애착을 조금이나마 글로써 표현할 수 있겠다는 기대감과 함께, 역사 전공자도 아니면서 한 나라의 역사를 이야기한다는 것에 대한 부담감도 있었다.

역사서 집필은 과거의 기록이나 증빙 자료를 통해 인지하고 있는 내용에다 약간의 상상력이 더해져서 완성된다. 하지만 백인들이 호주 대륙을 발견하기 이전의 역사를 다룬 변변한 자료나 기록은 찾아보기 힘든 것이 현실이다. 그럼에도 우리에게 비교적 잘 알려진 백인들의 역사보다는 그 이전의 애버리진(Aborigine, 호주 원주민을 이르는 호칭)에 관한 내용을 되도록 많이 담아내고 싶었다. 그간 연구하고 강의했던 내용과 더불어 원서를 구입하여 읽어 본 내용을 독자들과 공유하고자 했다.

오늘날 호주가 안고 있는 중요한 문제의식들은 이러한 호주 전체 역사를 제대로 파악했을 때 비로소 객관적인 시각으로 바라볼 수 있게 된다. 필자는 유학 당시 한 호주 백인에게 '죄수의 후예'라는 표현을 사용했다가 민망해진 경

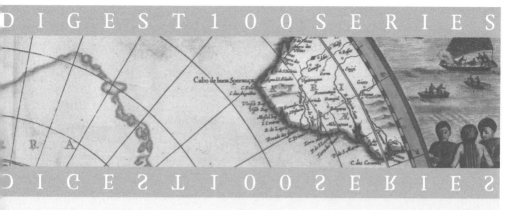

험이 있다. 백인 정착 초기, 어떠한 사람들이 어떠한 연유로 호주 대륙에 유배를 왔는지 제대로 알지도 못하는 상태에서 무심코 내뱉은 한 마디 때문에 그만 실례를 범하고 말았던 것이다. 이 책을 읽은 독자들은 같은 실수를 할 이유가 없을 것으로 생각된다. 호주 백인들이 주장했던 '테라 눌리우스(Terra Nullius)'와 '백호주의(White Australian Policy)'에 관해서도 좀 더 객관적인 시각을 가질 필요가 있다. 아울러 백인들이 들어오기 수만 년 전부터 이 땅에는 고유의 더 오랜 역사를 지닌 인류가 살고 있었다는 사실도 기억해 주길 바란다.

이 책이 나오기까지 애써 주신 가람기획 관계자 여러분께 심심한 감사를 드린다. 초고가 늦어져 일정이 늦춰졌음에도 묵묵히 기다려 주신 정다운 부장님, 책의 완성도를 획기적으로 높여 준 이상은 대리를 비롯한 편집실 관계자에게도 감사의 말을 전하고 싶다. 그리고 책 쓴다고 소홀했던 가족들에게는 고맙고 미안할 따름이다. 끝으로 당신이 없었다면 아마도 세상의 빛을 보지 못했을 이 책을, 내게는 소중한 기회를 주신 아버지 영전에 바친다.

2016년 6월, 신봉섭

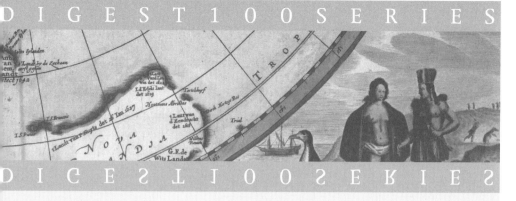

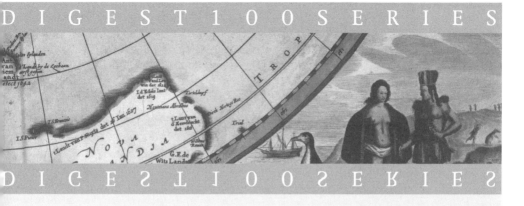

제1장
미지의 대륙과 애버리진

미지의 대륙과 애버리진 Aborigine

대륙의 원주민

애버리진(Aborigine)으로 불리는 호주 원주민의 기원에 관한 정확한 자료는 사실상 전무하다. 고고학자들의 주장에 따르면 지금으로부터 약 4~5만여 년 전 바다가 지금보다 얕거나 아시아 대륙과 호주 대륙이 붙어 있을 당시, 지금의 파푸아뉴기니(Papua New Guinea) 또는 인도네시아로부터 뗏목이나 카누를 타고 건너온 것으로 추정된다. 백인들이 호주 대륙을 발견할 당시 원주민 숫자는 최소 30만 명에서 1백만 명 사이였을 것으로 추정되는데, 최근 발견된 자료에 따르면 75만 명 정도의 원주민들이 호주 대륙 여러 곳에 거주했을 것으로 보고 있다. 이들이 호주 대륙으로 이주하면서 호주를 대표하는 들개인 딩고(Dingo)도 함께 따라 들어온 것으로 보인다. 딩고는 원주민

위: 수컷 딩고와 새끼들 | 아래: 잡식성인 딩고가 물고기 사냥에 성공한 모습

들의 동반자로서 사냥에 함께하고 추운 밤에는 원주민들이 체온을 유지할
수 있도록 돕기도 했다.

　원주민들은 수많은 세월 동안 호주 대륙의 다양한 기후 변화와 환경 변화

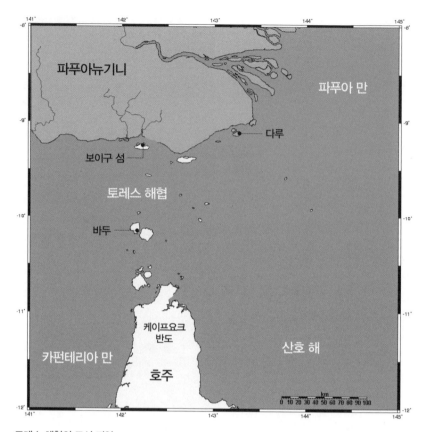

토레스 해협의 도서 지역

에 적응하며 살아 왔다. 2011년 센서스 자료에 의하면 호주 대륙과 토레스 해협(Torres Strait: 호주 북동부에 위치한 곳으로 오래 전부터 원주민들의 정착이 이루어짐) 도서의 원주민을 합친 인구는 669,881명으로 호주 전체 인구의 3퍼센트를 차지한다.

　1788년 유럽 백인들이 본격적으로 호주 대륙 탐사에 나섰을 때 원주민은 대략 5~6백 개 정도의 독립된 그룹으로 나뉘어 200여 개에 달하는 다양한

정착 초기의 원주민들은 사냥을 하여 식량을 확보했다.

언어를 사용하고 있었지만, 이 가운데 50개 정도는 현재 완전 소멸되었다. 일부에서는 원주민 종족을 크게 토레스 해협 도서 주민(Torres Strait Island-ers), 태즈메이니아 인(Tasmanians) 그리고 지금은 순수 혈통이 사라졌지만 가장 큰 집단을 이루고 있던 오스트레일리아 인(Australians)의 세 종류로 보는 견해도 있다.

고고학자들은 아주 오랜 옛날 호주 대륙에는 몸집이 거대한 수많은 동물 종들이 서식했지만 자연 기후의 변화 때문에 대부분 멸종되었을 것으로 추정하고 있다. 일부에서는 거대한 몸짓으로 행동이 느린 탓에 쉽게 원주민들의 사냥 표적이 되었을 가능성도 제기한다.

처음 호주 대륙에 건너온 원주민들은 농사를 짓지도 못했으며 목축에 적합한 동물도 없었기 때문에 주로 채집과 사냥에 집중했을 것으로 보인다. 그러다가 불을 사용하게 되면서 식용 작물 재배, 산불 방지, 해충 박멸, 제례 의식 등이 이루어졌다. 호주 원주민을 연구한 해리 로란도스(Harry Lourandos)의 주장에 따르면 기원전 3천 년에서 5천 년이 되어서야 비로소 집단 거주지를 이루고 사냥 행위가 성행했을 것으로 보고 있다. 이러한 집단 거주와 사냥 활동을 통해 자연환경 극복, 인구 팽창, 부족 간 무역, 사회적 구조 형성 등의 사회문화적 변화가 본격적으로 이루어졌을 것으로 추정하고 있다.

원주민 정신세계: 토테미즘

원주민들은 그들이 태어나고 자란 땅을 경애하였으며, 태초 조상이 이 땅에 내려온 이른바 '꿈의 시대(Dreamtime)'라고 불리는 시절에 대한 구전설화, 음악, 제례 의식, 예술품이 존재했다. 원주민의 정신세계를 이루는 토테미즘(Totemism) 문화는 원주민 집단 사이에서 공통적으로 나타나는 특징이라고 할 수 있으며, 부족 구성원에는 사람뿐만 아니라 여러 가지 다양한 자연물도 포함되어 있다. 즉 사람이든 자연물이든 모든 구성원은 친족 관계로 정의되며, 원주민 씨족집단마다 자연물 가운데 한 가지씩 토템(Totem)을 가지고 있다. 토템 중에는 독수리, 매, 캥거루, 뱀 등과 같은 동물들도 있다.

원주민의 종교의식 춤

　남자들은 주로 토템의 상징인 자연물과 조상 대대로 전해 내려오는 영웅 신화, 의식, 장소, 상징물을 관리했다. 특히, 제례 의식을 통해서 아주 오랜 과거의 창조 신화를 재현했으며 이러한 의식을 통해서만 자연물과 사람이 안전할 수 있다고 믿었다. 이들의 신화와 의식은 시간과 공간에 구애받지 않고 삶의 영속성을 의미하는 꿈의 시대로 이루어져 있다. 원주민 사회에서는 노인만이 이러한 꿈의 시대를 온전히 이해할 수 있기 때문에 의식이나 사회적 행위에 관해서는 노인들만 권위를 가질 수 있었다. 갓난아기와 노인의 죽음, 전쟁으로 인한 죽음을 제외한 다른 모든 죽음의 원인은 마법의 탓이라 여겼으며, '현자'인 주술사만이 부정을 몰아내고 삶의 의지를 회복시킬 수 있다고 믿었다. 심령과 심리 현상에 능통했던 주술사가 죽은 자, 토템 신, 하늘세계와 교감한다고 믿었던 것이다. 만약 환자를 치료하지 못하게 되면, 그

것은 주술사를 너무 늦게 불렀거나 마법의 힘이 너무 강했거나 환자가 죽을 운명이었기 때문이라고 믿었다.

원주민의 이러한 토템 신화와 의식은 미술, 시, 음악, 춤을 통해 그대로 재현되었다. 원주민 신화는 표현이 매우 시적이면서 운율적인 노래로 전해진다. 또한 신성한 물건이나 사냥에 사용하는 부메랑 같은 무기에 신화를 상징하는 그림을 그리거나 조각을 새기기도 했다. 원주민들이 의식을 행할 때 자신의 몸이나 나무껍질, 땅, 돌 위에 신화에 대한 그림을 그리거나 새기는 것에서 알 수 있듯이, 그림과 조각은 그 자체가 원주민의 중요한 의식이다. 또한 원주민들은 단순히 즐거움을 위해 춤을 추기도 했지만 사교적 행사나 종교의식에서도 노래와 함께 춤을 추는 것이 일반화되어 있었다. 하지만 지역별로 도구, 무기 형태, 장식 등에 차이가 있었으며 중요한 종교의식의 내용과 절차에서도 차이점을 발견할 수 있다.

원주민 종교

원주민 종교는 꿈의 시대와 직접적으로 연관된다. 꿈의 시대는 곧 이들의 지식, 믿음, 행위 자체를 의미한다. 원주민들은 조상의 혼이 땅에 머물고 있다고 믿기 때문에 땅을 숭배하며 땅에 대한 소속감을 강조한다. 원주민이 숭배하는 신은 지역에 따라 다르게 불리는데 그중에서 '바이아미(Baiami)'가 가장 널리 알려져 있다. 바이아미는 꿈의 시대에 자연과 만물을 창조하고 동물과 사람에게 생명을 불어넣었으며 원주민 사회의 법을 창조했다고 한다. 세상을 창조한 이후 바이아미는 땅을 떠나 하늘세계로 날아갔다고 전해진다. 원주민들은 그가 하늘에서 사람들이 관습과 의식을 제대로 수호하

이니시에이션 의식을 준비 중인 원주민

고 있는지 지켜보고 있다고 믿는다. 바이아미가 땅에 살면서 지정한 몇 군데의 장소는 오늘날 원주민들이 자신의 목숨보다 더 소중히 여기는 신성한 장소(Sacred Sites)로 남아 있다. 때로는 여러 부족 집단이 신성한 장소 한 곳을 서로 공유하기도 한다. 부족 노인들은 이러한 꿈의 시대에 관한 이야기를 후손에게 전해 주고 '이니시에이션(Initiation)'과 같은 전통의식을 지도한다. 이니시에이션은 아이가 어른으로 성장하는 일종의 성년식으로 이해하면 된다. 의식 중에는 특정 치아를 뽑고 몸의 특정 부위에 상처를 냄으로써 성년이 되었음을 알린다.

원주민 집단문화

주민들은 상당히 복잡한 사회체계를 이루어 왔던 것으로 알려지고 있으며, 친족 관계나 정략혼인도 이러한 체계에 따라 이루어졌다. 원주민 사회조직 및 종교에 관한 연구 표본으로 자주 인용되고 있는 카리에라(Kariera) 부족의 경우 대략 20~25개 정도의 지역 집단으로 구성되었으며 각 집단은 260~320㎢ 정도의 영토를 차지하였다. 각 집단의 평균 구성원 수는 30명 정도였으며, 철저한 부계 혈통을 따르면서 족외혼으로 결혼한 여자는 남편의 마을에 가서 살아야 했다. 같은 지역 집단 구성원들은 함께 야영 생활을 하면서 부모와 자녀로 구성된 가족별 거주지를 별도로 가졌다. 규모가 작은 부족의 경우에는 대개 고유한 이름을 가진 4개의 소집단으로 나뉘었으며, 각 집단별로 종교의식이나 생활 영역이 결정되었다. 특이한 점은 서로 다른 집단의 남녀가 결혼하는 경우에는 제3의 집단을 이루어 속하게 된다는 것이다. 이런 원주민 사회체계가 다소 복잡해 보일 수 있지만, 원주민들은 이를 통해서 사회적 관계를 확대시키고 부족 내 결속도 강화하는 계기로 삼았다.

부계 혈통에 따라 이루어진 집단거주지는 주로 수원지(水源池) 주변에 형성되었으며, 부족민들은 조상의 영혼이 처음 정착한 곳에서 다시 환생할 것이라고 믿었기 때문에 한곳에 계속 정착하면서 조상의 환생을 기다렸다. 한편, 같은 곳에 정착하게 된 서로 다른 부족의 조상과 후손들은 공간, 시간, 풍습의 차이에도 불구하고 친족 관계를 이뤘다. 모든 부족 구성원들은 친족으로 분류된 사회의 규범에 따라 간접적 친족 관계, 세대 구분, 씨족 구성원, 의식을 통한 결속과 같은 상호행동양식이 규정되었다.

거주 지역에 따라 약간의 차이는 있지만 원주민들은 1년을 보통 5~8개의

노던 준주(Northern Territory)의 원주민 집단거주지, 1923년

계절로 나누었다. 그 이유는 기후 조건과 그 계절에 비교적 손쉽게 얻을 수 있는 식종에 따라 계절을 분류하였기 때문이다. 이들은 자연환경 중에서 특히 비를 사회 질서의 중요한 일부분으로 여겼는데, 연간 강수량이 절대적으로 부족한 호주 대륙의 기후 조건 때문에 다양한 의식을 통해 자연과 교감함으로써 되풀이되는 가뭄과 식량 부족 문제를 해결하려 한 것으로 보인다.

매장 문화

원주민들은 다양한 매장 의식을 가지고 있었다. 단순히 시체를 땅에 매장하거나 화장 후 매장하기도 했지만, 때로는 시체를 분해하여 매장하는 경우

발굴된 원주민 무덤

도 있었다. 무덤 주변에는 주로 돌이나 나뭇가지를 쌓아 올렸으며 죽은 사람의 소장품도 함께 매장했다. 원주민 매장 문화를 목격한 백인의 증언에 따르면, 원주민 노인의 경우에는 화장한 후 매장하지만 어린아이는 시체를 그냥 매장했다고 한다.

한편, 원주민 사회에서 죽음과 관련된 중요한 금기사항이 두 가지 있다. 부족집단에서 한 사람이 죽으면 집단정착지를 일정 기간 동안 떠나 다른 곳에서 생활하였으며, 죽은 사람의 이름은 절대로 부르거나 사용하지 않았다는 것이다.

사냥

원주민들이 오랜 세월 공존하며 의존했던 자연은, 그들에게 아주 특별한 의미를 지닌다. 특히 자연에서의 식량 채집과 사냥은 그들의 주된 일과였다. 남녀 간 역할이 분명하게 구분되어 여자들은 주로 채소, 풀뿌리, 나뭇잎, 과일, 너트, 새알, 꿀, 조개, 게, 물고기, 작은 동물들을 사냥하거나 채취하였다. 반면 남자들은 큰 물고기, 새 등을 잡거나 무리를 지어 에뮤(emu: 날지 못하는 커다란 호주 토종 새)나 캥거루 같은 큰 동물을 사냥했다. 물고기를 잡는 방법도 남녀 간에 차이가 있었다. 남자들은 주로 창을 사용한 대신, 여자들은 갈퀴

위: 우메라를 사용하여 사냥에 나선 원주민 | 아래: 새 사냥에 주로 사용된 부메랑

나 줄로 물고기를 잡았다.

부족이 거주하는 지역 특성에 따라 육상동물이나 물고기를 사냥했는데, 뱀, 도마뱀, 작은 새 종류는 주로 숯불에 굽거나 불에 익혀 먹었으며, 큰 동물의 경우에는 뜨겁게 달궈진 돌을 동물 몸통에 넣어 조리 시간을 단축시키기도 했다.

사냥을 위해 원주민들은 주로 우메라(woomera)라고 불리는, 나무를 깎아 만든 창살을 사용했지만 일부 부족은 부메랑(boomerang)으로 새나 큰 동물을 잡기도 했다. 부메랑은 원주민들의 기술과 창의성을 가장 잘 드러낸 사냥 도구로서, 목표물을 향해 던지면 다시 던졌던 위치로 되돌아오면서도 비행 중 균형을 계속 유지했기 때문에 지금까지도 그 기술력을 인정받고 있다. 사냥 대상에 따라 부메랑과 창은 쓰임새가 서로 달랐다. 부메랑은 주로 새 사냥에 활용된 반면, 창은 캥거루같이 큰 동물을 상처 입히거나 죽일 수 있을 정도로 강력한 도구였다.

주거와 의복 문화

원주민들의 주된 주거 형태는 움막집이었다. 나뭇가지, 나무껍질, 풀잎 등을 엮어서 만들었다. 물과 사냥터를 찾아서 자주 이동해야 하는 까닭에 그리 정성 들여 집을 만들 필요가 없었을 뿐 아니라 견고한 집을 만들 재료도 부족했다.

한편, 원주민들은 일반적으로 몸에 아무것도 걸치지 않은 채 생활했지만, 머리카락이나 동물 털로 만든 장식용 밴드나 벨트로 몸의 중요한 부분은 가리고 다녔다. 하지만 호주의 알프스라 불리는 뉴사우스웨일스 내륙의 추운

위: 머리에는 에뮤 깃털로 만든 장식품을 쓰고, 목과 코는 동물 뼈로 치장한 원주민의 모습
아래: 원주민의 움막 주거지

왼쪽: 목관악기 디저리두를 연주하는 원주민

호주 전통 방식으로 도마뱀을 형상화
한 그림

지역에 사는 원주민들은 포섬(possum: 작은 캥거루의 일종)의 털로 만든 망토를
두르고 다니기도 했다. 머리 장식은 부족마다 약간씩 차이가 있지만 주로 에
뮤 깃털로 만든 장식을 머리에 썼으며, 동물 뼈나 이빨로 만든 장식품으로
코나 목에 치장을 했다.

그림 작업에 열중하는 원주민

예술

원주민들이 주로 거주했던 호주 북부 여러 곳에서 발견된 암석화들을 살펴보면 시기에 따라 각각 다른 스타일의 그림을 그렸음을 알 수 있다. 원주민 그림 예술은 주로 도마뱀이나 캥거루의 모양으로 수많은 점을 찍어 완성한 것이 대부분이다.

원주민이 사용하는 악기 중에는 나무를 깎아 만든 기다란 목관악기 디저리두(digeridoo)가 유명한데, 주로 호주 북부 지역에 거주하는 원주민들이 사용하던 악기로 중요 의식에서 춤이나 노래와 함께 연주되거나 독주되었다. 전통적으로 공식 행사에서는 오직 남성만 디저리두를 연주할 수 있었다.

원주민의 오랜 역사에 비해 전해지는 예술품이 그리 많지 않은 이유는 원주민 문화 대부분이 유형적인 것보다 무형적인 측면이 강했기 때문이다. 즉 꿈의 시대에 관한 구전설화나 의식이 그들에게는 훨씬 더 중요한 문화였다.

제2장
유럽인에 의한 발견

네덜란드 인들이 발견한 신대륙

호주 대륙에 최초로 상륙한 유럽인은 네덜란드 탐험가 빌렘 얀스존(Willem Janszoon)이다. 그의 탐험대는 1605년 11월 18일 두이프겐(Duyfken) 호를 타고 인도네시아 반탐(Bantam)을 출항하여 뉴기니(New Guinea) 섬 서부 해안으로 향했다. 1606년 2월 26일 호주 대륙 북쪽 카펀테리아 만(Gulf of Carpentaria)에 도착한 이들은 퀸즐랜드 케이프요크(Cape York) 서부 해안에 상륙하게 된다. 호주 대륙이 처음으로 유럽 백인을 맞이한 순간이었다. 하지만 얀스존은 이곳이 뉴기니 섬의 남쪽 해안이라고 생각했으며, 320km에 달하는 해안을 탐사하면서 지도를 완성하였다. 얀스존 일행이 짧은 기간 동안 탐사한 내륙은 늪지대가 많았으며 호전적 성향의 원주민들이 그들을 경계하고

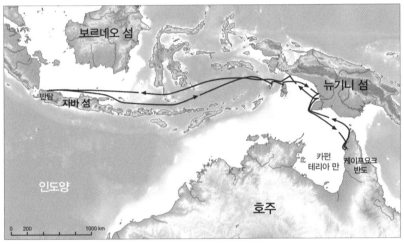

위: 카펀테리아 만에 정박한 두이프겐 호 | 아래: 빌렘 얀스존의 1605~6년 항해로

있었다. 수차에 걸친 원주민의 공격으로 10명이 목숨을 잃자 얀스존은 1606
년 6월 반탐으로 귀환했다. 귀환 후 그는 자신이 발견한 땅을 네덜란드 제일
란트(Zeeland) 지역의 이름을 따서 '뉴 제일란트(Nieu Zeland)'로 명명하게 된

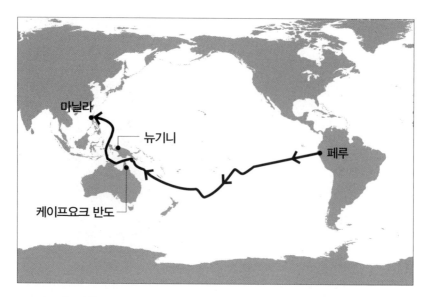

1606년 토레스의 항해로

다. 1611년 네덜란드로 돌아간 얀스존은 여전히 자신이 상륙했던 땅이 뉴기니의 남쪽 일부분이라고 믿었고, 이후 수년 동안 네덜란드에서 작성된 지도는 이렇게 잘못된 정보를 담고 있었다.

네덜란드 탐험대의 방문 직후 스페인 해양탐험가 루이스 데 토레스(Luís Vaz de Torres)는 1606년 6월 26일 스페인령 페루를 출항하여 1606년 10월 뉴기니 남부 해안을 항해하던 중 호주 대륙 최북단 케이프요크 반도를 발견했지만 본격적인 탐사는 이루어지지 않았다.

이후 네덜란드 국적 더크 하토그(Dirk Hartog) 선장이 이끄는 에인드라흐트(Eendracht) 호의 방문은 우발적으로 이루어졌다. 애초 에인드라흐트 호는 호주 대륙을 발견할 운명이 아니었지만, 네덜란드로 돌아가는 항로에서 400마일이나 벗어나면서 1616년 호주 대륙 서부 해안의 섬들을 발견하게 된다.

1. 더크 하토그
2. 암스테르담 레이크스 미술관에 전시된 첫 번째 금속판(Hartog Plate)
3. 프리맨틀 해양박물관에 전시된 두 번째 금속판(Hartog Plate)으로, 표면에는 1616년 10월 25일 암스테르담에서 온 에인드라흐트 호가 이곳에 도착했다는 내용과 함께 선원들의 이름이 새겨져 있다.

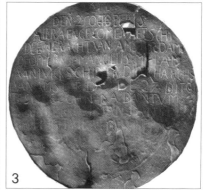

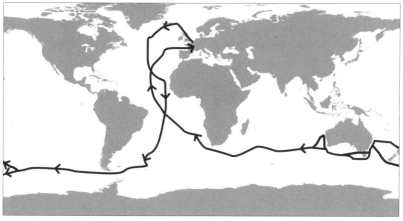

더크 하토그의 항해로

새롭게 복원된 바타비아 호

첫 상륙이 이루어진 샤크 만(Shark Bay) 인근으로부터 해안을 따라 북쪽으로 300마일을 항해한 하토그 선장은 자신들이 거쳐 간 항로와 정박지를 금속 판(plate)으로 표시해 두었다. 오늘날 암스테르담 소재 레이크스 미술관(Rijks Museum)에는 당시 첫 번째 금속판이 전시되어 있으며, 호주 프리맨틀 해양 박물관(Fremantle Maritime Museum)에 두 번째 금속판이 보관되어 있다.

이후 네덜란드 항해사를 태운 영국 선박 트라이얼(Tryal) 호 역시 비슷한 항로를 거치면서 서부 해안과 북부 해안에 관한 더 많은 정보를 수집할 수 있었다. 1627년에는 네덜란드 탐험가 프랑수아 디즈쎈(François Thijssen)

이 휠던 제이파에르트(Gulden Zeepaert) 호의 정상 항로를 1500마일이나 벗어나면서 호주 대륙 남쪽 누이츠 군도(Nuyts Archipelago)에서 케이프 루윈(Cape Leeuwin)까지 1,000마일에 이르는 해안 지역을 탐사하고 네덜란드 정부에 보고하였다.

그 당시 이토록 많은 네덜란드 인들이 호주 대륙으로 항해할 수 있었던 것은 1602년 호주 대륙으로부터 그리 멀지 않은 자카르타에 네덜란드 동인도회사(Dutch East Indies Company)가 설립되었기 때문이다. 디즈쎈은 사막으로 이루어진 호주 대륙에 대해 네덜란드 당국에 부정적인 보고를 했는데, 그 배경에는 1626년 호주 해안에서 침몰했던 동인도회사 기함 바타비아(Batavia) 호로 인해 경각심이 작용한 것으로 보인다.

1626년 바타비아 호는 항해 실수로 호주 서부 해안 30마일 부근에서 좌초되었다. 바타비아 호의 프랑수아 펠사아르트(François Pelsaert) 선장은 서부 해안가에 생존자들을 남겨 둔 채 몇몇 선원들과 조그만 보트를 타고 필사의 항해 끝에 동인도로 귀환하였다. 그로부터 2개월 뒤 펠사아르트 선장이 서부 해안에 남겨진 생존자들을 찾기 위해 돌아갔을 때는 이미 반란이 일어나 백여 명이 죽임을 당하고 금괴도 도난당한 후였다. 이후 300년 넘게 바타비아 호의 잔해가 발견되지 않다가 1965년 선체의 상당 부분과 적재물이 발견되면서 선체 원형이 복원되어 2000년 호주에 머물기도 했다.

시간이 흘러 1641년은 네덜란드의 해외 진출이 더욱 왕성해진 시기였다. 포르투갈과의 평화협정이 체결되고 더욱 독립적인 활동이 가능해진 네덜란드의 마우리츠(Maurice) 왕자는 스페인이 점령하고 있던 남아메리카 식민지를 공략함으로써 스페인과의 전면전을 준비했다.

당시 네덜란드 동인도회사의 총독이던 안토니 반 디멘(Antony van Diemen)은 자신이 점유한 지역을 비롯하여 태평양 일대를 탐험하려는 야망을 품고

안토니 반 디멘   아벨 얀손 타스만

부하인 프란스 야콥손 비셔(Frans Jacobszoon Visscher)로 하여금 항해 계획을 수립하도록 명령했다. 비셔는 네 가지 탐험 항로를 제시하였으며, 그중 자바 (Java)를 출발하여 솔로몬제도에 이르는 항로가 유일하게 허가를 받아 아벨 얀손 타스만(Abel Janszoon Tasman) 대령과 함께 호주 대륙 남쪽으로 향하게 되었다.

　반 디멘은 아시아 지역의 무역을 활성화시키기 위해서는 영토 정복이 반드시 필요하다는 생각을 하고 있었지만, 지난 40년간의 경험으로 미루어 볼 때 거대한 남쪽 대륙 정복은 자신들에게 그리 유익하지 않다는 판단을 내렸다. 대신 반 디멘은 전혀 다른 목적을 가진 항해선을 태평양에 파견하였다. 이는 곧 태평양에 새로운 항로를 개척하고 무역을 위한 중간 기착지를 건설하는 것이었다. 당시 네덜란드 서인도회사는 포르투갈로부터 브라질 영토의 절반 이상을 빼앗았고, 칠레를 포함한 스페인 점령지도 지속적으로 공격하

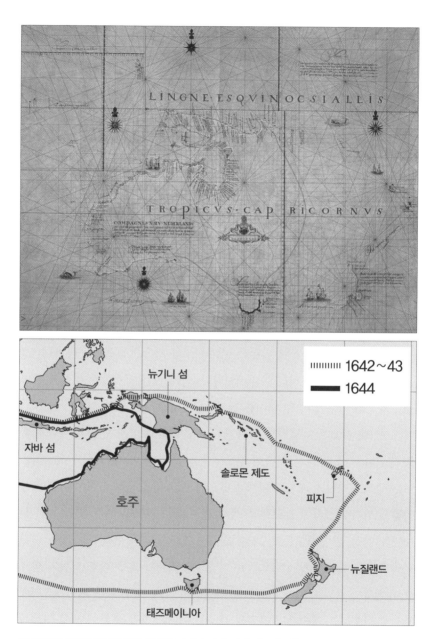

위: 아벨 타스만이 작성한 호주 지도(1644년) | 아래: 아벨 타스만 탐험대의 1·2차 항해로

고 있었다. 따라서 동인도제도 자바에서 출발해 스페인 점령지 필리핀을 우회하여 남미에 이르는 항로를 개척할 수만 있다면 서인도회사에게도 큰 힘이 될 수 있을 것이라 판단했다.

타스만이 반 디멘으로부터 받은 명령은 우선 자바를 출발하여 인도양에 위치한 네덜란드령 모리셔스로 항해한 다음, 그곳에서 최대한 남쪽으로 내려갔다가 다시 동쪽으로 항해함으로써 호주 대륙을 완전하게 탐색하라는 것이었다. 타스만은 모리셔스에서 동남쪽으로 수천 마일을 더 항해한 끝에 새로운 땅을 발견하였다. 그는 이 땅이 남아메리카로의 항해에 중간 기착지로서 적합하다고 판단했다. 1642년 11월 24일 타스만은 충분한 탐사도 하지 않은 이 땅을 반 디멘 총독의 이름을 따서 'Van Diemenslandt(Van Diemen's Land, 반 디멘의 땅)'로 명명하였다. 하지만 이 땅이 호주 대륙과 연결된 것인지는 밝혀 내지 못한 채 그는 명령대로 동쪽으로의 항해를 계속했다. 솔로몬제도라고 생각한 곳에 이르렀을 때 항로를 북쪽으로 돌렸는데, 사실 그곳은 솔로몬제도가 아니라 뉴질랜드였다. 어찌 됐든 타스만은 이곳을 네덜란드 장군의 이름을 따 '스테이튼 랜드(Staten Land)'로 명명하였다.

타스만이 이끄는 네덜란드 탐험대의 호주 대륙과의 첫 만남은 이렇게 끝을 맺었다. 타스만은 반 디멘스 랜드(현재 태즈메이니아)에 대하여 풍부한 식물이 자생하고 있지만 매우 위험해 보였으며 맑은 물을 구하기 어려울 뿐만 아니라 물고기도 없다고 보고했다. 특히 반 디멘스 랜드에 머문 10일 동안 원주민을 직접 만나지는 못했지만 괴상한 모습의 인간이 존재하는 것을 확신한다고 보고했다. 이에 1644년 반 디멘은 뉴기니와 호주 대륙 사이의 항로를 개척하기 위해 또다시 타스만을 파견하게 된다. 호주 북부 케이프요크에 도착한 탐험대는 계속 서진하면서 끝없이 이어진 북부 해안이 새로운 대륙의 북변임을 새롭게 확인하고, 이 신대륙의 명칭을 '뉴 홀란드(New Holland,

새로운 네덜란드)'로 결정하였다. 두 번째 항해에서는 극소수의 원주민과 조우하기도 했으며, 이들이 불쌍해 보이긴 했지만 성질이 괴팍하며 몸에 아무것도 걸치지 않은 채 해안가를 마구 돌아다닌다고 당국에 보고했다. 타스만 탐험대의 항해 덕분에 동인도회사는 호주 대륙 해안선의 절반 정도를 파악할 수 있게 되었고, 1646년 동인도의 공식 제도사 요안 블루에(Joan Blaeu)에 의해 그 지도가 완성된다. 이렇게 완성된 호주 대륙 최초의 지도는 정확도가 꽤 높았으며 특히 해안선이 비교적 정확하게 표기되었다.

네덜란드를 대신한 영국과 프랑스의 새로운 관심

동인도회사 소유주들은 반 디멘의 호주 대륙을 향한 탐사에 대해 관심조차 기울이지 않았을 뿐만 아니라, 오히려 무의미한 탐험으로 지출만 가중시킨다고 판단했다. 1645년 반 디멘의 사후부터는 자연스럽게 호주 대륙 탐사도 줄어들게 되었다. 그래도 17세기 말까지 간간이 이어진 탐사에서 호주 서부 퍼스(Perth)가 위치한 스완 강(Swan River) 지역이 발견되고 지도에 표기했지만 네덜란드의 호주 탐사는 거기까지였고, 그 자리를 영국과 프랑스가 대신하게 된다.

근대 왕조들의 영광이 오래가지 않았듯이 네덜란드도 예외는 아니었다. 17세기는 네덜란드의 최고 전성기였으며 암스테르담은 유럽 금융의 중심지임을 자부했지만, 이러한 네덜란드의 헤게모니도 영국과의 치열한 3년 전쟁에서 패하면서 흔들렸다. 반면 영국은 1657년 스페인 함대를 무찌르면서 새로운 해양 강자로 부상하기 시작했다.

윌리엄 댐피어(William Dampier)는 두 차례에 걸쳐 호주 대륙을 탐험한 최

윌리엄 댐피어

초의 영국인이다. 1688년에는 해적의 신분으로, 1699년에는 영국 해군 장교로서 호주 대륙을 탐사했는데, 본국에 호주 원주민들을 좋지 않은 성격의 소유자들, 머무를 집과 입을 옷, 먹을 고기나 과일도 없고, 인간의 모습에 가깝지만 야만인과 유사한 자들이라고 보고하였다. 이에 영국 정부도 호주 대륙은 안전한 무역 항로도 없고 교환가치를 지닌 재화도 없는 대신 고약한 원주민들만 우글거리는 땅으로 여겼고, 인도, 중국, 일본 등지에 더욱 집중하게 되었다.

댐피어의 탐험대 중 한 명이었던 존 웰비(John Welbe)는 런던 어드벤처스(London Adventurers)라는 회사를 설립하고 호주 대륙과의 무역을 시도하기도 했다. 그러나 당시 남해포말사건(South Sea Bubble)이라는 대사건이 벌어지면서 런던 투자자들이 막대한 손실을 입게 되자 신대륙에 대한 투자는 더욱 위축되었고, 웰비의 시도 역시 결국 실패로 끝나고 말았다. 이로써 호주 대륙은 하토그의 첫 상륙 이후 200년 동안 유럽 백인들에게 문학적 관심의 대상이 될 뿐 직접적인 접촉은 끊긴 상태가 계속 이어지게 된다.

1688년 네덜란드 총독이던 윌리엄 3세(William III)가 영국의 왕좌에 오르자 영국과 네덜란드의 관계는 매우 긴밀해졌고, 식민지 쟁탈전을 벌이던 양국은 이제 프랑스라는 공공의 적을 두는 상황이 됐다. 무려 270년에 걸친 전쟁 끝에 1763년 잠시 전쟁이 멈출 즈음, 영국은 북아메리카와 인도를 장악한 강대국으로 부상하였다. 당시 남반구 해양으로의 진출은 강력한 해군력을 보유한 포르투갈, 스페인, 네덜란드가 일부 진행하였지만, 그래도 영국과 프랑스의 상대는 되지 못했다. 남반구를 향한 학자들의 관심이 증대되고 관련 서적이 출간되면서 이 지역에 대한 대중적 관심도 높아졌다. 당시 남반구 관련 서적들이 뉴기니와 뉴 홀란드가 서로 떨어져 있다는 사실을 분명하게 알려 주고 있었지만, 뉴 홀란드(지금의 호주 대륙)의 케이프요크에서 스테이튼 랜드(지금의 뉴질랜드) 사이의 광활한 지역에 관해서는 제대로 된 탐사가 이루어지지 않은 상태였다.

영국은 프랑스보다 먼저 신대륙을 선점하기 위해 돌핀(Dolphin)이라는 해군 함정을 두 차례에 걸쳐 파견하였다. 존 바이런(John Byron)이 지휘한 첫 번째 탐사는 1764년에서 1766년 사이에 이루어졌지만 아무런 성과가 없었으며, 1766~1768년 사무엘 월리스(Samuel Wallis) 대령이 이끈 두 번째 항해에서는 남태평양 지역의 일부 군도를 발견하기도 했지만 호주 대륙에 대한 정보를 추가하는 데는 실패하였다.

영국이 호주 대륙에 대해 이렇다 할 탐사를 진행하지 못하고 있는 사이 프랑스가 먼저 호주 대륙에 상륙하게 된다. 프랑스 군인이자 수학자인 루이 앙투안 드 부갱빌(Louis Antoine de Bougainville)은 1766년 의미 있는 항해를 했다. 그는 당시 프랑스령이던 남아메리카의 포클랜드(Falkland) 섬을 경유하여 남태평양을 가로질러 뉴 홀란드의 동부 해안을 탐사하기 위한 긴 항해를 이어 갔다. 이미 세상에 알려져 있던 케이프요크 반도를 발견하고 곧이어 대보초(Great Barrier Reef)를 발견하게 되지만 해안으로부터 100마일이나 떨어진 곳이어서 대륙의 정확한 위치는 파악하기 어려웠다.

부갱빌이 항해를 마치고 프랑스로 돌아온 1769년 3월, 영국은 이미 다음 탐험대를 출항시킨 상태였다. 영국 탐험대의 표면상 목적은 1769년 6월 3일이 관찰의 최적기였던 금성의 궤적을 추적하는 것이었다. 하지만 영국 탐험대에게는 더욱 중요한 두 번째 임무가 있었다. 프랑스와의 7년 전쟁을 승리로 끝낸 영국 왕실은 프랑스와 맺은 평화협정에도 불구하고 프랑스의 잠재적 위협을 압박할 수 있는 방법을 찾고 있었다. 그러던 중 왕립학회(Royal Society)의 제안을 받아들여 남반구 미지의 대륙을 영국 영토로 만들기 위한 군함과 선원을 지원하기로 한 것이다.

출항 당시 영국이 가지고 있던 남반구 신대륙에 대한 믿음은 스코틀랜드 출신 지리학자 알렉산더 달림플(Alexander Dalrymple)이 1786년 저술한 ≪Account of the Discoveries Made in the South Pacifick Ocean≫에 잘 드러난다. 달림플은 뉴질랜드와 남미 사이에 분명히 대륙이 존재할 것이며, 그곳에서는 최소 5천만 명 이상의 원주민이 거주하면서 영국에 편입되기를 기다리고 있을 것이라고 주장했다. 만약 이 대륙을 영국에 편입시킬 수만 있다면 영국의 위상을 보여 주기에 충분하리라는 것이었다.

달림플은 왕립학회를 비롯하여 스코틀랜드 당국과 국부론의 저자 애덤 스미스(Adam Smith)의 지지까지 받으면서 자연스럽게 탐험대의 지휘관으로 임명되는 듯했다. 하지만 그는 탐험 경험이 전무했기 때문에 영국 해군은 대륙 탐사에 더 적임자라고 판단한 제임스 쿡(James Cook) 해군 대위를 지휘관으로 선택하였다. 만약 남반구 대륙 탐험이 달림플의 손에 맡겨졌다면 탐험이 실패로 끝났을 가능성도 있으며 자연스럽게 호주의 미래도 달라졌을지 모른다.

쿡은 뛰어난 군인이자 유능한 항해사였다. 호주 대륙 탐사를 위해 그가 직접 선택한 엔데버(Endeavour) 호는 비교적 작은 크기임에도 장거리 항해를 위한 최고 수준의 장비와 숙련된 인력으로 무장한 함선이었다. 함께 승선한 인재 중에는 젊고 촉망받는 자연과학자인 조셉 뱅크스(Joseph Banks), 식물학자 다니엘 솔랜더(Daniel Solander) 박사, 세계적 식물학자 린네(Carl Linnaeus)의 제자들, 왕립학회 연구원, 우주학자 찰스 그린(Charles Green), 예술가 겸 제도사 시드니 파킨슨(Sydney Parkinson) 등이 포함되어 있었다. 엔데버 호의 첫 번째 목적지는 조지 3세(King George III)의 섬으로

제임스 쿡

잘 알려진 타히티(Tahiti)였으며 이곳은 천체 관측을 위한 최적의 장소였다. 1768년 8월 26일 영국을 출항해 지구 반 바퀴를 돈 엔데버 호는 타히티에 정확하게 도착하였다. 임무를 수행한 쿡은 영국 해군으로서 왕립학회의 비밀스런 두 번째 명령을 수행하고자 타히티를 출항하여 뉴 홀란드의 동쪽 해안을 발견하기 위한 남진을 시작했다.

사실 영국 해군은 달림플이 주장한 남반구 대륙의 존재에 대하여 회의적인 시각을 갖고 있었다. 타히티는 스테이튼 랜드, 즉 뉴질랜드로부터 동쪽에 위치하고 있었다. 제임스 쿡은 여기서 남서쪽으로 항해하면 미지의 신대륙을 만나거나 타스만에 의해 발견된 뉴질랜드 동쪽에 닿을 것으로 기대하고 있었다. 남서쪽 방향으로 6개월여의 역풍에 맞선 어려운 항해 끝에 그는

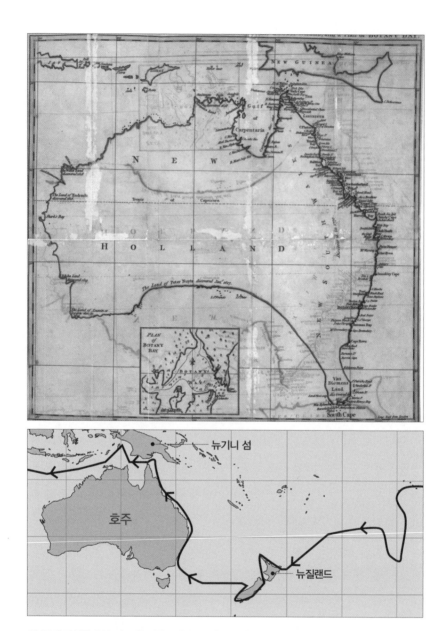

위: 쿡이 작성한 호주 지도에는 동부 해안에 대한 상세한 설명이 표기되어 있다.
아래: 호주 동부 해안을 탐사했던 제임스 쿡의 첫 번째 항해로

복원된 엔데버 호

1769년 10월 7일 뉴질랜드의 동쪽 해안을 발견했다. 쿡의 탐험대는 그곳에서 6개월간 머물면서 뉴질랜드 북섬과 남섬 전역의 해안 지도를 완성했다. 이후 그들은 서쪽 방향으로 항해를 계속하여 1770년 4월 20일, 드디어 호주 동부 해안에 도착하였다. 쿡은 처음에 반 디멘스 랜드, 즉 지금의 태즈메이니아에 도착했다고 생각했지만 실제 그가 닿은 곳은 호주 대륙이었다. 그는 동부 해안선을 따라 북쪽으로 4개월간 항해하면서 대보초와 토레스 해협을 관통하는 항로를 재발견하면서 호주 대륙의 동쪽 경계선을 완벽하게 파악할 수 있었다.

앞선 세기에 네덜란드 탐험가가 그랬듯이 제임스 쿡도 호주 대륙에 대한 영국의 주권을 주장하며 대륙의 동쪽을 뉴사우스웨일스(New South Wales)로 명명하였다. 또한 타스만과 반 디멘이 정했던 원칙처럼, 이 대륙에 전부터 거주하던 원주민이 없거나 인정받을 만한 주권이 없다면 다른 문명국가나 이러한 의지와 힘을 지닌 국가의 주권이 인정된다는 무주지(無主地, terra nullius) 선점론을 주장하였다. 당시 영국 정부의 이 같은 주장에 대해 네덜란드나 프랑스는 반대 의사를 제기하지 않았다. 하지만 이로부터 200년이 지나 호주 원주민들의 주권 문제가 제기되면서 무주지 선점론은 심각한 논란에 휩싸이게 된다.

거대한 땅

제임스 쿡은 뉴사우스웨일스 동쪽 해안을 자세히 탐사하였지만 오래전부터 이 땅에 살고 있었던 사람이나 동식물은 발견하지 못했다. 자신과 유사한 모습의 백인은 더더욱 찾아볼 수 없었다.

오늘날 '사훌(Sahul)' 대륙으로 정의된 이 땅은 4천만 년 전에는 호주와 뉴기니, 그리고 그 사이의 섬들이 연결된 거대한 하나의 대륙이었다. 하지만 사훌 대륙이 분리되면서 각 지역의 동식물은 독립적으로 진화되어 왔으며, 지구상 다른 어떤 지역과도 다른 독특한 생태계가 형성되었다. 쿡과 과학자들은 뉴사우스웨일스(또는 네덜란드 인에 의한 호칭인 뉴 홀란드)로 불린 이 땅을 탐사하여, 1만 년 전 마지막 빙하기가 끝나고 해수면이 상승하면서 뉴기니와 태즈메이니아가 호주 대륙으로부터 떨어져 나갔음을 밝혀냈다.

이와 같이 광대한 영토에서 가장 중요한 요소는 식수였다. 호주 대륙 해안을 흐르는 차가운 물 때문에 강수량이 줄어들었고 이는 심각한 가뭄으로 이어졌다. 규칙적인 계절 변화에 익숙했던 영국 백인들에게 호주 대륙의 불규칙적인 수온 변화와 이에 따른 환경 변화는 예상치 못한 현상이었다. 초기 영국 정착민들은 2년 연속으로 혹독한 날씨와 가뭄이 이어진 원인을 지역 특유의 환경 조건에 두기보다 불운쯤으로 여겼다.

대분수령인 그레이트디바이딩 산맥(The Great Dividing Range)을 중심으로 북쪽 케이프요크 반도에서 남쪽 태즈메이니아에 이르는 동쪽 해안은 대륙의 중요한 분기점을 이루고 있다. 그레이트디바이딩 산맥을 기준으로 서쪽 지역은 매우 덥고 건조한 반면, 동쪽 해안 지대는 습도가 높고 수많은 강줄기가 흐르며 잦은 홍수가 발생한다. 특히 호주 대륙 북쪽은 열대몬순 기후가 자주 발생하며, 노던 준주(Northern Territory)의 다윈(Darwin)은 연중 우기와 건기만 있을 뿐이다.

그레이트디바이딩 산맥을 타고 넘어온 바람과 몬순의 영향으로 북쪽에서 생성된 많은 지류가 대륙의 유일한 거대 강줄기인 머리-달링 강(Murray-Darling River)을 형성하고, 이 강줄기는 남쪽으로 무려 1,600마일을 지나 대륙 남쪽 해안으로 흘러든다. 호주 대륙에서 가장 비옥한 경작지와 목초지는 동부 해안과 남동부 해안으로부터 400마일 들어간 내륙 지대에 있다. 호주 대륙 동쪽을 북에서 남으로 잇는 그레이트디바이딩 산맥에서 가장 높은 지역은 대륙 남쪽에 위치한 해발 6,000피트(약 1,829m) 이상의 산악 지대이며, 그중에서도 가장 높은 곳이 코지어스코 산(Mount Kosciuszko)으로 해발 7,310피트(약 2,228m)에 달한다. 호주 대륙 북서쪽 모서리 지역은 형편없는 불모지인 반면, 북동쪽 모서리 지역은 높은 강수량과 함께 기름진 토양을 지니고 있다. 북쪽 열대 지대와 동남쪽의 비옥한 해안 지대 사이에 위치한 대

호주에서 가장 높은 산인 코지어스코 산, 해발 2,228m

류의 절반 이상은 심슨 사막(Simpson Desert), 깁슨 사막(Gibson Desert), 그레이트 샌디 사막(Great Sandy Desert), 널라버 평원(Nullarbor Plain) 등의 사막과 준사막 지대로 이루어져 있으며, 건조한 기후 탓에 비가 내려도 금방 증발해 버린다. 전반적으로 호주 대륙의 기후는 매우 불안정하며, 오랜 기간 지속되는 가뭄, 살인적인 무더위, 건조함으로 인한 산불, 간헐적인 홍수로 특징된다.

한편 1936년부터 호주는 남극 대륙의 절반 정도를 관리하게 되는데,

1907년 남극 탐험을 마친 더글러스 모슨 경(Sir Douglas Mawson)이 남극을 영국령으로 선포한 바 있었다. 1926년 제국회의(Imperial Conference)에서는 영국이 다른 유럽 국가들의 묵인 하에 남극 대륙의 3분의 2에 해당하는 영유권을 주장했지만 미국도 남극에 대한 욕심을 드러냈다. 이에 1929년 미국의 리처드 버드(Richard Byrds) 제독이 첫 남극 탐험에 나서게 되지만 이미 영국에 의해 선점된 이후였으며, 이후 뉴질랜드, 호주, 영국은 나란히 남극 영유권을 분담하였다. 그중에서 호주는 가장 넓은 면적을 관리하게 되었다.

이미 존재하던 사람들

호주 대륙의 원주민은 4~6만 년 전, 혹은 그 이전에 아시아 대륙의 인류가 해협을 넘어 사훌 대륙으로 건너와 정착한 것으로 보이며, 이때부터 호주의 인류는 독특한 진화를 거듭해 왔다.

호주 대륙 남동부 멍고 호(Lake Mungo) 인근에서 발견된 고대 인류의 흔적은 기원전 25,000년 이전부터 호주 대륙에 인류가 존재했다는 사실을 증명하고 있다. 종교적 의식에 따라 매장된 흔적을 미루어 볼 때, 당시 호주 대륙에 살고 있던 인류는 집단 사회를 이루고 있었을 것으로 추정된다.

멍고 인(Mungo Man, 멍고 호 인근에서 발견된 인류)이 큰 키에 마른 체형인 데 반해, 빅토리아 주 북쪽 코우 늪지(Kow Swamp) 지역에서 발견된 인류 유골은 뼈가 크고 건장하거나 뚱뚱한 체형에 거칠고 각진 이마를 가진, 좀 더 원시적인 인류에 가깝다. DNA 판독 결과, 현존 인류의 조상인 호모사피엔스는 아닐 가능성이 높은 것으로 밝혀졌다. 한 가지 놀라운 사실은 코우 늪지에서 발견된 인류가 멍고 인과 비슷한 시기에 함께 존재했던 것으로 보인다는 점

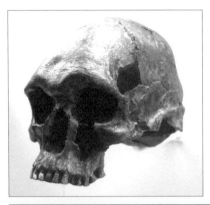

위: 코우 늪지에서 발견된 두개골
아래: 멍고 호. 시드니 서쪽 760㎞ 지점에 위치해 있다. 호수의 물은 약 1만 4천 년 전에 모두 말라 버렸지만, 호주 대륙에서 가장 오래된 인류의 흔적이 이곳에서 발견되었다.

이다. 따라서 호주 대륙에는 서로 다른 두 종의 인류가 공존했을 가능성이 높으며, 그들은 다른 세계와 단절된 채 진화해 온 지구상 가장 순수한 인종인 동시에 자신들의 문화적 연속성을 간직한 유일한 인류라고 할 수 있다.

멍고 호에서 발견된 인류는 비슷한 시기의 다른 곳에서 발견된 인류와 기술적·문화적으로 유사한 점을 지니고 있으며, 특히 비슷한 시기에 스페인에서 행해졌던 것으로 추정되는 매장법과 화장법이 발견되기도 했다.

호주 대륙은 캥거루나 웜뱃같이 몸집이 2톤 가까이 되는 거대한 초식성 유대류가 많았으며, 무게가 500파운드(약 227kg)에 달하는 거북과 새들도 쉽게 만날 수 있는 곳이었다. 그 대신 위험천만한 육식성 동물은 흔치 않았다. 그러다 시간이 흐르면서 몸집이 큰 동물은 대부분 개체수가 급격하게 줄어들었지만 유독 캥거루만은 수를 늘려 왔다.

호주 대륙은 원주민들에게 풍성한 식량을 제공해 주었기 때문에 군이 농작물 경작을 위한 기술을 개발할 필요도 없었고 인공적으로 음식을 만들 필요도 없었다. 해안 지역에서는 물고기를 잡기 위한 그물과 끝이 날카로운 창살을 사용했는데, 이 정도가 그나마 원주민들의 문명적 기술이었다고 볼 수 있다. 하지만 내륙 지역에서는 식량을 얻기 위한 색다른 기술이 필요했다. 강에서 물고기를 잡기 위한 보를 설치하고, 독을 묻힌 식물이나 창살로 물고기를 죽이거나, 길이가 1,000피트(약 305m)에 이르는 그물을 만들어 사용하기도 했다.

호주 대륙의 인류 역사가 지니는 또 다른 특이점은 수많은 세대를 거치면서도 가축화된 동물이 없었다는 사실이다. 그나마 5~8천 년 전 이주민을 따라 호주 대륙으로 흘러들어 온 것으로 추정되는 딩고가 일부 가축화되기는 하였다.

원주민들에게 가장 중요한 기술은 불의 사용이었다. 고온·건조한 날씨 탓에 산불이 발생하면 수풀이 대량으로 사라졌고, 새로운 풀이 돋기 전까지 원주민들은 숨을 곳을 잃은 캥거루를 사냥할 수 있었다. 산불과 새로운 숲이 반복해서 나타난 과거와는 다르게 오늘날 호주 대륙은 열린 목초지에서 캥거루가 아닌 가축을 키우고 있다.

백인이 처음 출현한 1788년부터 수십 년간 원주민들은 그들에게 큰 위협을 가하지 않았으며, 오히려 영국인들의 새로운 음식에 호기심을 보이기도 했다. 하지만 원주민들은 백인과의 접촉으로 천연두, 성병, 결핵을 비롯하여 인플루엔자와 콜레라 등 새로운 질병에 감염되었다. 또한 백인에 의해 소개된 술(럼주)은 오늘날까지 원주민 사회의 알코올중독 문제를 야기하는 단초가 되기도 했다. 영국산 셰퍼드견을 앞세운 영국 백인들이 점점 원주민들이 거주하던 내륙 지역으로 진출하면서 간헐적인 저항이 발생했지만 그 정도는 미미하였다.

대부분 원주민 사회는 일부다처제를 유지하고 있었다. 일반적으로 부인의 나이는 남편에 비해 어렸으며, 여성은 남성에 비해 천한 취급을 당하여 남성으로부터 구타를 당하거나 죽임을 당하는 일도 발생하였다. 원주민 정착지에서 구할 수 있는 식량에 따라 구성원의 숫자가 결정되었기 때문에, 영유아를 살해하거나 노인 혹은 다친 사람이 버려지는 일도 발생하였다. 식량을 구하거나 전쟁을 위해 서로 협력할 필요가 있는 경우에는 가족 단위로 모여, 적게는 100명에서 많게는 수천 명에 이르는 큰 부족사회를 이루기도 했다.

부족의 생존은 식량 자원의 획득에 달려 있었기 때문에 식량을 획득하기 위한 영역 다툼도 치열했던 것으로 보인다. 이 때문에 낯선 사람들에 대해서는 늘 경계심을 갖고 있었으며, 자신들에게 해를 끼치지 않는다는 확신이 들기 전까지 회피하거나 물리치려는 경향이 강했다. 그러다 보니 부족 간 전쟁도 종종 발생했으며 전쟁으로 부족의 25%에 달하는 성인 남성이 목숨을 잃는 경우도 있었다. 하지만 대부분의 경우에는 모임을 통해 상호 교류와 이해관계를 쌓았던 것으로 보인다. 문서화된 기록이 없었던 탓에 원주민 사회는 구전으로 전해진 관습이 법률을 대신했고, 수천 세대를 거치는 동안 관습 역

위: 바다에서는 주로 작살을 이용하여 물고기를 잡았다
아래: 강에서는 돌을 쌓아 만든 보를 이용하여 물고기를 가둔 다음 작살로 잡았다

시 진화하면서 그러한 관습을 따르고 지키는 일이 매우 중요했다. 자신의 전통과 관습을 지킨다면 서로 충돌할 일도 없고 부족의 생존도 보장받을 수 있다고 믿었다. 결국 원주민들에게 가장 두려운 대상은 자신들의 전통과 관습을 깨뜨릴 수 있는 낯선 이방인들이었다.

호주 대륙 전역에 걸쳐 거주하던 원주민들은 각자 자연 환경에 순응하며 생활했지만, 특히 물고기와 조개를 비롯한 식량 자원을 지속적으로 확보할 수 있는 해안가와 강가는 원주민들이 가장 선호하는 지역이었다. 호주 북부에 거주했던 안바라(Anbarra) 부족의 경우에는 물고기, 조개, 거북이, 도마뱀 등으로부터 필요한 단백질을 섭취했으며 애벌레, 얌, 너트, 과일, 야생 꿀도 섭취했다. 한편, 사막 지대 원주민들은 남자들이 사냥한 도마뱀 또는 여자들이 채집한 애벌레 유충으로 단백질을 섭취했다.

연간 한 번 대규모의 나방 무리가 스노이 산맥(Snowy Mountains) 지역으로 날아드는 기간에는 인근에 거주하는 부족들이 모여서 남자는 연기를 피우고 그물을 설치해 나방을 잡았다. 나방은 불을 피웠던 뜨거운 모래 속에 집어넣어 익힌 다음 직접 먹거나 갈아서 가루로 만들어 먹었다. 나방의 대이동은 수주에 걸쳐 지속되며, 덕분에 인근 원주민들의 식량 문제가 해결되는 동시에 부족 간 교류와 무역이 이루어졌다. 부족 간의 무역은 주로 포섬 가죽, 바구니, 가방 등을 창이나 작살, 방패, 석기 등과 교환하는 형태였다. 이러한 사회적 교류를 통해서 상호 의견 교환뿐만 아니라 지역경제가 활성화되는 효과도 있었다.

풍부한 식량 자원과 더불어 원주민이 누릴 수 있는 가장 큰 특권은 남아도는 시간이었다. 어른들은 하루에 4~5시간 사냥이나 채집을 하고 나면 나머지 시간은 낮잠을 자거나 예술 활동, 토론을 하거나 의식을 치르는 데 할애했다.

나방은 원주민의 중요한 식량 자원이자 영양 공급원이었다.

유럽의 백인들이 원주민을 바라보는 시선은 성향과 시대에 따라 달랐다. 제임스 쿡은 유능한 항해사일 뿐만 아니라 깊은 인간미를 지닌 인물이었다. 그는 자신이 경험한 호주 원주민에 대하여 다음과 같이 서술하였다. '뉴 홀 란드의 원주민은 마치 지구상 가장 비참한 사람들처럼 보이지만, 실상은 그들이 우리 유럽 백인들에 비해 훨씬 행복한 사람들이다. 유럽인들은 자신이 원하는 모든 풍요와 편리함을 가졌지만 어떻게 그것을 제대로 사용해야 할지 모르는 반면, 호주 원주민들은 그들이 살아가는 데 필요한 바다와 육지를 가진 것에 만족하면서 불평등으로 훼방 받지 않고 평온한 삶을 살고 있다. 그들은 그들이 살아가기 위해 필요한 모든 것을 가졌고 더 이상의 풍요도 원치 않으며 우리 백인들이 건넨 문명의 이기에 아무런 가치도 부여하지 않았고 그들의 삶 속으로 받아들이지도 않았다.'

제3장
백인 이주와 갈등

의미 있는 귀환

제임스 쿡이 첫 항해를 무사히 마치고 영국으로 돌아온 것은 단순히 호주 지도에서 누락된 지역을 새롭게 발견했다는 차원을 넘어, 그의 지도력과 항해술을 발판 삼아 세계를 일주하여 태평양과 뉴질랜드를 제대로 탐사하고 돌아왔다는 점에서 더 큰 의미가 있었다.

한편, 영국은 1755년까지 미국의 13개 식민지 지역에서 전쟁을 벌였고 프랑스, 네덜란드, 스페인의 위협은 더욱 거세지고 있었다. 급기야 1782년 스페인 무적함대의 공격을 받게 되고, 1783년에는 미국에서 영국군이 완전히 철수한다는 내용의 파리조약이 체결되었다. 점차 세력이 약화된 영국은 뉴사우스웨일스에 대한 근심이 커졌다.

영국 본토의 상황은 이보다 더 나쁠 수 없을 정도였다. 최상위 부유층의 과소비가 팽배했으며 이러한 과소비는 무역상이나 장인, 점원 같은 중간계급에게도 마찬가지였다. 영국 사회의 사치와 향락은 하층민들에게는 곧 극도의 빈곤, 문맹, 알코올중독, 폭력, 전염병 확산과 같은 비참한 상황으로 이어졌다. 혼란에 빠진 영국 사회의 가장 큰 관심사는 폭증하는 범죄와 이러한 범죄로부터 인명과 재산을 보호하는 것이었다. 자연스럽게 범죄자들에 대한 처벌을 강화하는 것이 필요했지만, 처벌을 강화함으로써 경시될 수 있는 범죄자의 인권 문제 역시 중요했다. 그 대안으로 내세운 것이 범죄자를 감옥에 가두는 것이었지만, 넘쳐나는 범죄자들로 감옥이 턱없이 부족한 상황에서 경범죄자들에 대한 면책 판결이 이어졌다. 중범죄자들 역시 감옥에 오랫동안 가두어 둘 형편이 못 되었기 때문에 죄를 감면받고 단기간 내에 출소하는 사례가 많았다. 당시 러시아에서는 중범죄자들에 대한 해외 유배가 이루어지고 있었는데, 영국도 범죄자의 처벌 방식으로 사형 대신 유배가 본격적으로 논의되기 시작했다.

영국에서는 이미 범죄자 중에서 부분적인 사면을 받은 사람들을 미국 식민지로 유배를 보내 7년간 하인으로 일하도록 하고 있었다. 해외 유배를 간 사람들 중 기술을 가진 사람은 25파운드를 내고 자유의 몸이 되기도 했으며, 형기를 마친 사람들은 식민지에서 사업을 벌여 큰돈을 벌기도 했다. 하지만 살인, 강간, 사기, 강도 등 중범죄자들에게는 사면의 기회가 없었다.

해외 유배가 점차 활성화되면서 미국에서는 값싼 노동력이 풍부해졌고 인도주의적 차원에서도 죄수를 감옥에 가두는 것보다는 유배를 보내는 것이 긍정적으로 인식되고 있었다. 하지만 미국에서 또 다시 전쟁이 발발하면서 미국으로의 죄수 유배가 불가능해졌고, 늘어나는 범죄자들에 대한 대책 마련이 논의되기 시작했다. 영국 정부가 내세운 해결책은 쓸모없게 된 선박들에 죄수들을 수용하는 것이었다. 하지만 이는 늘어나는 범죄자를 사회로부터 격리시키기 위한 임시방편일 뿐 근본적인 해결책이 아니었다. 이때 제임스 쿡의 친구이자 그와 함께 호주 대륙을 탐험했던 조셉 뱅크스가 영국 정부에 뉴사우스웨일스의 보터니 만(Botany Bay)을 미국 대신 죄수를 유배 보낼 수 있는 지역으로 제안하였다. 그는 뉴사우스웨일스가 토착민도 적고, 농사를 짓기에 충분한 녹초 지대와 물고기가 풍부하며, 무엇보다도 유럽인들이 정착한 다른 대륙으로부터 멀리 떨어져 있기 때문에 죄수들이 탈출하기도 어렵다는 점을 강조했다. 뱅크스는 그 외에도 유럽 대륙에 비해 훨씬 넓은 이 대륙을 차지하게 되면 분명 영국에 좋은 결과를 안겨 줄 것임을 주장했다. 하지만 영국 정부는 충분한 폐함을 확보하고 있었기 때문에 그의 말에 큰 관심을 기울이지 않았다.

1783년 영국이 미국 식민지 전쟁에서 패배하면서 영국 해군의 위상이 실추되었고, 전쟁을 마친 군인과 선원들의 생계도 어려워졌다. 여기에 런던에서 일어난 반란으로 많은 희생자가 발생하는 등 극도의 혼란에 빠지면서 감옥마다 수감 인원이 폭증하게 된다. 당시 영국 정부는 폐선에 수감된 죄수들의 비참한 생활과 탈옥의 가능성 때문에 감옥선의 존폐 여부를 고민하고 있었다. 이에 더해 죄수들을 다시는 영국 땅에 되돌아오지 못하게 할 방법을 찾고 있었다. 때문에 영국 정부는 범죄자를 새로운 국가로 유배 보내는 것에 대해 본격적으로 관심을 보이기 시작했고, 마침내 1784년 범죄자들에 대한 해외 유배가 결정되었다. 1785년 200명의 죄수들이 아프리카 감비아(Gambia)로 유배되었지만 1년 뒤 단 30명만 생존하였다. 영국 정부는 죄수를 유배 보낼 만한 다른 곳을 찾기 위해 남아프리카 지역에 해군 함대를 파견했지만 적합한 곳은 찾지 못했다.

결국 조셉 뱅크스가 제안했던 뉴사우스웨일스가 유배지 후보로서 논의되

조셉 뱅크스, 영국 정부에 호주로의 죄수 유배를 최초로 제안한 인물

기 시작됐다. 뉴사우스웨일스의 토착민들은 창과 작살로 무장하고 있지만 겁이 많기 때문에 공격할 가능성이 낮으며 야생동물의 위협도 없는 안전한 곳이라는 점이 부각되었다. 하지만 영국 정부가 우려했던 점은 그 어떤 영국 탐험대도 뉴사우스웨일스의 동부 해안으로부터 단 1마일도 내륙 쪽에 대한 탐사를 하지 못했다는 사실이었다. 유능한 항해사인 쿡조차도 그의 첫 항해에서 보터니 만, 버스타드 베이(Bustard Bay), 쿡타운(Cooktown), 포제션 섬(Possession Island) 등 네 곳에서만 정박했으며, 7년 뒤 이루어진 레졸루션(Resolution) 호와 디스커버리(Discovery) 호의 항해에서도 반 디멘스 랜드의

시드니 자작

어드벤쳐 만(Adventure Bay)에 잠시 머물렀을 뿐이다. 또 다른 근심거리는 뉴사우스웨일스가 영국으로부터 매우 먼 거리에 위치하기 때문에 장거리 항해라는 값비싼 대가를 치러야 한다는 점이었다. 하지만 영국 정부는 폭증하는 범죄자 수와 감옥 부족으로 인해 영국 땅에서 하루 빨리 죄수들을 몰아내야 했다.

몇 가지 우려에도 불구하고 영국 정부는 1787년 1월 23일, 뉴사우스웨일스로의 죄수 유배를 결정하고 곧바로 선박 건조에 돌입했다. 당시 이 모든 의사결정을 책임진 인물은 시드니 자작(Viscount Sydney)이었다. 그는 권세가 집안 출신으로 영국의 내무장관을 맡고 있었으며 영국의 모든 해외 식민지를 관리하는 것이 그의 임무 중 하나였다. 그는 여자 200명을 포함해 750명의 죄수를 보터니 만으로 실어 나를 함선과 도착 후 필요한 경작 도구 등을 준비케 했다. 또한 죄수를 관리할 180명의 군인과 기술자를 포함시켰다.

영국 정부는 도착한 영국인들이 선박을 건조할 수 있을 만큼 충분한 자연환경이 뉴사우스웨일스에 존재할 것으로 생각했고, 보터니 만을 거점으로 중국과의 무역도 가능할 것이라고 믿었다. 기존의 다른 죄수 유배지와는 달리 목적지에 대한 정보도 부족한 상황에서 최소 6개월 이상의 긴 항해를 해야 한다는 어려움이 따랐지만, 영국 정부는 보터니 만으로 유배 보낼 죄수 선발과 준비 작업을 일사천리로 진행했다.

새로운 호주인

영국 함대가 군인, 죄수와 간수들을 태우고 호주 대륙을 향해 출항한 것은 1787년 5월 13일이었다. 당시 영국에서 호주 대륙까지의 머나먼 항해는 오늘날 지구에서 다른 행성까지의 우주여행에 견줄 만큼 길고도 혹독한 여정이었다. 더구나 알아듣지도 못하는 언어를 사용하는 원주민들이 살고 있고 제대로 된 사전 탐사도 이루어지지 않은 미지의 대륙을 향해 짧게는 6개월, 길게는 1년 이상이 걸릴지도 모를 항해였다. 아서 필립(Arthur Phillip) 선장은 443명의 선원, 568명의 남자 죄수, 어린이 13명을 동반한 191명의 여자 죄수, 군인 211명과 가족 46명(어린이 19명 포함) 등 1,500명에 이르는 동반자들과 함께 11척의 배를 나눠 타고 영국 남부 와이트 섬(Isle of Wight)을 출항하였다. 예상대로 여정은 험난했고 항해 중 함대에서 가장 큰 선박과 구축함을 잃었다. 하지만 항해가 지속될 수 있었던 것은 함대를 이끈 필립 대령의 리더십 덕분이었다.

전임 선장 제임스 쿡과 마찬가지로 아서 필립 역시 상업용 선박에서 항해를 익히기 시작했다. 해군으로서 그의 젊은 시절은 그리 순탄치 않았다. 하지만 영국 해군을 그만두고 포르투갈 해군으로 근무할 때 400명의 죄수를 이끌고 단 한 명의 희생자도 없이 대서양을 건너는 역량을 발휘하면서 영국 해군도 그의 경험을 높이 평가했다. 특히 독일 프랑크푸르트 교사 출신 아버지의 영향으로 보이는 성실하고 절제된 생활도 그의 가치를 돋보이게 했다.

아서 필립

출항 전 필립 대령은 사비를 들여 죄수들을 위한 의복을 마련해 주기도 했지만, 필립 대령에 대한 신뢰가 완전하지 않았던 영국 정부는 존 헌터(John Hunter) 대령을 기축함인 시리우스(Sirius) 호의 선장으로 임명하였는데, 훗날 그는 필립의 뒤를 이어 제2대 호주 총독으로 임명된다.

필립 대령은 출항 준비를 하면서 영국 정부에 다양한 제안을 했다. 도착

예정지인 보터니 만이 위험해 보이기 때문에 대체 항구를 찾아야 한다거나, 본 함대의 출항에 앞서 기능공들을 태운 준비선단을 미리 파견하여 병원과 상점을 건설해야 한다는 주장을 펼쳤지만 이미 때는 늦었고 영국 정부도 그의 제안에 귀 기울이지 않았다.

필립 함대는 기함 시리우스 호, 보급함 서플라이(Supply) 호, 화물선 3척, 수송선 3척 등 총 11척으로 이루어졌지만 1,500명을 수송하기에는 사실 턱없이 부족했다. 또한 항해 중 식수 공급이 가능했던 곳은 테네리페 섬(Tenerife, 스페인령 카나리아제도), 리우데자네이루(Rio de Janeiro, 브라질의 항구도시), 케이프타운(Cape Town, 남아프리카공화국의 도시) 정도에 불과할 만큼 열악한 조건이었다. 하지만 필립 선장은 치밀한 계획과 강력한 리더십으로 8,000마일을 항해한 끝에 1788년 1월 20일 보터니 만에 닻을 내렸고, 항해 도중 목숨을 잃은 사람은 48명에 불과했다.

목적지에 도착한 영국인들은 기대와 달리 이 땅이 농작물 경작에 적합하지 않으며 항구 자체도 함선 정박이 어렵다는 것을 직감했다. 이에 필립 선장은 수마일 북쪽으로 더 항해하여 훗날 포트 잭슨(Port Jackson)으로 불리게 되는 천연항에 상륙했으며 함대 본진도 1788년 1월 26일 이곳에 닻을 내리게 된다. 포트 잭슨은 제임스 쿡이 상륙하지 않았던 곳으로, 해안으로부터 수마일 안쪽에 위치한 천혜의 항구였다. 필립은 이곳을 영국의 해군부장관 조지 잭슨 경(Sir George Jackson)의 이름을 따서 포트 잭슨으로 명명하면서 지구상에서 가장 넓고 훌륭한 항구라고 칭송하였다.

영국인과 원주민의 첫 접촉은 다분히 우호적이었다. 원주민들은 처음에 'Worra, Worra', 즉 '나가라'고 외쳐 댔지만 이를 알아듣지 못한 영국인들은 선물을 제시하며 이들과 대화를 시도하였다. 원주민의 눈에 영국인들은 보랏빛의 청색 의복(영국 해군 제복)을 입고 큰 외계선을 타고 나타난 외계인쯤

위: 필립 함대의 기함 시리우스 호
아래: 현재 시드니 박물관의 입구에서는 호주 정착 초기 영국인 총독 청사의 흔적을 찾아 볼 수 있다.

으로 보였을 테지만, 의외로 원주민들은 영국인에게 빠르게 적응하였다. 첫 상륙 후 영국인들은 원주민과 소통하기 위해 똑같은 나체로 그들 앞에 나타나거나 원주민 소녀의 목에 하얀 손수건을 매달아 주기도 하였다. 하지만 이러한 평화는 그리 오래가지 못했다. 몇몇 죄수들이 원주민들에 의해 공격을 받게 되자 필립 대령은 원주민을 생포했지만 그들은 곧 천연두로 사망하게 된다.

군인이나 죄수 신분이었던 영국인들은 새로운 땅에서 자신의 영역을 구축하려는 의지가 매우 강했으며 훈련 또한 잘되어 있었다. 정착지 주변의 나무와 바위가 제거되고 총독이 거주할 통나무집이 마련되었으며 농작물 경작도 시작되었다. 1788년까지 주택, 오두막, 병원이 세워졌고 총독이 거주할 방 3개짜리 청사(지금의 시드니 박물관이 있는 자리)가 마련되었다. 이러한 노력에도 불구하고 영국인들은 이 지역이 작물 재배에 적합한 땅이 아님을 깨닫고는 1789년, 이곳에서 15마일 내륙으로 들어간 패러매타(Parramatta) 지역에 새로운 총독 거주지를 마련하면서 주변에 정착촌을 형성했다. 1792년까지 패러매타 거주자는 1,970명이었는 데 반해 시드니(Sydney) 거주자는 1,170명에 불과했다. 이후 시드니에 정부가 들어서고 상업 중심지가 형성되면서 상황은 역전된다.

필립 대령은 뉴사우스웨일스의 초대 총독으로 임명되지만 당시 정부의 영향력이 미치는 지역은 시드니 코브(Sydney Cove)에서 수마일 정도에 불과했다. 초기 영국 정착민들의 삶은 고난과 불안으로 가득했다. 새로운 환경에서 군인들은 죄수를 감시해야 했으며, 죄수들은 혹독한 노동을 통해 생존을 이어 갔다. 먹을 것은 늘 부족했고 정부 관리조차 천막에서 소금에 절인 돼지고기와 함께 와인을 마시는 정도가 가장 큰 즐거움이자 행복이었다. 그나마 주식인 빵은 너무 귀해서 거르거나 스스로 알아서 준비해야만 했다. 식량을 둘러싼 분쟁이 끊이지 않았으며, 식량을 훔치는 것이 가장 혐오스러운 범죄로 취급되었기 때문에 필립 총독은 상륙한 지 며칠 뒤부터 식량을 훔친 자에게 사형을 집행했다. 그는 중대한 범죄에 대해서는 엄격하면서 공정한 판단을 내렸다. 그럼에도 불구하고 절대적인 식량 부족 문제는 해결되지 않았다.

이후 호주 대륙에 도착한 영국인은 죄수뿐만 아니라 자유 이주자들도 포함되었으며, 죄수 중에는 중범죄자 이외에도 혼란에 빠진 영국 사회에 적응하지 못한 단순 경범죄자나 정치범, 종교적 박해자들까지 포함됐다. 하지만 그 가운데 식민지 개척에 필요한 기술을 지닌 자는 드물었고, 영국과 다른 환경에 적응하지 못한 노인이나 허약한 사람들은 죽음을 면치 못했다. 폭력적이면서 반항적인 죄수들은 식민지 정권에 대항하기도 했지만, 교육 수준이 높은 젊은 죄수들은 새로운 정착지에서 경제적 자립 기반을 마련하고 결혼까지 했다. 실제 죄수들 중에는 옥스퍼드나 케임브리지 대학 출신도 다수 포함되어 있었다. 교도관들의 재능도 죄수들에 비해 별반 다를 게 없었다. 필립의 첫 함대에 포함되어 호주 대륙에 상륙한 3개 중대 군인들은 자신들이 죄수들과 똑같은 배급을 받고 잘못에 대해 엄중한 처벌을 받는 것에 분개하기도 했다.

한편, 영국인이 처음 호주 대륙에 도착한 지 20년 정도 지날 즈음, 원주민들은 영국인이 자신들의 환경과 자원을 획책하고 있다는 것을 알게 되었고 이에 대한 저항을 준비하기 시작했다.

끔찍한 기근

1788년 필립 총독은 호주 대륙에서 동쪽으로 877마일(약 1,411km) 떨어진 노픽 섬(Norfolk Island)에 대한 점유를 명령한다. 노픽 섬은 길이 8km, 폭 4.8km의 작은 섬이다. 1744년 제임스 쿡은 그의 2차 항해에서 노픽 섬에 자생하는 소나무, 그리고 남태평양 한가운데 위치한 지정학적 장점을 영국 정부에 보고한 바 있다. 1786년 영국은 프랑스가 무인도이면서 목재로 사용할 수 있는 소나무가 풍부한 이 섬을 해군 기지화할 것을 우려하여, 섬에 대한 영유권을 주장하면서 뉴사우스웨일스의 식민지로 선언하였다. 영국 정부는 노퍽 섬의 삼림 자원이 뉴사우스웨일스에 도움이 될 것으로 판단했다. 하지만 노퍽 섬은 선박이 정박할 만한 자연 항

노퍽 섬의 위치

구가 없었다. 그럼에도 불구하고 필립 총독은 필립 킹(Philip King) 중위를 지휘관으로 하여 해군 6명, 죄수 11명, 군의관 1명에게 한 달 치 배급과 함께 노퍽 섬으로 항해할 것을 명령했다. 노퍽 섬으로 이송되는 죄수들은 폭력 전과가 없는 사람들로 신중하게 선발되었으며, 여성 죄수는 자원하는 경우에 한해 선발하였다.

1788년 3월 4일 노퍽 섬에 도착한 선발대는 킹 중위의 지휘 하에 땅을 개간하고 당시 영국에서 인기가 높았던 아마를 재배하기도 했지만 그리 큰 소득은 거두지 못했다. 한 달 치 배급이 바닥난 선발대는 생존을 위해 섬 여러 곳에 둥지를 튼 슴새나 슴새 알로 주린 배를 채웠다. 노퍽 섬에 서식하던 슴새는 땅에 둥지를 틀고 살았기 때문에 이들에게는 유일한 식량 자원인 셈이었다.

한편, 영국으로부터 식량 공급이 원활하지 않았던 뉴사우스웨일스 본토에서는 노퍽 섬에 파견된 선발대로부터 기근을 해결해 줄 희소식을 기다렸지

만 상황은 비관적이었다. 부족한 식량 사정은 죄수들을 더욱 가혹한 상황으로 내몰았다. 1788년 10월까지 영국으로부터 아무런 희소식을 듣지 못한 필립 총독은 배급을 줄이는 한편 식량을 공급받기 위해 남아프리카의 케이프타운으로 서플라이 호를 급파하게 된다. 서플라이 호의 선장 존 헌터 대위는 정상적인 동쪽 항로 대신 서쪽 항로를 선택하면서 항해 도중 거친 풍랑을 만나기도 했지만, 정상 항로보다 훨씬 빠른 3개월 만에 케이프타운에 도착할 수 있었다. 그리고 이듬해인 1789년 5월 식량을 싣고 뉴사우스웨일스로 귀환했다.

그럼에도 불구하고 식량 사정은 좀처럼 나아지지 않았고, 1790년 4월까지 식량 배급은 생존을 위한 최소 수준까지 줄어들게 되었다. 당시 한 수병이 쓴 편지에는 다음과 같은 내용이 적혀 있다. '이 편지가 도달할 때쯤 이곳 새로운 정착지에서의 운명은 결정될 것이다. 우리가 처음 이 땅에 상륙한 지 2년이란 시간이 흘렀지만, 영국은 물론 외부의 어떤 세계와도 철저하게 단절된 채 세상이 어떻게 돌아가는지조차 모르고 있다. 그 무엇보다도 지금 당장 우리에게 가장 두려운 것은 굶주림으로 인해 언제 죽을지 모른다는 냉혹한 현실이다.'

1790년 3월 뉴사우스웨일스 본토에서의 절대적인 식량 부족 문제를 해결하기 위해 시리우스 호와 서플라이 호는 킹 중위가 성공적으로 곡물을 재배하기 시작한 노퍽 섬으로 파견됐다. 당시 노퍽 섬에서는 시드니와 다르게 밀, 옥수수, 감자, 배추, 복숭아, 배, 구아바, 레몬 등의 경작에 성공하면서 식량 자원을 확보할 수 있었다. 하지만 영국 런던시장에서 인기가 높았던 아마 재배에는 여전히 성공을 거두지 못했다. 두 함선은 죄수와 감시병을 추가로 싣고 노퍽 섬에 도착했지만 시리우스 호가 하역 도중 침몰하고 말았다. 기함 시리우스 호의 침몰로 서플라이 호는 이제 뉴사우스웨일스와 노퍽 섬을 오

서플라이 호, 50명이 탑승할 수 있는 170톤급 함선으로, 주로 기함 시리우스 호를 지원했지만 시리우스 호의 침몰로 초기 영국 정착민들에게 남은 유일한 함선이 되었다.

가는 유일한 함선으로 남게 되었다.

상대적으로 식량 사정이 양호했던 노픽 섬은 이제 넘쳐나는 죄수와 군인들로 더 이상 거주민을 받아들이기 어려운 상황이 되었고, 시드니 역시 서플라이 호에 의존하면서 근근이 기근을 버티는 비참한 상황에 빠지게 되었다. 서플라이 호는 중국 광둥에 위치한 동인도회사로부터 원조를 구하기 위한 또 다른 항해에 나서기도 했다.

영국 정부가 남태평양의 외딴 정착지를 완전히 포기한 건 아니었다. 1789년 7월에서 1790년 1월 사이에 두 번째 함대가 시드니 정착지를 향해 출항했다. 필립 총독과 영국 해군이 이끌던 첫 번째 함대와는 달리, 두 번째 함대는 영국 정부가 노예를 매매하는 회사와 죄수 한 명당 일정 대금을 지불하는 계약을 맺고 꾸려졌다. 그 계약 조건에서는 항해 도중 죄수가 사망하는 것에 대한 책임을 묻지 않기로 했기 때문에 항해 중 죄수들에 대한 보호 및 관리가 제대로 이루어지지 않았고 그 결과는 끔찍했다. 총 1,000명의 죄수 중 267명이 항해 도중 사망하고 생존자 대부분도 도착 직후 사망한 것이다. 당시 상황을 목격한 한 군목의 서술에 따르면 죄수 대부분이 제 한 몸조차 가누질 못했으며, 몸, 침상, 의복과 담요는 온통 오물과 이로 가득했고, 항해 중에는 예외 없이 손과 다리가 쇠사슬에 묶여 있어야만 했다. 죄수의 인권도 존중했던 필립 총독의 항해와는 다르게, 두 번째 항해의 이러한 참상은 죽음을 향한 항해로 표현할 수 있다.

1790년 6월과 7월 사이에 죄수를 실은 함선들이 잇따라 도착하자 정착지의 식량 문제는 더욱 심각한 상황에 놓이게 되었다. 필립 총독은 새로 온 죄수들의 열악한 상태와 가중된 책임에 분노하면서, 새로운 정착지의 식량 문제를 스스로 해결해야 하는 상황에서 유용한 노동 자원 대신 병들고 허약한 죄수들을 보낸다면 이는 결국 영국의 커다란 부담이 될 것이라고 본국에 호소했다. 영국 정부도 두 번째 죄수 수송을 맡은 회사가 항해 도중 죄수들에게 제대로 식량을 배급을 하지 않은 채 아껴 두었다가 도착 즉시 팔아 버렸다는 충격적인 사실을 알게 되면서 당혹감을 감추지 못했다.

무질서한 영토 확장

첫 번째 함대를 통해 도착한 사람들 대부분은 당시 영국의 가혹한 법과 규율로 인해 억울하게 범죄자가 되었지만 재능만큼은 뛰어난 사람들이었다. 일부 중산층 출신 죄수들은 뉴사우스웨일스에 도착하자마자 자유권이 주어졌으며 대부분 정부 관리로서 일했다. 하지만 당장 새로운 개척지에서 요구되는 기술을 가진 사람은 그리 많지 않았고 그나마 목수 6명, 벽돌공 2명, 제빵사 1명, 어부 1명이 있을 뿐이었다. 뚜렷한 기술이 없는 나머지 사람들은 하루 9시간 근무를 원칙으로 하여 나머지 시간은 대체로 자유롭게 보냈다. 하지만 모든 정착민들의 미래는 매우 불투명하고 위태로웠으며, 특히 여성의 경우에는 스스로의 생존을 위한 최소한의 기술과 역경을 견뎌 낼 수 있는 꿋꿋함이 요구됐다. 형기를 마친 죄수들에게는 일정한 토지가 부여되었으며 일부는 자유인으로서 상점, 숙박업, 선박업 등의 사업에서 성공하여 큰돈을 벌거나 다시 영국으로 돌아갔다.

참혹했던 3년간의 대기근이 지나갈 무렵 필립 총독과 뉴사우스웨일스가 맞닥뜨린 새로운 고민거리는 정착민들의 관리 문제였다. 영국으로부터 새롭게 유입된 죄수, 자유 이주민, 형기를 마친 사람 등 다양한 입장의 사람들은 서로 요구하는 사항도 달랐고 이는 갈등으로 이어졌다. 당시 뉴사우스웨일스에서 발생하는 형사사건은 1명의 법집행관이 6명의 정부 관리와 함께 판결하였으며, 민사사건은 1명의 판결 변호인과 총독에 의해 지명된 1~2명의 일반인에 의해 처리되고 있었다.

1790년 12월 필립 총독은 새로운 식민지 건설이라는 막중하고 힘든 임무를 끝마치고 영국으로 돌아갈 채비를 했지만, 영국 정부로부터 온 것은 귀환 명령이 아니라 매년 두 차례 죄수 수송선단과 함께 보급품을 공급하겠다는 통보였다. 1791년 7월에서 10월 사이 영국으로부터 도착한 세 번째 수송선단 역시 두 번째 수송선단과 동일한 회사와의 계약을 통해 진행됐으며, 그나마 이전에 비해 다소 사정이 나아지긴 했지만 퀸(Queen) 호에서 내린 222명 중에서 도착 후 9개월이 지나 생존한 죄수는 50명에 불과했다. 필립 총독은 수송 중 죄수 관리 문제에 대하여 또 다시 분노했다. 영국 정부가 이후부터의 계약에서 죄수가 생존한 상태로 뉴사우스웨일스에 도착할 경우 추가 보너스를 지급하는 조건을 내세우면서 수송 사정이 일부 개선되긴 했지만, 여전히 필립 총독이 이끈 첫 번째 수송선단의 성과와는 비교할 수 없었다.

뉴사우스웨일스를 안정적인 식민지로 만드는 데는 멀리 떨어진 영국의 지원에 의존해야만 하는 상황에서 항해에 필요한 엄청난 시간이 큰 걸림돌로 작용했다. 하지만 1792년까지 나름대로 도시로서의 면모를 갖추어 가면서 고래 산업, 양모 산업, 무역업 등이 싹트기 시작했다. 필립 총독은 군인과 자유민들에게 토지를 나누어 주고 노동에 필요한 죄수를 배정하는 한편 토지 경계를 확실히 구분하기 위한 펜스를 설치하도록 했다. 죄수 노동자들은 정부 관리나 장교에게 13명, 자유 정착민에게 3명, 그리고 형기를 마친 자유인에게는 1명이 각각 배정되었다. 토지 지급과 죄수 배정이 본격적으로 이루어지면서 비옥한 토지에서 죄수 노동자와 함께 근면하게 일한 사람들은 큰돈을 벌기도 했다. 개인 토지와 자산 소유가 허용되면서 영토 확장이 무분별하게 이루어졌지만 농산물 수확은 큰 폭으로 개선되었다. 특히 시드니 동부 해안과 나란히 흐르는 혹스베리(Hawkesbury) 강변 비옥한 토지에 대규모 농장이 조성되었다. 1799년까지 형기를 마친 자유인과 군 장교가 이곳에서 소유했던 가축 자산은 뉴사우스웨일스 전체 말의 2분 1 이상, 전체 양의 4분의 3에 달했으며 최대 현안이던 자급자족도 가능해졌다. 한편, 뉴사우스웨일스는 죄수뿐만 아니라 자유민에게도 군사 규율을 적용함으로써 엄격하게 통제되었고 자유민들은 그런 자유롭지 못한 삶에 불만이 많았다.

이렇듯 정착민들의 생활을 안정화시킨 필립 총독은 건강 악화로 1792년 말, 총독직을 사임하고 아틀란틱 호로 귀국길에 오르게 된다. 1793년 5월 런던에 도착한 그는 호주의 다양한 동식물 견본과 함께 두 명의 원주민을 데려왔는데 그중 한 명은 낯선 영국의 기후와 질병으로 인해 사망하였다. 필립 총독이 뉴사우스웨일스를 떠날 때 정착해 있던 백인 숫자는 총 4,221명이었으며 그 중 3,099명이 죄수였다. 필립 총독이 떠난 후 3년간은 새로운 총독이 임명되지 않았다. 공백기 동안 군사령관 그로스(Gross)와 패터슨(Paterson)이 그 자리를 대신했다. 이들은 군인에게만 토지를 나누어 줬고 죄수들로 하여금 경작을 하게 하여 큰 부를 축적했다.

그러던 1793년, 영국은 프랑스를 상대로 전쟁을 선포하고 경범죄자들까지 전쟁에 투입해야 하는 상황을 맞았다. 전쟁을 치르는 동안 일자리는 넘쳐났고 범죄율은 급격히 줄어들었다. 그 대신 정치적 혼란 때문에 정치범들이 급증하게 되는데, 이러한 정치범과 사상범들이 뉴사우스웨일스로 유배되기 시작했다. 여기에다 스코틀랜드 출신 자유 이민자와, 폭동으로 얼룩진 아일랜드를 떠난 자유 이민자들까지 이곳으로 몰려들었다. 특히 아일랜드는 1801년 영국에 공식적으로 합병되면서 신교도들에 대한 탄압과 강제 토지 수탈이 이어졌다. 이에 아일랜드 인들은 미국과 영국, 그리고 뉴사우스웨일스로의 이주를 선택하였다. 당시 뉴사우스웨일스로 이주한 자유 이민자 가운데 4분의 1이 아일랜드 출신일 정도였고, 이들은 영국 정부의 부당한 탄압과 박해를 피해 자유를 찾아 이주해 왔다는 나름의 명분과 자부심이 강했다. 영국 죄수에 비해 아일랜드 출신 정치범과 종교범의 비중은 점점 높아졌는데, 이들 중 상당수는 높은 학식과 자존감을 겸비한 사람들로서 향후 호주 정치에 적극적으로 참여하게 된다. 또한 형기를 마치고도 영국으로 되돌아가기를 포기하고 정착지에 남기를 선택한 사람들이 생겨나면서 뉴사우스웨일스는 다양한 출신과 신분을 가진 사회로 변화되고 있었다. 동시에, 영국인과 아일랜드 출신 이주자 사이에는 새로운 갈등이 싹트기 시작했다.

뉴사우스웨일스에 파견된 영국 군인들은 척박하고 낯선 자연환경, 그리고 적대감을 지닌 원주민과 상대하면서 개척자 정신을 발휘하였다. 당시 영

아서 필립에 이어 뉴사우스웨일스 2대 총독으로
임명된 존 헌터

국의 식민지인 인도에 파견됐던 영국 장교들 대부분이 돈벌이 수단으로 무역을 하고 있었던 것에 반해, 뉴사우스웨일스는 지리적으로 다른 지역과 멀리 떨어져 있기 때문에 무역을 하기 위해서는 험난한 항해를 감수해야만 했다. 또한, 애초에 죄수 유배지로 개척된 뉴사우스웨일스는 개인의 상업적 행위가 허용될 수 없었으며, 필립 초대 총독도 뉴사우스웨일스에서 이루어지는 모든 상업적 행위는 반드시 정부를 거치도록 했다. 따라서 외부로부터 선박을 통해 공급된 소비재는 모두 정부의 병참 상점으로 운반되어 관리되었다. 하지만 필립 총독이 물러나고 형기를 마친 자유인들이 증가하면서 시드니에서 소매업이나 숙박업과 같은 비즈니스가 형성되기 시작했고, 이러한 분위기에 편승하여 정부 관리와 장교들도 외부로부터 들어오는 소비재를 사들여 비싼 값에 되팔아 높은 소득을 올리곤 했다. 당시 뉴사우스웨일스에는 영국 파운드화 이외에는 변변한 통화가 없었기 때문에 주로 럼주를 통화로 활용하였고, 럼주 1갤런(약 3,785㎤)을 10실링으로 계산하였다.

필립 총독이 떠나고 3년이 흐른 1795년, 시리우스 호 선장 출신 존 헌터 대령이 총독으로 임명되었다. 헌터의 강점은 탐험심에 있었다. 그는 부임하자마자 시드니 정착지로부터 남쪽 방향으로의 탐사를 이끌면서 풍부한 목

조지 배스. 반 디멘스 랜드를 일주하면서 이곳이 섬이라는 사실을 최초로 발견하였다.

매튜 플린더스. 호주 대륙을 최초로 일주하였다.

초지대 캠든(Camden)을 발견했고, 더 남쪽으로는 시드니로부터 200마일 떨어진 골번(Goulburn) 지역까지 탐사를 마쳤다. 그는 탐사 과정에서 처음 접한 코알라, 오리너구리, 웜뱃을 영국 정부에 소개하기도 했다. 헌터 총독은 해군 장교 출신답게 해상을 통한 탐험도 활발하게 진행했다. 특히 두 젊은 해군 장교 매튜 플린더스(Matthew Flinders)와 조지 배스(George Bass)의 항해를 적극적으로 지원했다. 그들의 최초 항해는 두 장교가 톰 섬(Tom Thumb, 엄지손가락 톰)으로 불리는 선박을 지휘하면서 이루어졌다.

한편, 당시 새롭게 발견된 지역 중에는 도망친 죄수를 뒤쫓거나 항해 중 배가 난파되면서 우연하게 발견한 곳도 많았다. 가장 드라마틱한 발견은 인도인들에 의해 이루어졌다. 인도 캘커타에서 시드니를 향해 출발한 한 선박은 1797년 2월 반 디멘스 랜드(태즈메이니아. 당시까지는 여전히 반 디멘스 랜드라는 이

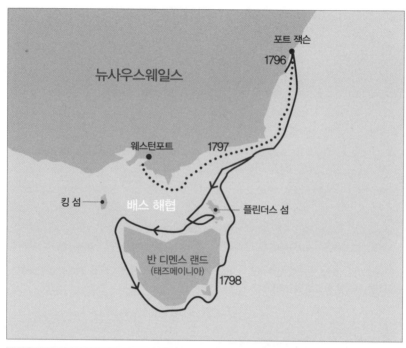

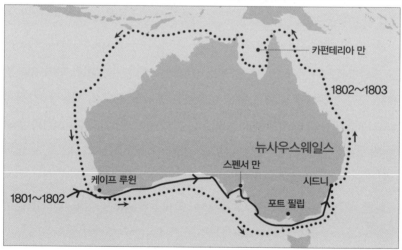

위: 1798년 조지 배스와 매튜 플린더스가 반 디멘스 랜드를 일주했던 항해로
아래: 1802~3년 매튜 플린더스가 호주 대륙을 일주한 항해로

름으로 불렸다.) 북동쪽 작은 섬에서 난파를 당했다. 도움을 요청하기 위해 17명의 선원이 배를 타고 출발하였지만 이 배 역시 뒤집어지는 바람에 그 생존자들은 호주 본토를 거쳐 300마일이나 떨어진 시드니 보터니 만을 향해 걸어서 가야만 했다. 사투 끝에 목적지에 도착하기까지 생존한 인도 선원들은 3명에 불과했다. 헌터 총독은 조지 배스로 하여금 두 척의 배를 이끌고 반 디멘스 랜드 북동쪽 섬에 잔류한 인도 선원들을 구출하는 한편, 아직 탐사가 이루어지지 않았던 뉴사우스웨일스 남부 지역의 탐사를 명령했다.

배스와 6명의 선원으로 이뤄진 탐험대는 28피트(약 8.5m)짜리 포경선을 타고 호주 대륙 동남쪽 해안 지역의 대부분을 탐사하였다. 탐사 도중 윌슨 곶(Wilson's Promontory)에서는 시드니에서 선박을 훔쳐 도망쳤던 14명의 죄수 중 생존자 7명을 발견하기도 했으며, 이곳으로부터 좀 더 서쪽 방향으로 항해를 이어 간 끝에 넓은 해협을 발견하고 이곳을 웨스턴포트(Westernport)라고 명명하게 된다. 이곳은 파도가 시작되는 지점으로, 훗날 호주 본토에서 태즈메이니아로 향하는 선박의 출발지이자 관문의 역할을 하게 된다.

시드니로 돌아온 배스는 수개월 뒤 플린더스의 지휘 하에 반 디멘스 랜드를 향한 첫 일주 항해를 떠나게 된다. 네덜란드의 아벨 타스만이 이곳에 상륙한 지 150년 이상 지난 시점에 이루어진 두 젊은 영국 해군 장교의 탐험으로 반 디멘스 랜드가 바다로 둘러싸인 거대한 섬이라는 사실을 확인하게 되었으며, 시드니로 돌아오는 항해 중 명명한 배스 해협(Bass Strait)은 향후 선박들의 항해 기간을 2주일 이상 앞당기는 획기적인 발견의 결과였다. 이후 배스 해협을 거점으로 호주 포경 산업이 탄생하는 계기가 되기도 했다.

만약 배스가 1798년 항해에서 조금 더 서쪽 방향으로 항해했더라면 웨스턴포트보다 더 뛰어난 항구를 발견할 수도 있었을 것이다. 그러나 그 기회는 1802년 2월 레이디 넬슨(Lady Nelson) 호를 타고 이곳을 발견한 존 머리(John

필립 킹. 뉴사우스웨일스 3대 총독

Murray) 해군 대위에게 돌아갔다. 그는 당시 헌터의 뒤를 이어 총독이 된 필립 킹의 이름을 따서 항구의 이름을 포트 필립(Port Phillip)으로 칭하였다.

한편, 1800년 9월 취임한 필립 킹 총독은 시드니와 패러매타를 중심으로 강력한 정착 사회를 구축하였으며, 모든 정착민들에게 공정하고 균등한 식량 배급을 강조했다. 아마도 필립 초대 총독 시절 혹독한 기근 때문에 노퍽 섬으로 반강제 추방된 뼈아픈 자신의 과거가 영향을 미친 것으로 보인다.

그는 시드니 정착 지역이 점차 확대되면서 죄수가 시드니로부터 멀리 떨어진 곳에 일자리를 얻게 되면 죄수에 대한 관리·감독권을 과감하게 포기했으며, 군인에게는 무한한 권리를 부여했다. 군인은 국내법에서도 예외적인 특혜를 부여받았으며 불법행위를 저질러도 치안 공무원에 의해 체포될 일이 없었다. 영국 정부는 이에 대해 매우 부정적인 견해를 가지고 있었지만, 런던과 시드니 사이의 거리 때문에 제대로 된 통제는 불가능한 상황이었다. 헌터 총독은 무질서가 팽배해 있던 새 정착지에서 유일한 통제 수단이 군대와 정부 관리뿐이라는 현실을 잘 알고 있었다.

한편, 1780년대 호주에서 발전이 가능한 산업에 대한 대부분의 논의에서 포경 산업은 배제되어 왔다. 양모나 가죽 세공 기계의 작동에 필요한 고래

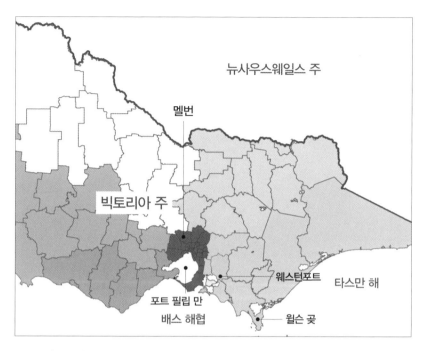

빅토리아(Victoria) 주 지도, 최남단에 윌슨 곶이 위치하며 그보다 서쪽으로 웨스턴포트, 그리고 바로 옆에 멜번(Melbourne)에 인접하여 포트 필립 만(Port Phillip Bay)이 있다. 배스 해협은 빅토리아 주 바로 아래에 위치하는 해협으로, 반 디멘스 랜드, 즉 태즈메이니아로 연결된다.

기름의 가치는 매우 높았지만 그 당시 포경은 남극해에서만 가능했다. 그러던 중 동인도회사가 독점해 오던 태평양 지역 무역에 관한 법령이 1801년 개정되면서 미국과 영국에서도 심해 포경이 가능해졌고, 1805년부터는 호주 지역에도 심해 포경권이 주어졌다. 1805년 시드니에서 185톤급 킹 조지(King George) 호가 건조되면서 호주 포경 산업은 전성기를 맞게 된다. 심해 포경에 비해 상대적으로 자본 소요가 덜한 해안 포경도 1806년부터 호주 남쪽 해안에서 활발하게 전개되었다.

또한 위험한 고래 사냥에 비해 바다표범 사냥은 상대적으로 손쉽고 수익

털이 다 자란 메리노 양의 모습. 메리노는 최고급 품질의 양모를 생산하며, 호주는 메리노 양모의 세계 최대 생산지이다.

성도 높았다. 당시 호주 남쪽 해안가는 바다표범 무리의 주요 서식처인 데다 바다표범들은 사람이 다가오는 것을 두려워하지 않았기 때문에 사냥을 하기 용이했다. 배스 해협에서 이루어진 바다표범 사냥에서 한 가지 흥미로운 점은 호주 남부의 유럽 백인과 반 디멘스 랜드 원주민의 협력이 이뤄졌다는 것이다. 당시 반 디멘스 랜드 원주민들은 배스 해협을 주기적으로 가로질러 호주 본토를 오가며 호주 남부 백인과 협력 관계를 맺고 함께 사냥에 나섰다.

호주 남부에서 잡힌 바다표범 가죽과 기름은 배스 해협을 통해 시드니 항구로 운송되었다. 하지만 지나친 남획으로 바다표범의 개체수가 줄어들고 무자비한 사냥을 피해 바다표범들이 반 디멘스 랜드로 서식처를 옮기면서 바다표범 산업은 소강상태에 접어들었다. 하지만 양모 산업이 본격적인 궤도에 오르기 전까지 고래잡이나 바다표범 사냥은 조선 산업에까지 영향을 미치면서 호주의 주요 산업으로 계속해서 자리 잡고 있었다.

빼어난 품질의 털을 자랑하는 스페인산 양은 기원전 2세기부터 그 명성이 자자했다. 스페인산 양 중에서 다리가 길고 털이 긴 품종이 메리노인데, 일 년에 네 차례나 새로운 목초지를 찾아 이동해야 할 만큼 성가신 측면이 있지 만 이들로부터 생산되는 양털은 세계 최고의 품질을 인정받았다. 1파운드(약 0.5kg)의 양털로 92마일(약 148km) 길이의 실을 뽑아낼 수 있을 만큼 경제성도 뛰어났다. 18세기 양모 산업은 영국 전체 수출의 4분의 1을 차지하고 1천 4 백만 파운드에 이르는 수익을 영국에 안겨 준 핵심 산업이었다. 하지만 영국 산 양털은 그리 좋은 품질이 아니었기 때문에 스페인으로부터 늘 양을 수입 할 수밖에 없었다.

필립 대령과 함께 뉴사우스웨일스로 첫 항해를 경험했던 헨리 워터하우 스(Henry Waterhouse) 대령은 새로운 정착지에서 양모 산업의 가능성을 엿 보았다. 그는 1796년 남아프리카공화국 케이프타운으로부터 스페인산 양을 들여와 첫 사육을 시작했다. 킹 당시 총독은 양모 샘플을 런던으로 보냈지만 영국 전문가들의 판단은 비관적이었다. 특히 첫 함대에서 필립 대령과 함께 뉴사우스웨일스를 경험했던 식물학자 조셉 뱅크스는 뉴사우스웨일스의 황 량한 토지와 기후가 양들에게 양질의 충분한 목초지를 제공해 주기 힘들다 고 판단했다. 그럼에도 양 관리의 임무를 맡은 존 맥아더(John MaCarthur) 대 령은 1805년 영국 국왕 소유의 일부 양을 들여오면서 수백만 에이커의 토지 를 부여받아 양을 사육했다. 하지만 1820년까지 호주의 양은 영국산과 아일 랜드산 그리고 품질이 다소 낮은 벵갈(Bengal) 종이나 굵은 꼬리를 지닌 케 이프(Cape) 종이 대부분이었고, 양질의 양모 생산이 가능한 순수 메리노 양의 개체 수는 30마리도 채 되지 않았다.

대륙 남쪽으로의 전진

영국 정부로부터 받은 킹 총독의 임무는 새롭게 점유한 호바트(Hobart, 현재 태즈메이니아 주의 주도)로 일부 시민들을 이주시키는 것이었다. 주로 형기를 마친 자유민을 중심으로 이주가 추진되었는데, 이들에게는 30에이커(약 0.12 *km²*)의 기본 토지에 결혼 유무에 따라 20에이커(약 0.08*km²*), 자녀 1명당 10에이커(약 0.04*km²*)의 토지가 추가로 배정되었으며, 경작에 필요한 가축과 장비 모두 10년간 무상으로 지급되었다. 이주가 이루어지기 이전인 1803년까지 킹 총독의 명령을 받은 매튜 플린더스는 호주 남부 지역과 반 디멘스 랜드에 대한 조사를 끝마쳤다. 하지만 영국 정부와 킹 총독의 걱정은 미지의 세상 때문이 아니었다. 1800년 프랑스는 나폴레옹의 명령 아래 호주 해안에 탐험대를 파견하였으며, 실제로 호주 대륙에 대한 침략 계획까지 가지고 있었다. 영국 정부도 첩보를 통해 이러한 정보를 파악하고 있었다.

킹 총독은 해군 장교 출신답게 반 디멘스 랜드에 대한 프랑스의 야욕을 물리치기 위해 1800년 군함 컴벌랜드(Cumberland) 호를 파견했다. 그리고 배스 해협에 위치한 킹 섬(King Island)에서 프랑스 탐험대를 발견하자 이곳에 유니언잭(영국의 국기)을 게양하고 영국의 영토임을 분명히 했다.

영국 정부는 호주 본토와 반 디멘스 랜드를 연결하는 배스 해협의 중요성을 다시금 인식하고, 반 디멘스 랜드의 북쪽 해안에 정착지를 개발하기로 결정했다. 당시 반 디멘스 랜드의 북쪽 해안은 미국 포경선의 고래잡이와 바다표범 잡이가 성행하고 있었다. 1804년 10월 킹 총독은 윌리엄 패터슨(William Paterson) 사령관에게 군인과 75명의 죄수를 이끌고 섬의 북쪽 해안에 정착하도록 명령한다. 패터슨은 타마(Tamar) 강 입구에 첫 정착지를, 그리고 상류로 거슬러 올라가 론세스턴(Launceston)에 두 번째 정착지를 세우고 반

킹 섬

배스 해협

태즈메이니아

태즈메이니아 북서쪽에 킹 섬이 위치한다.

디멘스 랜드를 관리했다.

　1806년 킹 총독이 영국으로 떠날 때까지 호주 지역에 속한 영국 점유지는 뉴사우스웨일스와 노퍽 섬, 그리고 반 디멘스 랜드에 달했다. 뉴사우스웨일스 내에서의 정착지는 시드니를 기점으로 남쪽 해안 100마일(약 160㎞)까지 확대되었으며, 내륙 쪽으로는 블루 마운틴(Blue Mountain) 산맥까지 넓힌 상태였다. 특히 맥아더 대령을 중심으로 시드니 남쪽 캠든 지역에 정착한 사람들은 1,000여 명의 지주와 4,000여 명의 자유 정착민, 그리고 2,500여 명의

윌리엄 블라이. 뉴사우스웨일스의 4대 총독

죄수로 구성된, 당시로서는 꽤 규모가 큰 집단 사회를 이루었다.

시드니 북쪽으로도 영역 확대를 위해 찰스 멘지스(Charles Menzies) 대위로 하여금 시드니에서 70마일(약 112㎞) 떨어진 헌터(Hunter) 강 유역에 새로운 정착지를 마련하게 했다. 그리고 이곳으로 시드니 사회에 불만이 많은 아일랜드계 사람들을 이주시킬 계획을 세웠다. 당시 아일랜드계 죄수들은 자신들이 당하는 불평등에 반감이 깊었으며, 몇몇 아일랜드계 죄수들은 반란을 공모했다는 이유로 노퍽 섬으로 재차 유배되기도 했다. 노퍽 섬에 유배된 아일랜드계 죄수들은 그곳에서 비교적 평등한 대우를 받았음에도 불구하고 1800년 12월에 또 다시 반란을 계획한 것이 발각되어 주동자 두 명이 처형되었다. 1804년 3월 뉴사우스웨일스 본토에서는 300명에 달하는 아일랜드계 죄수들이 무기를 들고 패러매타에서 반란을 일으켰지만 비니거 힐(Vinegar Hill)에서 군대에 의해 진압되고 8명의 주동자는 처형되었다. 이것은 아일랜드계 죄수들이 일으킨 최초이자 마지막 무력시위가 되었지만, 그만큼 아일랜드계의 불만이 팽배해 있다는 점은 분명히 알 수 있었다. 이처럼 아일랜드계의 불만이 더 컸던 이유는 당시 가톨릭에 가한 영국의 박해 때문에 호주로 유배되어 온 아일랜드계 죄수들이 많았기 때문이다.

1806년 8월 뉴사우스웨일스의 새로운 총독으로 부임한 윌리엄 블라이(William Bligh)는 럼주를 매개로 한 거래가 뉴사우스웨일스 전체의 알코올 문제를 야기하고 있다고 판단하고 군인들의 상거래를 전면 중단시켰다. 그의 생각은 군인들이 상거래 독점을 통해 상당한 부를 축적하고 있는 반면 일반 노동자들은 상대적으로 노동 의욕을 상실하게 되고, 이는 궁극적으로 식민지 전체의 번영을 저해하게 된다는 것이었다. 하지만 지난 10여 년간 이러한 방식으로 부를 축적해 온 군인 지주들의 거센 반발과 충돌하면서 뉴사우스웨일스 사회는 양 진영으로 나뉘게 된다. 블라이 총독을 지지하는 사람들은 그의 새로운 정책이 불평등을 해소하고 공동의 번영을 위한 올바른 판단임을 강조했지만 끝내 그의 사퇴를 막지는 못했다. 식민지 정착 초기에 총독의 불명예스러운 퇴진은 영국 정부로 하여금 보다 강력한 리더십과 효과적인 관리 능력을 겸비한 총독의 필요성을 부각시켰다.

진정한 리더

1809년 블라이 총독 후임으로 임명된 라클란 맥쿼리(Lachlan Macquarie) 총독은 해군이 아닌 육군 출신 최초의 총독이었다. 스코틀랜드 출신인 그는 뉴사우스웨일스 군대를 재편하면서 집단 체계와 위계질서를 중시하는 한편, 근무시간 이외에는 군인도 일반인과 어울려 생활하도록 배려했다. 맥쿼리 총독이 재임했던 1809년 12월부터 1822년 2월까지 호주는 죄수 유배지에서 식민지로 본격적으로 전환하게 된다. 맥쿼리 총독은 웰링턴 장군 휘하에서 인도 근무 경험, 그리고 런던에서 정무를 담당한 경험이 있었고, 이는 당시 뉴사우스웨일스가 요구하는 총독의 자질이었다. 1810년 1월 시드니에

콕스 로드 표지판　　　　　　　　　라클란 맥쿼리, 뉴사우스웨일스 5대 총독

도착한 그는 우선 죄수 관리에 역점을 두었으며 석방된 죄수에게는 정착의 기회를 늘리고 결혼을 장려하였고 교육의 기회도 제공하였다. 또한, 농작물이나 가축의 거래를 장려하는 대신 음주는 엄격히 제한했다. 영국 은화가 높은 가격에 거래되는 상황에서 맥쿼리 총독은 1817년 뉴사우스웨일스 최초의 은행을 설립하고 지폐를 발행했다.

　1815년 나폴레옹과의 전쟁에서 승리한 영국은 유일한 강대국으로 떠오르게 되면서 세계 각지를 식민지로 흡수하고 뉴사우스웨일스도 죄수 유배지가 아닌 식민지로 전환할 것을 고려하기 시작했다. 그러기 위해서 뉴사우스웨일스는 시드니를 중심으로 서쪽 내륙 방면으로 영역 확대가 절대적으로 필요한 상황이었다. 그런 가운데 1813년 5월 25년간 막혀 있었던 블루마운틴이 개척된다. 당시 맥쿼리 총독은 정부 관료 윌리엄 콕스(William Cox)

로 하여금 자유민 5명, 군인 8명, 죄수 30명과 함께 블루 마운틴을 관통하는 길을 만들도록 지시했고, 이들은 1814년 7월부터 1815년 1월까지 6개월에 걸쳐 총 연장 163㎞, 폭 12피트(약 3.7m)의 길과 다리를 건설하는 데 성공했다. 1815년 5월 7일 총독 내외와 많은 인파가 블루 마운틴에 건설된 콕스 로드(Cox Road)를 타고 시드니로부터 125마일(약 201㎞) 떨어진 배서스트(Bathurst) 타운 오픈식에 참석하였다. 콕스는 그의 노고를 인정받아 맥쿼리 총독으로부터 2,000에이커(약 8.1㎢)에 달하는 배서스트 평야를 하사받게 된다. 기름진 평야지대인 배서스트의 발견은 양모 산업이 활성화되는 촉매제 역할을 하였다.

배서스트 평야와 더불어 라클란 강과 맥쿼리 강이 발견되면서 맥쿼리 총독은 관측사 존 옥슬리(John Oxley)에게 라클란 강의 흐름과 종착지를 탐사하도록 명령했다. 항구로서 안전하고 적합한 곳인지 알아보기 위한 그 탐사는 실패로 끝났지만, 탐사 과정에서 시드니 북쪽 뉴캐슬(New Castle), 포트 맥쿼리(Port Macquarie)와 브리즈번(Brisbane)으로 향하는 관문격인 모어튼 만(Moreton Bay)을 발견할 수 있었다. 1828년 옥슬리의 후임으로 임명된 토머스 미첼(Thomas Mitchell)은 더욱 정교한 탐사를 진행하였으며, 1834년 뉴캐슬 북부에서 지금의 캔버라(Canberra)까지 300마일(약 483㎞)에 이르는 지형을 파악하였다. 블루 마운틴 개척과 더불어 당시 호주의 가장 큰 성취는 1824년 해밀턴 흄(Hamilton Hume)과 윌리엄 호벨(William Hovell)에 의해 이루어졌다. 그들은 시드니 인근 골번에서 출발하여 지금의 멜번(Melbourne) 인근 포트 필립 만에 이르는 육로를 개척하였다. 당시 호주의 주요 생산 활동이 이루어지는 시드니와 대륙 남쪽 사이의 교통은 모두 해상을 통하고 있었기 때문에 이들 두 정착지를 연결하는 육로의 발견은 상당한 의미가 있었다고 할 수 있다.

자치 정부의 서막

1825년 새로운 총독으로 임명된 랄프 달링(Ralph Darling)의 재임 기간 중, 영국 정부가 대대적인 개혁을 추진하면서 뉴사우스웨일스의 자치권이 거론되기 시작했다. 영국은 1823년에 이미 호주를 비롯한 식민지의 자치 법령 제정에 동의했고, 1828년 제정된 뉴사우스웨일스 법령(New South Wales Act)에 따라 호주 식민 정부는 공식적인 입법 위원회를 구성하기에 이른다. 하지만 호주는 여전히 죄수 유배가 이루어지고 있는 복잡한 사회였으며 그만큼 정부의 직접적인 개입과 통제가 요구된다는 점에서 자치 정부 구성에 반대하는 목소리도 거셌다.

그런 와중에 에드워드 웨이크필드(Edward Gibbon Wakefield)가 쓴 ≪시드니로부터의 편지(A letter from Sydney)≫가 호주 식민지에 대한 영국의 정책에 변화를 가져오게 된다. 웨이크필드는 시스템적 식민지론을 통해 영국이 안고 있는 문제점인 인구 팽창과 재정 압박을 해결할 수 있는 대안을 제시하였다. 그는 영국이 호주를 죄수 유배지로 활용하고 있지만 실상은 호주 현지에서 군인들에게 토지와 죄수 노동자를 무상으로 지급하고 있으며 이를 통해 군인 지주들은 상상도 못할 부를 축적해 왔다는 사실을 지적했다. 이런 관행을 고쳐 경매를 통해 호주 본토와 반 디멘스 랜드 토지를 매각하고 획득한 재정으로 호주 이주를 희망하는 영국인들을 지원해야 한다는 것이었다. 이러한 내용이 영국 의회에 보고되면서 영국 정부는 식민지 위원회를 구성하고 뉴사우스웨일스에서의 무상 토지 지급을 전면 중단시켰다.

영국 정부의 이러한 조치는 호주의 모든 토지가 영국의 소유임을 명시했지만, 정작 원주민의 토지 소유권에 관해서는 전혀 언급되지 않았다. 당시 호주 원주민들이 알고 있는 백인의 존재는 시드니의 포트 잭슨에 정착한 영국인들이 전부였으며, 영국 정부는 수천 년 또는 수만 년 전 부터 호주 대륙에 흩어져 거주해 왔던 이들 원주민과는 그 어떤 토지 소유권에 관한 논의도 하지 않았다. 그런 상태로 뉴사우스웨일스 모든 지역에 대한 주권을 영국이 소유하며, 원주민들에게 조지 3세(King George Ⅲ)의 왕권을 섬기도록 일방적으로 선언한 것이다.

원주민은 백인들을 상대로 변변한 저항도 하지 않았으며 오히려 백인들에게 사냥터를 알려 주고 식량 공급을 돕는 것이 자신들을 지키는 길이라고 판단했다. 영국 백인이 본격적으로 호주 대륙에 정착한 지 반 세기가 지난 1835년까지 4백만 에이커(약 16,187㎢)에 이르는 토지가 백인들에게 무상 할애되거나 팔렸지만, 분명 이 땅은 원주민들에게도 권리가 있는 땅이었다. 영국 헌법의 기원인 마그나 카르타(Magna Carta)도 국왕으로 하여금 식민지의 기득권 불가침을 약속하게 했으며, 이러한 원칙은 남아프리카공화국에서도 적용되었지만 뉴사우스웨일스만큼은 예외였다.

이에 대해서는 두 가지 원인을 들 수 있다. 우선 광활한 호주 대륙에서 영토 확장이 너무 급속하게 진행되었다는 점이다. 뉴사우스웨일스와 반 디멘스 랜드에 정착한 첫 백인 세대는 주로 죄수와 군인이었다. 이들은 정착 초기 한정된 구역 내에서만 생활이 가능했기 때문에 영토 확장은 우선순위가 아니었다. 그러나 강력하게 사유재산을 제한했던 필립 총독 이후에는 정착지에서의 식량 문제 해결, 군인과 관리들에 대한 보상, 형기를 마친 죄수들에 대한 보상 등을 위해 무분별한 토지 점유가 발생했다. 이러한 과정에서 원주민과의 협상은 제대로 이루어지지 않았다. 이처럼 통제 불가능한 영토 확장과 지주들의 무분별한 토지 점유는 애초부터 원주민과의 합리적인 협상과는 거리가 멀었다.

두 번째로, 영국 정부의 강력한 영향력을 상쇄시킬 수 있는 중간자 역할이 부재했다는 점이다. 1795년 영국이 남아프리카를 점령한 이후 런던 선교사회, 영국 성공회, 감리교단 등이 파견되었으며, 이들은 포교 활동과 함께 학교 설립 등을 통해서 영국 점령자들과 현지 원주민 사이의 가교 역할을 충실히 수행하였다. 하지만 죄수 수송단과 함께 호주에 파견된 목사들은 원주민 보호보다는 주로 백인 정착민과 아군 죄수들을 돌보는 것이 주요 임무였다. 그 당시 영국 선교회는 호주 원주민보다는 식민지를 개척하고 있던 뉴질랜드와 남태평양 군도 원주민에 대한 기대감이 더 높았다. 특히 뉴질랜드 마오리는 호주 원주민에 비해 정신력이 우월하다고 판단했으며 그런 마오리들에게 산업화된 마인드와 도덕적 습성을 일깨워 준다면 백인 사회에 충분히 적응할 수 있다고 판단하였다. 이와 같은 영국의 생각과 태도는 결국 호주 원주민의 미래를 더욱 어둡고 불안정하게 만들었다.

뉴사우스웨일스 총독 중에서 원주민에 대한 관심이 높았던 맥쿼리 총독은 1814년 런던 선교회 소속 윌리엄 쉘리(William Shelley)로 하여금 패러매타 지역에 원주민 학교를 설립하게 하고 운영을 맡겼지만 이듬해 쉘리가 사망하면서 학교마저 폐교되었다. 이후 원주민을 위한 선교 활동이나 교육은 제대로 이루어지지 못했다. 애초 맥쿼리 총독 또한 원주민 고유의 문화나 성향을 존중하기보다는 원주민의 활용에 관심을 두고 있었다. 그는 원주민들이 교육을 통해서 농경지 경작이나 간단한 기술을 익힘으로써 식민지 발전에 기여할 수 있을 것으로 판단했다.

제4장
자치 정부의 형성

자치 정부의 형성

태즈메이니아Tasmania

**1876년부터 공식적으로 채택된 태즈
메이니아 주의 깃발**

호주에서 최초로 자치령으로 승인받
은 곳은 뉴사우스웨일스와 태즈메이니
아(반 디멘스 랜드)였다. 이후 영국 공주의
이름에 따라 명명된 빅토리아(Victoria)
와 퀸즐랜드(Queensland)도 자치권을 획
득했고, 사우스오스트레일리아(South
Australia)와 웨스턴오스트레일리아(Western Australia)가 그 뒤를 이었다. 영국
정부가 이처럼 호주 식민지의 자치 정부를 인정한 표면적인 이유는 호주의
각 식민지가 독자적인 특수성을 지니고 있으며 독립 정부를 구성할 수 있을

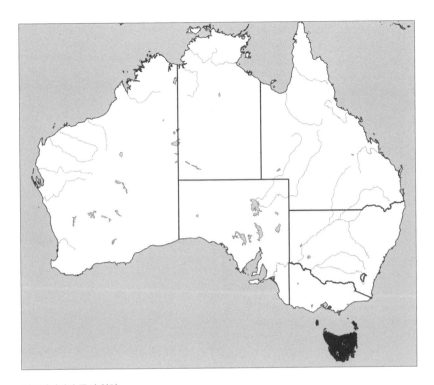

태즈메이니아 주의 위치

만큼 성숙했다는 것이었지만, 실상은 급속도로 팽창한 대영제국의 모든 식민지를 관할하기에는 영국의 행정력이 턱없이 부족했기 때문이다.

　태즈메이니아는 스코틀랜드와 비슷한 면적을 가진 섬이다. 온화하고 안정적인 기후와 함께 독특한 생태계를 유지하고 있었으며, 지금은 모두 사라져버린 태즈메이니아 고유의 원주민들이 거주하고 있었다. 죄수 유배 초창기부터 백인들의 정착이 이루어진 탓에 영국적인 건물이 많이 세워졌으며 론세스턴, 데번포트(Devonport), 울버스턴(Ulverstone)과 같이 영국의 도시 명칭을 따른 곳이 많다.

영국이 태즈메이니아에 대한 본격적인 개척에 나선 데는 앞서 언급했듯 프랑스 나폴레옹의 영향이 컸다. 나폴레옹은 남태평양 지역을 지속적으로 탐사하며 이곳을 식민화하려는 야심을 보이고 있었기 때문에 영국으로서는 태즈메이니아에 대한 선제 점유가 반드시 필요한 상황이었다. 이에 1803년 8월 필립 킹 총독은 존 보웬(John Bowen) 해군 대위에게 섬의 동쪽 해안에 군사기지를 건설하라는 명령을 내

데이비드 콜린스, 1804년 태즈메이니아 초대 총독으로서 호바트에 첫 정착지를 만들었다.

렸다. 보웬 대위는 49명으로 구성된 선발대를 이끌고 리스돈(Risdon) 캠프에 정착했다. 그로부터 수개월 뒤에는 데이비드 콜린스(David Collins)가 300명의 죄수, 그리고 14명의 자유민과 함께 맑은 물이 풍부한 호바트 설리반 코브(Sullivan Cove)에 정착함으로써 본격적인 태즈메이니아 식민지 시대가 시작되었다.

처음에는 뉴사우스웨일스의 부족한 노동력 때문에 태즈메이니아로 추가 파견되는 사람이 많지 않았으며, 급기야 1808년 태즈메이니아의 인구수는 200명 이하로 줄어들게 된다. 하지만 1808년 노퍽 섬에 거주하던 554명이 이주해 오면서 태즈메이니아는 다시 활기를 되찾게 되었다. 노퍽 섬은 초기 시드니에 정착한 영국인들에게는 희망의 섬이었다. 기근을 해결하고 말썽스러운 아일랜드계 죄수들을 유배 보내기에 최적의 장소로 여겼기 때문이다.

호바트에 위치한 설리반 코브

그러나 반란과 폭동으로 얼룩지면서 이 섬은 암흑과도 같은 어두운 시기를 거쳐야 했다.

노퍽 섬이 본격적으로 활기를 띤 것은 군인 출신 이주민과 형기를 마친 자유인들이 들어오면서부터였다. 이들은 노퍽 섬에 들어간 지 2년 만에 농작물을 경작하여 수확한 식량을 시드니에 공급할 수 있었다. 하지만, 죄수와 자유정착민 사이에 조화를 이루며 효과적으로 노퍽 섬을 관리했던 필립 킹이 영국으로 돌아간 이후 아일랜드계 죄수들이 반란을 일으켰고 두 명의 죄수가 사형을 당했다. 영국 정부는 1804년 공식적으로 노퍽 섬에 대한 관리를 포기했고 1808년에는 섬의 모든 사람들을 태즈메이니아로 이주시켰다. 이로써 주요 식량 공급지였던 노퍽 섬을 포기한 뉴사우스웨일스는 대신 새로운 식량 생산지인 석탄 항(Coal Harbour, 지금의 뉴캐슬)을 개척하게 된다.

노픽 섬에 거주하던 백인들의 대규모 유입은 곧 태즈메이니아 원주민들에게는 악몽의 시작이었다. 태즈메이니아 원주민은 호주 대륙의 원주민과 인종적으로나 문화적으로나 전혀 다른 사람들이었다. 1만 2천 년 전쯤 두 땅이 이어져 있을 때 호주 본토로부터 건너온 것으로 추정되는 태즈메이니아인들은 해수면이 상승하면서 호주 본토로부터 완전히 고립된 문화를 유지해 왔다. 그들은 대륙의 원주민들이 사용하던 부메랑, 창살, 돌도끼 등도 제한적으로만 사용했으며 이마저도 대홍수기에 호주 본토로부터 흘러들어온 것을 사용했던 것으로 보인다. 이들의 주요 식량 자원으로는 물고기, 바닷새, 바다표범, 연체동물, 갑각류 등이 있으며, 오래전부터 비늘이 있는 생선은 먹지 않았던 것으로 보인다. 태즈메이니아 원주민의 시체를 해부한 기록을 살펴보면 잘 발달한 머리에 납작한 코, 두터운 입술과 강력한 이빨을 가지고 있었으며 가장 특이한 점은 눈이 매우 붉고 날카로웠다는 것이다.

태즈메이니아 원주민들이 처음 마주친 백인들은 1772년 마리옹 뒤 프렌 (Marc-Joseph Marion du Fresne) 대령이 이끈 프랑스 군대였다. 당시 프랑스 함대는 태즈메이니아 정복을 위해 상륙했지만 원주민들은 이들과 맞서 자신의 영토를 지켜 냈다. 이후 영국의 콜린스 일행이 호바트에 정착하기 전까지는, 호주 본토 남쪽으로 바다표범 잡이를 나갔던 태즈메이니아 북부 원주민들을 제외하면 백인과의 접촉은 거의 없었다.

애초 영국 정부는 죄수, 자유 이주자, 군인은 물론 원주민까지 영국 법에 따라 보호받을 수 있음을 천명하였지만 태즈메이니아에서의 상황은 전혀 달랐다. 태즈메이니아 초대 총독으로 임명된 콜린스가 경험한 것은 시드니 포트 잭슨에 처음 영국 백인들이 정착했던 십수 년 전과 똑같은 것이었다. 영국과의 직접적인 교신은 불가능했으며 태즈메이니아에 관한 모든 명령과 요구사항은 시드니를 거쳐서 전달되었다. 하지만 시드니는 자신들의 정착지 문제만으로도 충분히 골치가 아팠기 때문에 태즈메이니아까지 신경 쓸 여력이 없었다. 상황이 이렇다 보니 태즈메이니아 정착지가 안정되고 농작물이 생산될 때까지 콜린스 총독과 정착민들은 무려 18개월 동안 빵, 채소, 차, 설탕, 포도주 없이 버티면서 거친 환경과도 맞서 싸워야 했다. 마침내 콜린스 총독은 죄수들에게까지 총을 지급하여 태즈메이니아에 서식하는 캥거루를 사냥하도록 명령하면서 태즈메이니아 원주민들과의 갈등을 일으키는 불씨가 되었다.

죄수가 도망치는 일도 잦았고, 살기 위해서 섬을 떠나거나 원주민들을 약탈하는 일도 자행되었다. 일부 도망자들은 숲속의 부랑자(Bushranger)가 되어 약탈과 폭력을 일삼으면서 자유 정착민들에게까지 위협적인 존재가 되기도 하였다. 영국 식민지 관리자들도 자유 정착민의 안전을 책임지기에는 역부족이었다. 이런 혼란의 시기에도 1803년부터 1824년까지 원주민과의 충돌로 사망한 백인 숫자는 5명에 불과할 만큼 태즈메이니아에 정착한 백인들은 나름대로 원주민과 공존하며 생활하고 있었다. 원주민들도 백인 문화에 빠르게 적응하면서 상당수 원주민은 영어로 의사소통이 가능했다.

하지만 백인 부랑자들의 공격으로 원주민 희생자가 지속적으로 발생하였으며, 태즈메이니아 북부 론세스턴에서 남부 호바트에 이르는 대부분의 땅을 백인 지주들이 차지하면서 사냥 터전을 빼앗기게 된 원주민들의 불만도 팽배했다. 이런 가운데 1830년에는 백인들로부터 총기 사용법을 배운 원주민들이 태즈메이니아에 거주하던 백인 존 쉬윈(John Sherwin)의 거주지를 파괴하면서 양측 간 충돌이 잦아졌다. 이러한 상황을 시드니 정부에 알리기 위해서는 최소 2주, 그리고 이를 다시 영국에 전하기 위해 6개월의 항해가 필요했기 때문에 이마저도 어려움이 있었다.

1810년 콜린스 총독이 태즈메이니아를 떠나고 후임으로 임명된 토머스 데이비(Thomas Davey) 총독은 방탕한 성격과 형편없는 지휘 능력으로 3년 만에 물러나게 된다. 그 후임 윌리엄 소렐(William Sorrell) 총독은 1816년부터 8년간 재임하면서 관리체계를 정비하는 한편 숲속의 부랑자가 된 죄수들 문제를 관리했고, 뉴사우스웨일스로부터 메리노 양을 들여와 태즈메이니아의 양모 산업을 시작하였다. 1821년까지 태즈메이니아에 정착한 백인의 숫자는 5,500명에 달했으며 이중에서 죄수는 2,588명, 형기를 마친 사람이 2,168명, 그리고 자유 정착민은 712명이었다. 이들은 농작물 경작에 성공하면서 시드니에 밀과 고기를 수출할 만큼 경제적인 부흥을 이루었다.

1824년 총독으로 임명된 조지 아서(George Arthur)는 지독한 형벌주의자로, 영국 정부가 원하는 죄수 유배지나 감옥의 기능을 제대로 수행할 수 있도록 태즈메이니아에 엄격한 규율과 통제를 가하였다. 아서 총독은 죄수들이 대부분 가난하거나 소외된 사회계층 출신이기 때문에 선천적으로 악한 성향을 지니고 있으며 이런 자들은 선한 사람들로부터 격리시켜야 한다는 생각을 갖고 있었다. 중범죄자들은 포트 아서(Port Arthur)에 고립된 채 쇠사슬에 묶여서 중노동을 해야 했으며, 상대적으로 행실이 좋은 죄수들만 자유로운 몸이 되었다.

아서 총독의 강력한 죄수 통제 정책은 인권 탄압과 불평등이라는 문제점에도 불구하고 주목할 만한 성과를 이뤘다. 1820년까지 태즈메이니아로 이주한 죄수들의 재범률은 36퍼센트에 달했지만, 1824년 그가 취임한 이후 재범률은 급격히 낮아져 1832년에는 14퍼센트로 줄어들었다. 1836년 그가 태즈메이니아를 떠날 때까지 태즈메이니아로 유배되었다가 자유인이 된 정착민은 5,000명에 달했다.

다른 식민지에 비해 태즈메이니아는 자치 정부에 대한 열망이 낮은 편이었다. 우선 태즈메이니아는 다른 지역에 비해 토지 면적이 작기 때문에 토지

포트 아서 죄수 수용소

판매로 인한 재정 수입을 올리기가 어려웠고, 전체 인구 중에서 죄수들이 차지하는 비중이 높았기 때문에 더더욱 재정적인 독립은 불가능해 보였다. 결국 태즈메이니아는 죄수 유배가 종료된 이후에야 다른 식민지와 대등한 입장에서 자치 정부를 수립할 수 있는 여건이 마련될 수 있었다.

1850년 식민지 법령이 개정되고 의회로 새롭게 진출한 구성원들의 찬성으로 태즈메이니아 자치 정부가 수립되었지만, 호주 본토에서 일어난 골드러시로 인해 유배 온 죄수들도 일자리를 찾아 금광으로 떠났다. 자유 이주민조차도 죄수 출신 노동자들과 경쟁하기보다는 더 높은 임금을 받을 수 있는 호주 본토로 이주함에 따라 태즈메이니아는 인구 부족과 노동력 부족이라는 이중고에 놓이게 되었다. 설상가상으로 자치 정부 수립 이후에 윌리엄 데니슨(William Denison) 총독은 평등주의와 민주주의 사회를 혐오하는 상원의 반대에 부딪혀 제대로 된 정부 운영조차 하지 못했다.

한편, 1852년 12월 31일 태즈메이니아를 향해 마지막 죄수 수송선이 출항하면서 호주에는 웨스턴오스트레일리아만이 유일한 죄수 유배지로 남게 되었다. 1856년 10월 태즈메이니아는 사우스오스트레일리아와 함께 다른 자치 정부와 유사한 법령을 발효하였다. 상원의원은 일정한 재산을 소유하고 있는 남성들에 의해 선출되고 5년마다 교체되며 하원의원은 재산에 상관없이 누구든 선출될 수 있었다. 당시 6만 5천여 명의 태즈메이니아 인구 중 1만 명 정도가 하원선거에 참여할 수 있었으며 1,500명만이 상원선거에 참여할 자격을 갖추고 있었다.

태즈메이니아는 계속해서 추가적인 인구 유입에 어려움을 겪었다. 설상가상으로 천연두, 장티푸스, 디프테리아 같은 풍토병이 돌았고 상하수도 시설과 같은 인프라도 낙후됐으며 학교 교육도 다른 지역에 비해 늦게 시작되었다. 1869년이 되어서야 학교에 정규교사를 배정할 수 있었으며 공무원 배정은 1880년에나 이루어질 정도로 자치 정부로서의 면모를 갖추는 데 시간이 걸렸다.

태즈메이니아가 재정 개선에 조금이나마 희망을 갖게 된 것은 1872년 제임스 스미스(James Smith)에 의해 발견된 비숍 산(Mount Bischoff)의 대규모 주석 산지 덕분이었다. 영국 투자자들의 투자까지 받으면서 이곳은 세계 최대의 주석 광산이 되었다. 대규모 주석이 발견된 지 십여 년이 흐른 뒤에는 비숍 산과 지한 산(Mount Zeehan)에서 은이, 라이렐 산(Mount Lyell)에서는 구리가, 그리고 비콘스필드(Beaconsfield)에서는 금맥이 발견됨으로써 다른 식민지와 마찬가지로 태즈메이니아도 광물 자원의 보고로 자리매김하게 된다. 또한, 북부 해안을 따라 과수 농장이 발달하면서 태즈메이니아 정부는 더 이상 재정적인 문제로 골머리를 앓는 일이 없어졌다. 재정의 안정과 더불어 태즈메이니아 인구는 1870년 99,000명에서 1891년에는 146,000명까지 증가하였다.

하지만 태즈메이니아는 호주에서 가장 보수적인 식민지였다. 남성의 투표권도 1901년이 되어서야 보장되었고 복수투표제 폐지, 상원 구성원이 되기 위한 재산 보유 조건 폐지, 매 3년마다의 새로운 의회 구성 등은 1935년까지 유보되었다. 그 대신 태즈메이니아는 다른 지역에 비해 상원과 하원 간 갈등이 그리 심각하지 않았다. 그 이유는 태즈메이니아에 급진적 세력이 상대적으로 적었고, 상원이 하원과 동등한 권력을 갖길 원했기 때문이기도 하다.

Black War, 검은 전쟁

아서 총독은 강력한 죄수 통제 정책을 통해 백인 사회 관리에는 성공했지만 태즈메이니아 원주민들의 저항에는 제대로 대처하지 못했다. 아서 총독이 부임했던 1824년부터 본격적으로 시작된 원주민 저항은 7년 동안 지속되었다. 호주에서 원주민과 영국 백인 사이에 벌어진 유일한 전쟁으로 기록된 검은 전쟁(Black War, 1824~1830)이 시작된 것이다. 처음에는 원주민보다 백인 부랑자들이 더 큰 문제를 야기했으며 1826년부터 2년간 103명의 백인 부랑자들이 교수형에 처해졌다. 아서 총독은 태즈메이니아 식민지에 거주하는 모든 원주민은 영국 정부로부터 보호받을 권리가 있으며 원주민들에게 친절과 동정을 베풀어야 한다는 점을 강조했다. 하지만 그의 바람과는 다르게 백인들은 원주민을 향해 무차별적으로 총기를 발사했으며 수많은 원주민이 죽거나 부상을 입었다. 삶의 터전과 사냥터를 빼앗긴 원주민들은 마지막 생존을 위한 투쟁을 벌여야만 했다. 아서 총독이 부임하기 전에는 1년에 18차례에 그친 원주민의 공격이 1828년에는 144회, 그리고 1830년에는

반 디멘스 랜드 총독 아서의 원주민에 대한 선언, 언어를 통한 의사소통이 불가능했기 때문에 그림을 통해 메시지를 전달했으며, 위쪽 그림처럼 처음 태즈메이니아에 도착한 백인은 원주민과 사이좋게 지냈지만 충돌이 잦아지면서 아래 그림과 같이 살인에 대해서는 교수형에 처한다는 포고문이다.

1830년 반 디멘스 랜드에서 전개된 블랙 라인 작전 지도

222회에 달했다. 1826년부터 체포되기 시작한 원주민들은 범죄자보다는 전쟁 포로로 취급당했다.

7년에 걸친 전쟁으로 백인은 170명이 사망했고 200여 명이 부상을 당했지만 태즈메이니아 원주민은 이보다 훨씬 많은 숫자가 사망한 것으로 보인다. 1830년 아서 총독은 태즈메이니아에서 더 이상 원주민과의 공존이 어렵다고 판단하고 정규군인 550명을 포함해 3,000명에 달하는 군인들로 하여금 태즈메이니아에 거주하는 원주민들을 타스만 반도(Tasman Peninsula) 방향으로 몰아내고 고립시키는 이른바 '블랙 라인(Black Line)' 작전을 전개하였다. 6주 동안 진행된 전투에서 살아남은 원주민은 남성 1명과 어린이 1명뿐이었다.

블랙 라인 작전은 원주민들을 한곳에 정착시켜 그들의 고유문화를 존속하게 한다는 원래 목적과는 다르게, 영국의 제국주의적 악령이 결국 종족 말살이라는 끔찍한 결과를 초래했다는 점에서 실패한 작전으로 평가받는다. 독실한 기독교 신자였던 아서 총독 자신도 이 야만스럽고 치명적인 계획을

조지 아서 총독

후회하면서, 처음부터 영국은 반
디멘스 랜드에 원주민들과 조약
을 맺고 정착했어야 한다는 소
회를 밝히기도 했다. 하지만 태
즈메이니아 원주민의 운명은 이
미 뒤바뀔 수 없는 상황에 이르
고 말았다. 블랙 라인 작전은 영
국이 태즈메이니아 원주민을 정
복하기 위해 자행한 마지막 물
리적 행동으로 남게 된다.

그 사이 영국에서도 자유민주
주의자들이 정권을 잡으면서 영
국의 해외 식민지에 대한 정책
도 큰 변화를 맞게 된다. 영국 식민지 장관 조지 머리(George Murray)는 원주
민을 죽음에 이르게 하는 그 어떤 자도 엄중한 법의 심판을 받게 될 것임을
천명했다. 이어 영국 식민지관리국은 호주 원주민과의 협상과 중재를 위해
1824년 조지 어거스터스 로빈슨(George Augustus Robinson)을 태즈메이니
아로 파견하였다. 로빈슨은 1830년부터 1835년까지 5년간 브루니 섬(Bruny
Island)을 비롯한 태즈메이니아 원주민 사회 대부분을 방문하면서 백인과의
전쟁을 중단하면 영국 정부가 원주민을 보호할 것을 약속했다. 이 과정에서
원주민 여성 트루가니니(Truganini)를 포함한 빅 리버(Big River) 족 원주민들
은 1833년 2월 태즈메이니아 북쪽 플린더스 섬(Flinders Island)으로 이주하
게 된다. 빅 리버 족은 정부 보조를 받아 위발레나(Wybalenna) 정착촌에서
안전하게 거주하였다. 하지만 이전에 경험하지 못했던 병원균에 감염되면서

원주민 정착지는 순식간에 죽음의 공포로 휩싸이게 된다. 당시 이들을 덮친 병은 폐렴, 결핵, 인플루엔자와 같은 호흡기 질환이 대부분이었다. 1834년부터 1847년까지 병으로 원주민 132명이 사망하는 동안 아이의 출생은 극히 드물었다. 트루가니니를 포함한 나머지 원주민 생존자는 로빈슨이 포트 필립(Port Phillip)으로 복귀하면서 호주 본토로 함께 건너갔지만 결국 적응에 실패하고 1842년 태즈메이니아 북동쪽에 위치한 플린더스 섬으로 돌아오게 된다. 이들은 다시 고향에 대한 향수에 젖어 1856년 호바트 남쪽 오이스터 코브(Oyster Cove)에 정착했고, 1861년까지 생존한 원주민은 겨우 14명에 불과했다. 1873년 마지막 원주민 생존자가 된 트루가니니는 다시 호바트로 이주하고 3년 뒤 죽음을 맞이하였다. 68,000㎢ 면적의 태즈메이니아에 흩어져 살던 5,000여 명의 원주민들은 백인에 맞서 처절한 투쟁과 고통 끝에 비극을 맞게 된 것이다.

원주민들을 몰아낸 영국 백인들은 반 디멘스 랜드로 불리던 이 땅을 태즈메이니아(Tasmania) 식민지로 만들기 시작했다. 1836년 아서 총독이 떠날 시기에 태즈메이니아의 죄수, 형기를 마친 죄수, 죄수 부모를 둔 사람을 포함한 인원은 17,000명이었는 데 비해 자유 정착민은 14,000명에 불과했다. 1840년 뉴사우스웨일스로의 죄수 유배는 종료되었지만 1846년까지 태즈메이니아로 유배된 죄수는 연간 5,000명에 달했다.

당시 호주 식민지의 상황을 보다 정확하게 파악하게 된 영국 정부는 뉴사우스웨일스로의 죄수 유배가 오히려 심각한 인권 침해와 사회적 혼란을 야기하고 있으며, 죄수 유배 정책에 대한 개혁이 필요하다는 점을 인식하고 있었다. 1840년 11월 영국 정부는 뉴사우스웨일스에서 값싼 노동력으로 이용되는 죄수의 유배를 중단하는 조치를 단행했다. 이에 대한 뉴사우스웨일스의 반응은 엇갈렸다. 지금까지 무상 내지는 값싸게 죄수 노동자를 활용하면

트루가니니(1870년)

태즈메이니아의 마지막 원주민 생존자 4인. 가장 우측이 트루가니니이다.

서 부를 축적해 오던 지주들과 고용자들은 영국 정부의 결정에 강력하게 반대했지만, 그렇지 못했던 사람들은 이러한 조치에 적극적으로 찬성했다. 결국 태즈메이니아로의 죄수 유배는 1850년 공식적으로 종료되었다.

빅토리아 Victoria 와 멜번 Melbourne

1870년부터 공식적으로 채택된 빅토리아 주의 깃발

앞서 소개했듯이, 1802년 존 머리에 의해 발견된 포트 필립은 1836년 측량사 토머스 미첼의 정밀 탐사에 의해 정착지로서 그 가능성이 확인되었다. 한편 1828년부터 1830년 사이에 이루어진

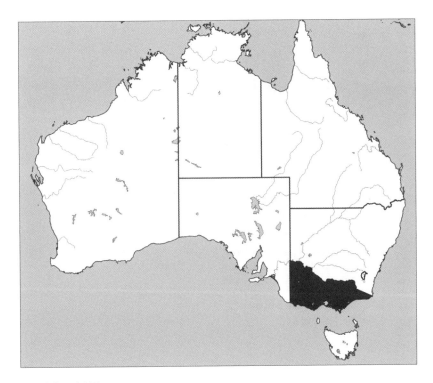

빅토리아 주의 위치

찰스 스터트(Charles Sturt)의 내륙 탐사는 강줄기를 따라 내륙의 거대한 호수를 발견하겠다는 목적으로 진행되었다. 그 목적은 실패로 끝나기는 했지만 내륙을 관통하여 바다로 흐르는 거대한 머리(Murray) 강을 발견하는 성과를 거두었다.

미첼은 머리 강 남쪽의 비옥한 땅을 발견하고 이러한 사실을 뉴사우스웨일스 정부에 보고하였다. 이에 정부는 1939년 찰스 조셉 라 트로브(Charles Joseph La Trobe)에게 이곳을 관리하도록 명령하였으며, 1851년 그는 이 지역을 아우르는 빅토리아(Victoria)의 초대 총독으로 임명되었다. 그의 총독

찰스 조셉 라 트로브, 빅토리아 초대 총독으로,
빅토리아 주의 아버지로 칭송된다.

임명은 다소 의외로 받아들여졌
다. 총독들이 대부분 군인 출신
이었던 데 반해 그는 스위스에
서 교육받고 책을 쓰는 민간인
이었고 정부 관료 경험도 많지
않았다. 그렇지만 영국 정부의
선택은 옳았다. 그는 빅토리아
주의 아버지로 칭송될 만큼 빅
토리아 주의 기반을 다지는 데
절대적인 역할을 했다.

정착 초기 국왕의 땅(Crown
Land)으로 불리던 빅토리아에서
는 양모 산업이 활기를 띠었다.
백인 목축업자들은 넓은 초지를 찾아 옮겨 다녀야 했기 때문에 넓은 땅이 필
요했다. 그들의 과도한 토지 점유가 이어지면서 원주민 영역까지 침범하게
되었고, 이것은 식량 공급지를 잃고 부족사회의 생존마저 위협받는 처지로
전락하게 된 원주민들의 분노를 샀다. 백인들은 자신의 토지를 지키기 위해
원주민을 공격하는 것이 당연한 권리라고 생각했기 때문에 대부분 선제공
격은 백인들에 의해 이루어졌고, 원주민들은 그에 대한 복수를 하는 악순환
이 이어졌다. 백인으로부터 모욕을 당하거나 부상을 당한 원주민들은 백인
들의 거처를 급습하고 그들 소유의 양떼를 모두 도륙하는 복수를 감행했다.
호주 식민지에 엄격한 법제도가 존재하고 있음에도 불구하고 양측의 이러
한 폭력 행위에 대해서 제대로 된 처벌조차 이루어지지 않았다.

빅토리아 주의 주도이자 포트 필립을 중심으로 형성된 도시 멜번(Melbourne)은 자치 정부로의 발전이 매우 더뎠다. 그 이유는 당시 빅토리아가 뉴사우스웨일스에 소속된 부속 지역으로 인식되었기 때문이다. 영국으로부터의 모든 행정 명령은 뉴사우스웨일스로 우선 전달된 이후 멜번으로 전해졌으며, 1843년 선출된 뉴사우스웨일스 의회 36개의 의석 중 포트 필립과 멜번 지역에 배정된 의석은 6석에 불과할 만큼 멜번의 존재감은 미미했다.

빅토리아 출신 6명의 의원 중 한 사람인 존 던모어 랭(John Dunmore Lang)은 1844년 뉴사우스웨일스로부터 멜번을 독립시킬 것을 주장했다. 하지만 독립된 정부를 구성하기 위해 반드시 필요한 거주 인구와 재정 수입 측면에서 봤을 때, 빅토리아는 멜번의 4,000명을 포함하여 26,000명의 백인 인구와 연간 6만 파운드의 수입만 기록하고 있었다. 그러나 역설적으로, 처음부터 독립적인 자치 구역을 인정받은 사우스오스트레일리아와 웨스턴오스트레일리아는 빅토리아에 비해 적은 인구와 낮은 재정 수입을 보유하고 있었다. 이에 1846년 뉴사우스웨일스 총독 조지 깁스(George Gipps)는 영국 정부에 멜번을 중심으로 한 새로운 식민 정부 건립을 제안하였고, 이듬해인 1847년 영국 식민지 장관 그레이 경(Lord Henry George Grey)은 뉴사우스웨일스 법령 개정을 통해 새로운 식민지 명칭을 빅토리아로 정할 것을 제안했다. 하지만, 뉴사우스웨일스 의회는 빅토리아 지역이 차지하는 정치·경제적 중요성 때문에 그 제안을 수용하지 않았고 예산 배정에도 더 큰 불이익을 주었다. 예산상 불이익과 더불어 빅토리아 지역의 목소리가 뉴사우스웨일스 의회에 제대로 반영되지도 못하는 최악의 상황이 지속되면서 빅토리아 지역은 독립 의지를 더욱 불태우게 된다.

그러던 1850년 11월 11일 드디어 포트 필립 지역이 빅토리아 주로 독립하게 된다는 소식이 전해지면서 빅토리아는 환호했고 이듬해 1851년 7월 1일 빅토리아 정부가 공식 출범했다. 뉴사우스웨일스 주와 머리 강을 경계로 하여 그 이남 지역을 차지하게 된 빅토리아 주는 상대적으로 좁은 면적에 불만도 있었지만 독립 그 자체만으로 충분히 행복했다. 독립의 열기가 차츰 가라앉은 후 빅토리아 주는 새로운 정부 체제 구성을 위한 작업에 들어갔다. 당시 7만 명의 인구는 뉴사우스웨일스에 비해 4분의 1 수준밖에 되지 않았다. 빅토리아 주 최대 도시로 성장한 멜번도 인구가 2만 3천 명에 불과했으며 두 번째 도시인 질롱(Geelong)은 8천 명에 그쳤다. 하지만 면적 대부분이 기름진 목초지로 이루어져 있어 그나마 다행이었다. 독립과 함께 멜번 시내에는 넓은 공원이 들어서고 도심에는 유럽풍 건물이 세워졌지만, 빅토리아 주는 절대적으로 목양 산업에 의존하고 있었다. 도심을 벗어나 드넓은 목초 지대서에는 6백만 마리에 달하는 양들이 늘 풀을 뜯고 있었다. 1851년 당시 빅토리아 주는 뉴사우스웨일스보다 더 많은 양모를 수출할 만큼 호주 양모 산업의 핵심 지역이었다.

웨스턴오스트레일리아 Western Australia

1953년부터 공식적으로 채택된 웨스턴오스트레일리아 주의 깃발

영국 정부는 지속되는 전쟁으로 인한 막대한 예산 지출로, 호주를 비롯한 식민지를 제대로 돌볼 여력이 없었다. 하지만 강력한 라이벌 프랑스의 웨스턴오스트레일리아 발견은 영국에게 이만저만 걱정거리가 아닐 수 없었다. 호주 대륙에 대한 관심이 높았던 프랑스의 나폴레옹은 1801년 프랑스 해군 루이스 드 프레이시넷(Louis de Freycinet)과 니콜라 보댕(Nicolas Baudin)에게 호주 남

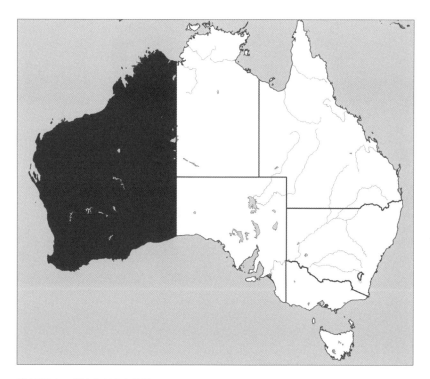

웨스턴오스트레일리아 주의 위치

서부 해안을 샅샅이 탐색하게 하고 이곳을 '떼르 나폴레옹(Terre Napoléon, 프랑스 제국의 땅)'으로 명명하였다. 1811년 프랑스는 호주 남부 해안 지도를 완성하고 1817년부터 1820년까지 드 프레이시넷으로 하여금 호주 남쪽 해안에 대한 탐사를 계속하게 하면서 영국 정부를 더욱 불안하게 만들었다. 급기야 1826년 프랑스 탐험가 뒤몽 뒤르빌(Dumont d'Urville)이 호주를 향해 출항하자, 영국 정부는 뉴사우스웨일스의 랄프 달링 당시 총독에게 세 통의 서한을 보내 지금까지 간과해 왔던 웨스턴오스트레일리아에 대한 점령을 지시했다.

제임스 스털링, 웨스턴오스트레일리아 초대 총독   에드먼드 로키어

　뉴 홀란드 전체가 영국 영토임을 프랑스에 알리도록 달링 총독의 명령을 받은 에드먼드 로키어(Edmund Lockyer) 대령은 1826년 12월, 20명의 군인과 20명의 죄수를 이끌고 웨스턴오스트레일리아 킹 조지 사운드(King George Sound)에 도착했다. 하지만 프랑스 탐험대와는 조우하지 못한 채 그곳에 영국 국기를 게양하고 영유권을 확보하였다. 로키어 대령과 같은 시기에 웨스턴오스트레일리아로 급파됐던 제임스 스털링(James Stirling) 대위는 웨스턴오스트레일리아 해안에 새로운 정착지를 발견하였다. 로키어 대령이 점령한 킹 조지 사운드로부터 북쪽으로 400마일 떨어진 이곳은 자연 항구와 비옥한 토지를 지닌 스완(Swan) 강 유역이었다. 스털링 대위로부터 보고를 받은 달링 총독은 프랑스에 웨스턴오스트레일리아 영토를 빼앗기지 않으려면 이곳 스완 강 유역을 선점해야 한다는 확신을 가졌지만 정작 영국 정

부는 추가 식민지 개척에는 미온적이었다. 영국 정부는 새로운 정착지 개발에 투입되는 예산 문제로 상당한 부담을 갖고 있었다. 결국 스완 강 유역을 최초로 발견한 스털링 대위는 개인적인 역량만으로 웨스턴오스트레일리아 개척과 발전을 이끌었다. 그는 동인도회사 가문의 딸과 결혼을 하여 정계에까지 인맥이 연결되어 있었고, 덕분에 상당한 정치적·재정적 지원을 받을 수 있었다. 당시 동인도회사 소속 상선들은 뉴사우스웨일스가 위치한 호주 동쪽 해안보다는 중국과의 무역이 용이한 호주 서쪽 스완 강 하구 해안을 자주 이용했기 때문에 스완 강 유역의 발전은 자신들에게도 의미 있는 관심사였다. 스완 강변에 정착지를 세운 스털링은 1828년 웨스턴오스트레일리아의 초대 총독으로 임명되었다.

한편, 웨스턴오스트레일리아 개척에 소극적인 태도로 일관하던 영국 정부도 프랑스가 웨스턴오스트레일리아 개척을 통해 죄수 유배를 계획하고 있다는 정황을 파악하고 나서 시각이 바뀌게 되었다. 결국 식민지 개발보다 프랑스를 견제하기 위한 목적에서 탄생했다는 점에서 웨스턴오스트레일리아는 뉴사우스웨일스와 차이가 있다.

최초의 웨스턴오스트레일리아 정착지는 스완 강변이었으며, 영국에서 출발한 300여 명의 정착민은 1829년 6월 스완 강 입구인 프리맨틀에 정착하게 된다. 스완 강 유역은 시드니로부터 해로로 4,828km나 떨어져 있었기 때문에 지원을 받는 것은 불가능에 가까웠으며, 애초에 스털링 총독이 예측한 것과는 다르게 웨스턴오스트레일리아 땅 대부분이 모래사막으로 이루어져 있어 불모지나 다름없었다. 또한 스완 강을 사이에 두고 최초 정착지와 프리맨틀 항(Port of Fremantle)이 갈라져 있어 통행에 한나절이나 걸린다는 것도 불편했다. 프리맨틀 항 자체도 그리 좋은 조건을 가진 것은 아니었으며 오히려 남쪽으로 483km 떨어진 올버니(Albany)가 더 좋은 조건을 갖추고 있었다.

그럼에도 프리맨틀 정착민이 500명을 넘어서는 등 새로운 정착지로서의 기반이 조금씩 만들어지고 있었다.

1839년 스털링이 10년 동안의 힘든 초기 정착 단계를 마치고 영국으로 돌아갈 때 웨스턴오스트레일리아의 인구는 주로 서쪽 해안 644*km*에 걸쳐 흩어져 살던 2,154명이 전부였다. 백인들의 정착을 어렵게 만든 또 다른 중요한 요인은 원주민들의 저항이었다. 원주민 중 상당수는 백인들이 제시하는 혜택에 현혹되기도 했지만, 다른 원주민들은 백인에게 저항할 준비가 되어 있었다. 대표적으로, 1833년 눈가(Noongar) 부족의 전사 예이건(Yagan)은 자신의 부족에게 총을 쏜 두 명의 백인을 살해했으며 백인 정부는 곧바로 현상금을 걸어 그를 죽이고 그의 머리 부분을 영국 리버풀로 보냈다. 리버풀 박물관에 전시되었던 그의 머리는 1964년 무명 묘지에 안치되었다가 눈가 부족의 끈질긴 요청으로 2010년 7월, 177년 만에 고향 땅에서 부족 의식을 치르고 안치되었다.

한편, 원주민들의 공격으로 백인 군인 한 명이 살해당한 것이 화근이 되어 1834년 10월 28일 새벽, 스털링 총독은 직접 군대를 이끌고 원주민 마을을 급습하였다. 핀자라 대학살(Pinjarra massacre)로 불리는 이 전투에서 눈가 부족의 리더인 칼유트(Kal-yute)를 포함하여 80명의 원주민이 거의 전멸했다. 스털링은 자신의 군대를 향해 '우리의 의무는 원주민을 보호하되 영국의 권익을 침해하는 원주민은 법에 따라 심판하는 것이다'라고 천명하였다. 이러한 끔찍한 대학살은 그 당시 영국 백인들이 호주 대륙을 개척하는 과정에서 원주민들을 어떻게 생각하고 대했는지를 잘 보여 준다.

1839년 웨스턴오스트레일리아 회사(Western Australia Company)가 새롭게 출범하면서 웨스턴오스트레일리아의 상업적인 발전을 주도하게 된다. 웨스턴오스트레일리아 회사는 포경선 항구가 위치하고 있던 퍼스에서 남쪽으로

스완 강 인근 헤이리슨 아일랜드(Heirisson Island)에 세워진 예이건의 동상

145km 떨어진 남쪽 해안 지역에 200,000에이커(약 810km²)에 달하는 토지를 개발하였다. 한편 윌리엄 헛(William Hutt)이라는 사람은 영국 식민지관리국의 지원을 받아 교회, 병원, 공원, 대학 등이 포함된 새로운 타운 오스트랄린드(Australind)를 건립할 마스터플랜을 갖고 있었지만, 아이러니하게도 1839년 스털링의 뒤를 이어 웨스턴오스트레일리아 총독으로 임명된 그의 친형

존 헛(John Hutt)에 의해 무산되었다.

존 헛 총독은 새로운 도시 건설을 위해 약속한 일정 조건들을 이행하지 못한 백인 소유의 토지를 정부 소유로 되돌려 재판매했고, 대신 땅을 잃은 백인들에게 웨스턴오스트레일리아 내 다른 지역으로 이주할 것을 제안하였다. 하지만 토지를 빼앗긴 백인들의 불만이 높아지면서 존 헛이 임기를 마친 1846년 웨스턴오스트레일리아의 백인 인구는 5,000명도 채 되지 않았다.

존 헛 총독은 같은 시기 뉴사우스웨일스의 총독이었던 조지 깁스와 마찬가지로 삶의 터전을 박탈당한 원주민 보호와 교화에 힘썼다. 그는 웨스턴오스트레일리아 정부에 원주민 보호국을 설치하고 두 명의 보호관을 임명하여 원주민에 대한 교육과 훈련을 담당케 하였다. 또한 프리맨틀과 길퍼드(Guildford)에 원주민 학교를 설립하여 운영하기도 했지만 그리 큰 성과는 거두지 못했다.

웨스턴오스트레일리아의 백인 정착민들은 영국 정부가 기존의 무상 토지 지급에서 판매 정책으로 돌아선 것에 대해서도 불만이 있었지만, 다른 지역에서도 동일한 토지 정책이 시행되고 있었음을 감안하면 이들의 근본적인 불만은 다른 지역에 비해 매력적이지 못한 거주 환경에 있었다고 볼 수 있다. 1850년대까지 뉴사우스웨일스는 동물원, 서커스, 예술 활동이 활성화되면서 도시 생활이 다채로워졌으며, 태즈메이니아에서도 호바트와 론세스턴을 중심으로 좋은 학교와 극장이 들어섰다. 웨스턴오스트레일리아와 인접한 사우스오스트레일리아의 주도인 애들레이드(Adelaide)는 퍼스에 비해 백인 정착이 8년이나 늦었음에도 불구하고 극장, 고등학교, 식물원이 먼저 들어섰고 인구도 웨스턴오스트레일리아 전체 인구의 2배가 넘을 만큼 번성하고 있었다. 반면 퍼스의 첫 고등학교는 1876년에, 첫 극장은 1890년에야 들어설 만큼 거주환경이 열악하다 보니 웨스턴오스트레일리아에 정착하기를 원하는 백인은 그리 많지 않았다. 다른 백인 정착지들이 죄수 유배지로 시작한 것과 반대로 웨스턴오스트레일리아는 순수한 자유 이주민들의 땅으로 시작되었다. 하지만 척박한 거주환경 때문에 1850년까지 전체 인구가 6,000명에도 미치지 못할 만큼 노동력이 절대적으로 부족했다. 이를 해결할 수 있는 유일한 방법은 결국 죄수 노동력이었다. 마침내 1850년에 죄수들을 태운 첫 배가 프리맨틀 항에 닿게 된다.

다른 자치 정부들과는 다르게 웨스턴오스트레일리아는 자체적으로 분리 독립 움직임이 나타나기 시작했다. 하지만 부족한 인구가 문제였다. 1858년 사우스오스트레일리아의 인구는 118,215명으로 급증했지만 같은 시기 웨스턴오스트레일리아의 인구는 고작 14,837명에 불과했다. 영국 정부가 호주로의 죄수 유배를 공식적으로 끝냈지만 웨스턴오스트레일리아는 경제 부흥을 위해 정부에 더 많은 죄수를 요청했다. 따라서 웨스턴오스트레일리아는 다른 자치 정부들과 다르게 1868년까지 죄수 유배가 이뤄진 지역으로 남게 되었다. 이후 죄수 유배는 공식적으로 종료되었지만 이미 유배되어 있던 죄수들은 남은 형기를 마쳐야 했다. 때문에 많은 도시에서 치안에 대한 불안감으로 밤 10시 통행금지가 실시되었고 이 시각 이후로 거리를 돌아다닌 사람들은 경찰의 조사를 받아야 했다.

1870년대 웨스턴오스트레일리아의 자치 정부 수립을 향한 시도는 여전히 가시밭길이었다. 형기를 마친 죄수 출신은 의회에 진출할 수 없었는데, 웨스턴오스트레일리아가 진정한 자치 정부를 출범시키기 위해서는 이러한 제약들이 사라져야만 했다. 1887년부터 본격적인 논의를 거쳐 1890년 웨스턴오스트레일리아는 마침내 자치 정부를 수립할 수 있었다. 자치 정부 수립이 몰고 온 재정 부담은 1887년 웨스턴오스트레일리아에서 발견된 금맥과 풍부한 광물 자원으로 런던 금융시장에서 자금을 끌어오면서 해결할 수 있었다.

특히 퍼스에서 내륙 방향으로 350마일(약 563km) 떨어진 도시 쿨가디(Cool-gardie)에서는 1894년까지만 해도 반사막 지형 탓에 낙타와 카트가 유일한 운송 수단이었다. 하지만 퍼스로 연결되는 단선철도가 놓인 이후부터 쿨가디의 금맥은 웨스턴오스트레일리아의 재정 문제를 해결한 일등공신이었다.

퍼스로 이주한 사람들은 대부분 호주 동부에서 건너온 죄수 출신이었으며 이들은 자유 이주자들과 동일한 조건의 선거권을 요구했다. 다른 자치 정부가 정부 수립 초기에 민주적 참정권 부여에 많은 어려움을 겪은 것에 반해 웨스턴오스트레일리아는 비교적 빠르게, 그리고 단계적으로 참정권을 인정하였다. 1893년 의회 구성원이 되기 위한 재산 자격 조건을 폐지하였으며, 1899년부터는 남녀 성인에게 조건부 선거권이 주어졌고, 조건 없는 선거권은 1907년에 부여됐다.

한편, 1887년부터 수년간 이어진 골드러시로 웨스턴오스트레일리아의 인구는 138,000명으로 급증했으며, 퍼스도 44,000명의 인구를 확보하게 된다. 정착 초기 서부 해안에 집중되었던 정착지는 조금 더 동쪽으로 확장되었지만, 여전히 남서부 지역에 인구 대부분이 집중적으로 거주하고 있었다. 호주 대륙 동부와는 거대한 사막을 사이에 두고 있는 웨스턴오스트레일리아는 다른 식민지들과 공통점을 찾아보기 힘들 만큼 격리된 채로 긴 시간을 보냈다.

웨스턴오스트레일리아는 다른 식민지에 비해 영국 정부의 직접적인 원주민 관리를 가장 오랫동안 받았다. 다른 식민지가 일찌감치 영국 정부에서 파견된 원주민 관리관을 두고 있었던 데 반해, 웨스턴오스트레일리아는 1897년까지 영국 정부가 직접 원주민을 관리했다. 따라서 웨스턴오스트레일리아의 원주민들은 다른 식민지에 비해 비교적 좋은 환경과 조건에 놓일 수 있었다.

한편, 1897년부터 웨스턴오스트레일리아 정부는 불평등한 노동계약을 용인했다. 즉 고용주가 노동자와 계약하는 근로조건에 급여 대신 밀가루, 차,

담요, 바지 등과 같은 생활필수품을 지급하는 것이 가능했다.

사우스오스트레일리아 South Australia

1904년부터 공식적으로 채택된 사우스오스트레일리아 주의 깃발

사우스오스트레일리아의 개척은 조지 앵가스(George Angas)에 의해 이루어졌다. 사우스오스트레일리아에 그가 가진 남다른 애착은 정부의 지원 없이 본인 스스로 토지를 사들여 학교와 공공시설을 건립한 데서 알 수 있다. 그가 바라본 사우스오스트레일리아에 대한 미래는, 노동자들이 노력하면 충분히 좋은 삶을 살 수 있고 빈곤인이 없는 평화로운 땅이었다.

사우스오스트레일리아에 정착한 백인들은 뉴사우스웨일스나 반 디멘스 랜드와 달리 죄수 유배를 원치 않았다. 때문에 부족한 백인 인구를 충당하기 위하여 영국으로부터 자유 이주민을 유치하려는 홍보 활동을 활발하게 전개하였으며, 이러한 활동의 핵심 인물 역시 앵가스였다. 결과적으로 영국의 많은 투자자들과 이주민들이 사우스오스트레일리아에 대해 관심을 가지기 시작했고, 이는 당시 웨스턴오스트레일리아에 대한 무관심과 극명한 대조를 이루었다.

이런 뜨거운 관심에 힘입어 사우스오스트레일리아 협회(South Australian Association)가 출범했고, 곧이어 1834년 사우스오스트레일리아 법령(South Australia Act)이 발효되면서 사우스오스트레일리아는 뉴사우스웨일스로부터 독립하였다. 독립 초기 사우스오스트레일리아의 면적은 1,044,000km^2에 달

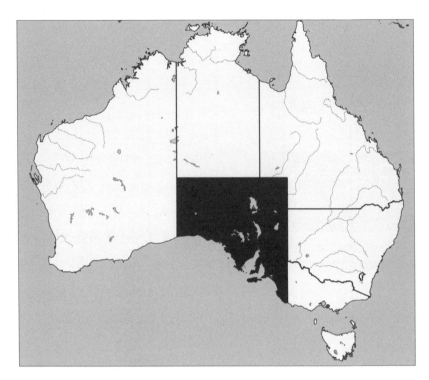

사우스오스트레일리아 주의 위치

해 독일과 프랑스를 합친 면적과 비슷했다.

처음부터 사우스오스트레일리아는 죄수가 아닌 자유 이주민들에 의해 개척되었다. 자치 정부와 사우스오스트레일리아 회사가 이주 희망자 중에서 선별적으로 이주를 받아들였다는 점도 특이하다. 앵가스는 프리드리히 빌헬름(Frederick William) 왕으로부터 쫓겨난 프러시아의 실레시아(Silesia) 지역 신교도들을 애들레이드로 이주시켰다. 하지만 사우스오스트레일리아 발전에 가장 큰 기여를 한 사람들은 독일로부터 건너온 루터파 신도들이었다. 그들은 영국의 법령에 잘 적응하면서 뛰어난 기술력과 독일의 장인 정신이 결합된 사람들로, 애들레이드 동남쪽 한돌프(Hahndorf)에 정착지를 마련하였다. 또한 애들레이드 북쪽에 위치한 바로사 밸리(Barossa Valley)에는 어거스터스 카벨(Augustus Kavel) 목사와 루터 신교도들에 의해 대규모 포도 농장이 형성되었고, 이후 호주 최고의 포도주 산지가 되었다. 1837년에는 윌리엄 4세(William Ⅳ)의 왕비 이름을 딴 새로운 도시 애들레이드가 탄생했다. 애들레이드의 차분하고 풍요로운 환경은 당시 민주주의 정착 과정으로 시끄러웠던 시드니나 멜번과 대비되었다. 사우스오스트레일리아에서 농업은 빅토리아보다 더욱 활성화되었으며

조지 앵가스

호주에서 가장 큰 농산지로 발전하게 된다.

한편, 사우스오스트레일리아는 호주 대륙 북부 해안에 꾸준한 관심을 보이고 있었다. 그 일환으로 1823년 멜빌(Melville) 섬에 무역 거점을 확보하고 이곳을 근거지로 하여 토레스 해협으로 진출하기 위해 1824년 소수의 정착민과 죄수들로 하여금 정착을 시도케 했다. 그러나 그들은 험난한 날씨와 흰개미의 공격, 그리고 원주민들의 저항으로 실패하고 말았다. 1827년 정착지

를 이전하였지만 이 역시 실패로 끝나면서 정착지는 영구 폐쇄되었다. 이후에도 몇 차례에 걸쳐 정착지 건설을 추진하였지만 척박한 자연 환경만 재확인했을 뿐이다. 그러던 중 1864년 사우스오스트레일리아 정부는 다시 한 번 북부 해안에 새로운 정착지 개척을 결정하게 되고, 포트 다윈(Port Darwin)을 새롭게 발견했다. 이곳은 이전 정착지에 비해 훌륭한 거주 환경을 지니고 있었으며, 1911년까지 사우스오스트레일리아 영토에 포함되어 파머스턴(Palmerston)으로 불리다가 1911년 영연방령으로 분리되면서 다윈으로 개명되었다. 사우스오스트레일리아 정부는 북부 해안 정착지 개발을 위해 50년간 4백만 파운드를 지출했지만 다윈을 중심으로 백인 정착민 숫자는 3천 명에 불과했다. 결국 이 지역은 1978년 호주 연방 정부의 노던 준주로 독립하게 된다. 호주 대륙 북부 지역까지 개발하는 데 소요되는 재정 문제는 1872년 다윈에서 남쪽으로 240km 떨어진 파인 크리크(Pine Creek)에서 대규모 금맥이 발견되면서 해결되었다.

당시 영국에서 호주로의 이주를 국가 재정으로 지원하는 보조 이민은 런던 이민 위원회(London emigration Commission)가 담당하고 있었으며 이들은 매우 신중하게 이민자를 선발했다. 특히 이민자의 성별 균형을 맞추기 위해 아일랜드 대기근으로 희생당한 부모를 둔 아일랜드계 여자 어린이의 이민을 장려했지만, 일부 비판이 제기됨에 따라 영국계와 스코틀랜드계의 균형을 이루는 선에서 여자 어린이의 이민이 이루어졌다. 이 시기에 호주로 이민을 온 아일랜드계 여자 어린이의 숫자는 4천 명에 이른다. 하지만 사우스오스트레일리아는 영국계 및 스코틀랜드계의 정착으로 개척된 지역이었기 때문에 아일랜드계 이민자를 선호하지 않았다. 1862년까지 사우스오스트레일리아로 이민을 온 사람 가운데 62퍼센트가 영국계와 웨일스계였으며 단 24퍼센트가 아일랜드계였다. 같은 시기 빅토리아는 각각 44퍼센트와 30퍼센트, 웨스턴오스트레일리아는 47퍼센트와 40퍼센트인 것과 비교하면 사우스오스트레일리아로의 아일랜드계 이민자 비율은 상대적으로 낮은 편이었으며 이러한 차이는 각 지역 특성에도 영향을 미치게 된다.

사우스오스트레일리아 의회는 호주에서 가장 보수적인 성향을 지녔다. 리처드 맥도넬(Richard McDonnell) 총독은 상원과 하원의원 모두 선거를 통해 선출하되 상원의원 선출을 위한 투표권은 적절한 재산 소유자에게만, 그리고 하원 선출은 남성 누구든지 투표에 참여할 수 있도록 했다. 한편, 사우스오스트레일리아는 호주 최초로 매 3년마다 의회를 새롭게 구성하도록 결정했는데, 이는 급진 성향의 차티스트(Chartist)들이 주장하는 매년 의회 구성안과, 영국에서 이루어지고 있는 매 5년 의회 구성안 사이에서 절충점을 찾은 것이라고 볼 수 있다. 사우스오스트레일리아의 이러한 선례는 강제투표제와 함께 훗날 다른 자치 정부뿐만 아니라 1900년 연방헌법에까지 영향을 미치게 된다. 또한 다른 자치 정부가 상원의원에 대해 종신직을 적용한 데 반해 사우스오스트레일리아는 매 4년마다 18명의 상원의원 중 6명을 교체함으로써 상원과 하원을 구성하기 위한 투표를 주기적으로 실시하였다.

모어튼 만 Moreton Bay과 퀸즐랜드 Queensland 브리즈번 Brisbane

1876년부터 사용된 퀸즐랜드 주의 깃발

반 디멘스 랜드(태즈메이니아), 웨스턴오스트레일리아, 사우스오스트레일리아의 독립은 이제 확실해졌으며 포트 필립을 중심으로 한 빅토리아의 독립도 시간문제가 된 상황에서 뉴사우스웨일스 북쪽

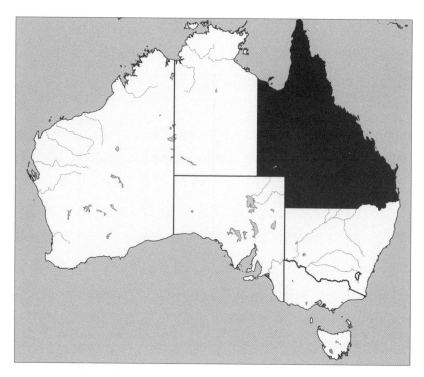

퀸즐랜드 주의 위치

지역의 독립에 대해서는 본격적인 논의조차 진행되지 않고 있었다.

애초에 영국 정부와 식민지 당국은 시드니 북쪽에 새로운 정착지를 건설하는 데 관심이 많았으며, 그 일환으로 관측사 존 옥슬리와 식물학자이자 동료인 앨런 커닝엄(Allan Cunningham)에 의해 모어튼 만이 발견되었다. 이후 시드니에서 북쪽으로 450㎞ 떨어진 포트 맥쿼리가 발견되면서 죄수와 군인의 정착을 위한 장소로 관심을 받기도 했다. 이어서 뉴사우스웨일스 당국은 레드클리프(Redcliffe)에 헨리 밀러(Henry Miller) 중위와 그의 가족, 보병대, 20명의 죄수를 정착시켰는데, 수주일이 지나서 그중 세 명이 원주민에 의해 살해되는 일이 발생했다. 그러자 토머스 브리즈번(Sir Thomas Brisbane) 당시 총독은 그곳에서 다시 북쪽으로 45km 올라간 지점에 새로운 정착지를 개발할 것을 명령하고, 이곳을 자신의 이름을 따서 브리즈번으로 명명하였다.

밀러 중위의 후임으로 브리즈번 정착지의 지도자로 임명된 패트릭 로건 (Patrick Logan) 대위는 의욕적으로 정착지를 개발하였지만 죄수들에게만큼은 매우 가혹했다. 800명이 안 되는 정착민 중에서 그의 재임 기간에 죄수 126명이 탈출하였지만 이들 대부분은 원주민에 의해 죽임을 당하거나 굶어 죽었으며, 단 69명만이 생존한 채 되돌아왔다. 뉴사우스웨일스 달링 총독의 적극적인 지원을 받았던 로건 대위 자신도 결국 1830년 원주민 또는 죄수로 추정되는 자에 의해 최후를 맞게 되면서 이곳 유형지는 영구 폐쇄되었다.

이렇게 영국 식민지의 북쪽 지역 정착 첫 시도는 실패로 끝났는데, 당시 프랑스도 이 지역에 지속적인 관심을 드러내고 있었다. 1840년 프랑스가 남태평양 지역으로 관심을 돌리고 있는 상황에서 뉴사우스웨일스 당국도 웨스턴오스트레일리아와 사우스오스트레일리아는 물론이고 시드니 북쪽으로의 진출이 절박한 상황이었다. 1840년 일반 이주자들이 달링다운스(Darling Downs)에 정착하게 되는데, 이곳은 브리즈번에서 내륙 방향으로 들어간 지역으로 풍성한 목초지가 형성되어 있었다. 광활한 목초지에 대한 소문이 퍼지자 수많은 목축업자들이 잇따라 달링다운스로 몰려들었다. 하지만 이 지역 원주민들의 저항과 턱없이 부족한 죄수 노동력으로 인해 정착지 확장은 더 이상 진전되기 어려웠다. 1840년 뉴사우스웨일스로의 죄수 유배가 공식적으로 종료됨에 따라 모어튼 만 인근 백인 정착지에는 일부 스코틀랜드 출신 이민자의 발길만 이어졌을 뿐이다. 1850년 말 퀸즐랜드(Queensland)라는 새로운 자치 식민지 출발이 임박했음에도 불구하고 브리즈번의 6,000명을 비롯하여 전체 퀸즐랜드의 인구수는 24,000명에 불과했다. 그럼에도 불구하고 시드니로부터 966km나 떨어진 브리즈번은 여러 측면에서 독립 정부의 구성이 불가피했다. 그리고 드디어 1859년 뉴사우스웨일스로부터 분리·독립하였다.

퀸즐랜드 북부 지역은 풍부한 강수량과 함께 비옥한 토양을 지니고 있었음에도 정작 본격적인 발전은 금광과 사탕수수로 시작되었다. 퀸즐랜드 북부 지역 금맥은 그리 큰 성공은 거두지 못하였지만, 일부 금광 노동자들은 록햄프턴(Rockhampton)에 새로운 정착지를 마련하여 거주하기 시작했다. 이로부터 14년 후에는 타운스빌(Townsville)에서 내륙으로 더 들어간 차터스타워스(Charters Towers)에 수많은 광산이 개발되면서 사람들이 모여들었다.

한편 호주에서 사탕수수 산업은 아일랜드-캐리비안 합동 작업으로 시작됐다. 1821년 아일랜드 출신이자 농경적 식견을 지닌 프란시스 올먼(Francis Allman) 대위는 시드니 북쪽 포트 맥쿼리의 새로운 사령관으로 임명되면서 서인도제도 죄수들로 하여금 사탕수수를 경작케 하였지만 그리 큰 성공은 거두지 못했다. 이후 1863년 루이스 호프(Louise Hope) 대위가 모어튼 만 인근 사탕수수 농장에서 폴리네시안 노동자들을 고용하여 3톤에 이르는 원당을 생산하는 데 성공했다. 당시 까다로운 조건의 인도계 노동자들에 비해 폴리네시아 인들은 정해진 조건에 따라 계약하고 계약기간 만료와 함께 떠났기 때문에 농장주 입장에서는 최적의 노동자들이었다.

1859년 12월 10일 호주 대륙은 퀸즐랜드라는 새로운 자치 정부를 맞이하게 된다. 퀸즐랜드가 독립하면서 뉴사우스웨일스는 2만 6천 명에 불과한 퀸즐랜드 정착민들에게 자신의 땅을 도둑맞았다고 느낄 정도로 분개하였다. 분리 독립 당시 퀸즐랜드 땅 대부분은 미개척지 상태였으며, 뉴사우스웨일스는 이런 토지 판매를 통해 얻을 수 있는 재정 수입원을 잃게 된 것이다.

퀸즐랜드의 첫 번째 법령은 뉴사우스웨일스의 형식을 따르면서 일정한

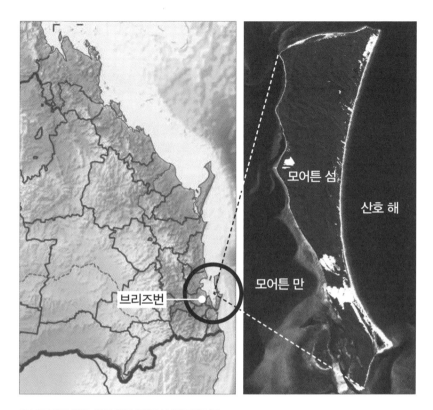

모어튼 만의 위치, 만의 바로 안쪽이 브리즈번이다

수준의 재산을 소유하고 있는 사람에게만 선거권을 부여했기 때문에 퀸즐랜드 성인 남성의 3분의 1이 선거권을 박탈당했다. 하지만 인구수가 절대적으로 부족한 퀸즐랜드에서 선거권을 위한 자격 조건은 합당치 않았고 결국 1872년 모든 성인 남성에게 선거권이 돌아갔다.

대표정부의 어리석은 욕심

1876년 공식적으로 채택된 뉴사우스
웨일스 주의 깃발

　　죄수 유배가 공식적으로 중단되면서 뉴사우스웨일스에서는 자치 정부 수립을 요구하는 목소리가 힘을 받기 시작했다. 내부적으로는 죄수들의 사면이 이어지는 등 자유로운 사회적 분위기가 형성되었고, 자유 이민자들의 폭증으로 1831년 407명, 이듬해 3,477명, 1841년에는 연간 3만 명에 가까운 자유 이민자들이 뉴사우스웨일스 땅을 밟았다.

　　영국에서 '호주(Australia)'는 자주 입에 오르내리는 단어였지만 간헐적인 관심의 대상일 뿐 영국으로부터의 독립에 대해서는 거론조차 되지 않았다. 당시 식민주의자들은 호주가 대영제국에 소속되는 것이 가장 큰 영광이라는 생각을 하고 있었는데, 일부 영국 정치인들은 호주 자치 정부 수립의 필요성을 인식하고 적극적인 움직임을 보이기도 했다. 그러나 뉴사우스웨일스가 자치 정부로 전환되는 데는 세 가지 문제점이 있었다. 바로 토지 정책, 이민 정책, 그리고 교육 문제였다. 특히 토지 정책이 가장 큰 골칫거리였다. 목축업자들은 초기 정착 지역을 벗어나 양들과 함께 미지의 땅으로 들어갔으며 그곳에서 광활한 토지를 점유했다. 목축업자들은 자기 소유의 토지에 대한 영구 소유권과 함께 이를 법제화해 줄 것과 의회가 영국으로부터 토지 처분권을 확보할 것을 요청했지만, 영국 식민지관리국은 이러한 의견에 절대적으로 반대하였다. 영국이 뉴사우스웨일스로부터 거둬들이는 가장 큰 수입원이 토지 판매와 토지 대여로부터 창출되고 있었기 때문에 토지 관리권을 이양한다면 이를 악용하는 것은 물론이고 식민지 독립을 부추길 수도 있었

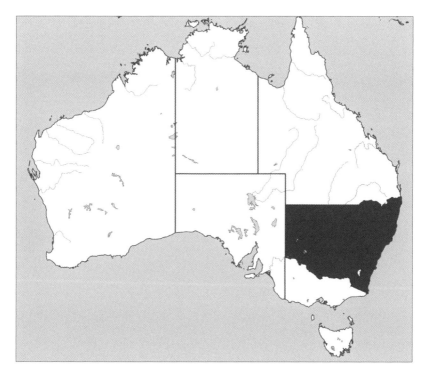

뉴사우스웨일스 주의 위치

다. 영국 정부의 이러한 견해에 대해 뉴사우스웨일스는 실망감을 감추지 못했다.

하지만 뉴사우스웨일스 자치 정부 수립에 대한 열망은 영국에서도 꾸준하게 제기되었고, 드디어 1842년 영국 의회에서 호주 법령(Australian Constitution Act)이 별다른 이견 없이 통과되면서 결실을 맺게 되었다. 뉴사우스웨일스 의회는 총 36명의 의원을 선출하였다. 이 중에서 12명은 뉴사우스웨일스 선거를 통해서, 6명은 빅토리아 포트 필립에서 선출되었으며, 나머지 12명은 뉴사우스웨일스 총독의 추천을 받아 선출되었다. 과거 죄수였던 사람,

사면 받은 죄수, 형기를 마친 죄수 모두에게 선거권이 주어졌으며 그 자신이 직접 의원으로 출마할 수도 있었다.

그러나 호주 법령은 의회의 의무 사항보다는 자유재량에 초점이 맞추어져 있었기 때문에 자치 정부를 향한 아무런 진전도 이루어지지 않았다. 오히려 뉴사우스웨일스 의회의 최대 관심사는 재정 문제였다. 호주 법령과 함께 각 지역에 적용된 호주 토지 매각 법령(Australian Land Sales Act)으로 인해 토지의 무상 지급이 전격 중단되고 대신 1에이커(약 0.004㎢)의 땅을 1파운드에 판매할 수 있게 되었다. 이렇게 거둬들인 토지 매각 대금의 절반은 자유 이주민 보조를 위해 사용되고, 나머지 절반은 영국 정부의 지시를 받아 공공 서비스에 사용되었다. 하지만 이것이 뉴사우스웨일스 의회에게는 부담이 되었으며 행정적인 지출도 가중되었다.

뉴사우스웨일스 의회가 돈 많은 목축업자 출신들에 의해 독차지되면서 영국 정부에 대한 로비가 이어졌고, 뉴사우스웨일스 내륙 지역에 대한 토지 확장은 여전히 진행되고 있었다. 1837년까지 호주 대륙에서 목축업자가 차지한 목축용 토지는 북부 퀸즐랜드에서부터 사우스오스트레일리아에 이르기까지 1,600㎞가 넘게 뻗어 있었다. 이들 목축업자들은 자기 소유의 토지 경계를 표시하기 위한 펜스를 설치하고 이를 스테이션(station)이라고 불렀다. 당시 호주 전역에 걸쳐 700개가 넘는 스테이션이 생겨나고 이곳에 백만 마리가 넘는 양이 목축되면서 목축업은 호주의 가장 주된 산업이 되었고, 양모의 연간 생산량에 따라 식민지의 번영도 엇갈리게 되었다.

하지만 1841년에서 1844년 사이에 진행됐던 무차별적이고 비이성적인 목축지 확장은 크나큰 후유증을 남겼다. 호주 대륙에서 쓸 만한 땅이 모두 팔려 버리자 뉴사우스웨일스 정부의 주요 수입원이었던 토지 판매 수익이 대폭 감소했다. 신용이 떨어지고 은행 세 곳이 문을 닫게 되자 뉴사우스웨

스테이션이라고 불리는 호주의 대규모 목장, 가장 규모가 큰 목장은 남한 면적의 4분의 1에 달한다.

일스 정부는 런던에서 자금을 모집하려 했지만, 양과 양모 가격이 모두 폭락하면서 재정은 더욱 심각한 상황에 직면하게 되었다. 설상가상으로 2년간의 대가뭄 이후 밀 가격과 토지 가격이 급락하면서 뉴사우스웨일스는 사상 처음으로 5만 파운드를 차관하게 된다. 반면에 무분별한 토지 점유와 목축업을 통해 상당한 부를 축적한 목축업자들은 정부가 겪는 어려움을 외면했다. 이에 깁스 당시 총독은 1844년 4월 새로운 법령을 공표하였다. 법령의 내

조지 깁스, 뉴사우스웨일스의 9대 총독

용은 목축업자는 자신의 토지에 거주할 수 있지만 목장 운영을 위해서는 별도의 허가증이 필요하며, 개인이 320km^2가 넘는 토지나 4,000마리 이상의 양을 소유할 수 없도록 규정한 것이었다. 또한 5년이 지난 후에는 의무적으로 1.3km^2의 토지를 추가 구입해야 하며 이후부터는 매 8년마다 1.3km^2의 토지를 1파운드에 구입해야 한다는 것이다. 이는 산술적으로 뉴사우스웨일스에서 320km^2의 토지를 소유하려면 연간 40파운드를 내야 한다는 조치였다.

이 법령으로 인해 뉴사우스웨일스 전체가 동요했지만 깁스 총독의 규정은 1846년 제국 황무지 점유 법령(Imperial Waste Lands Occupation Act)에까지 포함되면서 1847년 공식적으로 의회를 통과하였다. 제국 황무지 점유 법령에 따르면 토지를 세 가지 유형으로 구분하고 있는데, 첫 번째 '도심 정착지'는 매년 임대차 방식을 따라야 하며, 두 번째 '스테이션을 포함한 목축지'는 8년 단위로 임대차하되 매년 경매에도 붙어야 한다. 세 번째로 '무소유 불모지'는 14년간 점유 허가를 받되 구입도 가능하도록 했다. 하지만 대부분 지주와 목축업자들은 이러한 제도 변화에 불만을 품거나 자신의 기존 소유권과 권리를 지키기 위해 노력했다. 한편 깁스 총독은 포트 필립 지역의 분리 독립에도 힘을 보태면서 뉴사우스 웨일스 의회와 지주들의 거센 지탄을 받았다.

죄수 유배의 종결

1840년 뉴사우스웨일스로의 죄수 유배가 중단되었음에도 불구하고 영국에서는 매년 4천 명의 죄수가 유배를 선고받고 있었으며 이들을 유배 보낼 곳이 여전히 필요했다. 결국 반 디멘스 랜드가 최적의 대안으로 떠올랐고, 유배된 죄수들은 삼엄한 감시 속에 집단으로 노역했으며, 행실이 올바른 죄수는 임금을 받는 자유로운 신분이 되었다. 반 디멘스 랜드는 2천 명의 죄수 노동을 통해서 4년간 15만 파운드를 절약할 수 있었으며, 연간 4천 명까지 죄수유배를 받기도 했다. 당시 영국의 집권 토리(Tory) 당도 죄수 유배에 적극적이었으며 연간 4천 명을 반 디멘스 랜드로 보내고 노퍽 섬의 죄수 유형지도 재건하기로 결정했다. 반 디멘스 랜드로 보내진 죄수들은 형기의 절반 정도를 노역한 다음 자유인이 될 수 있었던 반면, 죄질이 무거운 중범죄자들은 2~4년 동안 노퍽 섬으로 보내져 엄격한 규율에 따라 순화되었다.

형기 중인 죄수, 감시가 필요한 죄수, 자유 정착민으로 돌아간 죄수 등 다양한 사람들이 모여 살면서 사회가 혼란스러웠으며 특히 시드니로부터 멀리 떨어진 반 디멘스 랜드는 죄수의 숫자가 급증하면서 철저한 통제가 필요했다. 엄격한 규율과 형벌이 가해졌으며 채찍질이나 고문도 빈번하게 이루

영국에서 호주까지 죄수 유배를 위해 주로 이용되었던 항해로

어졌다. 감시가 소홀한 틈을 타 강간이나 죄수들 간 싸움도 다반사였다.

영국 정부는 기존 죄수 유형지와는 다른 새로운 유형지를 만들어 행실이 똑바른 죄수를 정착시키도록 제안하였다. 우선 영국 감옥에서 행실이 올바른 죄수, 형기를 마친 죄수, 사면 받은 죄수가 대상이었다. 뉴사우스웨일스가 더 이상 죄수를 받지 않는다면 절대적으로 인구수가 부족한 웨스턴오스트레일리아가 할당 인원 이상으로 죄수를 수용할 수 있었다. 1847년 영국 식민지 장관 그레이 경은 반 디멘스 랜드로의 죄수 유배를 잠정 중단한다고 발표했고, 이후에도 이곳으로의 죄수 유배는 더 이상 이루어지지 않았다. 호주로의 죄수 유배 중단에 결정적인 역할을 한 그레이 경은 개혁적인 성향의 인물로, 영국 식민지들은 자신의 영위를 위해 자치 정부를 수립할 필요가 있

그레이 경, 영국 식민지 장관을 역임하던 중 호주로의 죄수 유배를 공식적으로 종료시켰다.

음을 강조하고 이전까지 영국 정부와 식민지 장관이 고수해 오던 죄수 유배 정책을 강력하게 비난하였다. 이로써 호주로의 죄수 유배는 웨스턴오스트레일리아를 제외한 나머지 지역에서 공식적으로 종료되었다. 1868년 웨스턴오스트레일리아로 유배된 마지막 죄수들까지, 80년간 호주 대륙으로 유배된 죄수는 16만여 명에 달했다. 그 대신 호주에서는 강제이민이 행해졌다.

호주로 보내질 범죄자들은 영국 감옥에서 잠시 머무르며 교육 훈련을 받았고, 이 기간을 마치면 공공 근로에 투입되었다. 투옥 기간과 공공근로 기간은 원래 선고받은 형기에 비해 짧았으며, 이 기간을 모두 마친 사람들은 식민지로 강제이민을 떠났다. 감옥에서 생활하면서 도덕적 측면뿐만 아니라 지식적, 종교적, 산업적으로 교육 훈련을 받음으로써 형기를 마치기 전에 글을 읽고 쓰는 능력뿐만 아니라 톱과 도끼 등 도구를 사용하여 일을 할 수 있는 능력을 갖추도록 했다. 영국 정부의 죄수 관리는 새로운 식민지에서 자신의 생존뿐만 아니라 가치 있는 인간으로 살아가도록 죄수들을 준비시키는 교화 과정이었다. 따라서 공식적으로 죄수 유배가 종료된 이후에 영국에서 호주로 건너온 사람들은 죄수가 아니라 추방자이며, 이들은 자신의 가족도 동반할 수 있었다.

이와 같이 호주로 강제 추방된 이민자들은, 고용주는 물론이고 자유 이민자들로부터도 환영받지 못하는 신세였다. 목축업자가 대부분인 고용주들은 지금까지 무상으로 노동력을 확보해 왔지만 이제는 이들에게 임금을 지불해야 하는 상황이 되었다. 자유 이민자들도 자신에 비해 값싼 노동력을 제공하는 이들을 달가워 할 이유가 없었다.

목축업자에게 고용된 노동자들의 생활은 단조롭고 지루하기 짝이 없었다. 한 목장에 2~3명 정도가 고용되어 일을 했으며, 이들은 나무껍질과 석판으로 만든 집에서 함께 생활했다. 옆 목장과의 거리는 최소 16km 정도 멀리 떨어져 있었기 때문에 사회생활을 할 수 있는 여건은 아니었다. 노동자 세 사람 중에서 두 사람은 이른 아침부터 해질 때까지 양떼를 따라다니는 양치기 역할을 했고, 나머지 한 사람은 하루 종일 집을 지키면서 울타리를 옮겨야 했다. 양치기들이 돌아오면 먹을 식사를 준비하고 밤새도록 딩고로부터 양떼를 지켜야 했다. 다음 날이 되면 이들은 똑같은 일상을 반복했다.

불편한 진실

영국 정부와 그레이 경은 호주의 각 식민지에 서로 차이점이 존재하고 경쟁적인 관계에 놓여 있었기 때문에 이들을 조화롭게 관리할 수 있는 중앙 정부 조직에 대한 필요성을 고려하고 있었다. 뉴사우스웨일스의 깁스 총독이 병세 악화로 1846년 7월 총독 자리에서 물러나고 후임으로 임명된 찰스 피츠로이 경(Sir Charles Fitzroy)은 호주 전체 식민지를 총괄하는 연방 총독(Governor General)의 필요성을 영국 정부에 제안하였다. 당시 영국 식민지이던 남아프리카의 경우에는 토착민과 정치적 교류가 가능했기 때문에 대사급 대표(High Commissioner)가 파견되었지만, 호주의 경우에는 원주민과 정치적 교류가 없었기 때문에 총독 급 임명이 적절하다고 판단되고 있었다.

그러나 그레이 경은 좀 더 급진적인 생각을 가지고 있었다. 그는 호주의 각 식민지가 제 각기 독립적인 의회체제를 운영하면서 발생하는 불편함과 불합리를 해결할 수 있는 방법으로 연방제(federation)를 제안했다. 특히 식민지 사이의 무역 거래에서 관세가 부과되면 과도한 부담으로 작용할 수 있으므로 이러한 폐단을 막기 위해 연방제 구성이 가장 효율적이라고 판단한 것이다. 연방 정부가 구성되면 호주 대륙 내 모든 식민지를 아우르는 정책이 가능하며, 식민지를 연결할 수 있는 도로, 철도, 통신망 구축이 가능해진다는 점 또한 강조했다. 더 나아가 우편서비스, 운하, 전파 체계, 등대, 물류 운송, 법률 체계 등에 관한 합의를 통해 호주 대륙의 효율성을 높일 수 있다고 피력했다. 하지만 연방 정부 구성에 관한 아이디어는 어디까지나 식민지 간 합의가 전제되어야 했다. 당시 뉴사우스웨일스 의회는 뉴사우스웨일스와 빅토리아 대표들로만 구성되어 있었기 때문에 전체적인 합의에는 이르지 못했다. 1857년 호주 식민지에 대한 개혁적인 의견을 피력했던 그레이 경이 물러나면서 연방 정부 구성안은 수면 아래로 가라앉는 듯했지만, 이러한 와중에도 연방 정부 구성을 전제로 시드니와 멜번 사이에 연방 정부 유치를 위한 물밑 경쟁이 벌어졌다.

한편, 뉴사우스웨일스 상인들은 죄수 유배가 끊겨 부족해진 노동력을 중국계나 인도계 노동자로 대체하자는 주장을 펼쳤지만, 다른 종교와 사회적 배경을 지닌 이방인들의 대거 유입이 낳을 참담한 결과에 대한 우려의 목소리가 높았다. 노동력 부족 이외에 뉴사우스웨일스가 안고 있던 또 다른 문제는 교육 분야에 있었다. 뉴사우스웨일스 정부는 프랑스식 의무교육, 무상교육, 일반교육을 강조한 반면, 종교계에서는 탁월한 미래시민 양성과 종교적 교육을 표방하면서 서로 충돌을 일으켰다. 결국 최종적으로는 양쪽 시스템을 절충한 교육 시스템이 자리를 잡게 된다. 영국이 국가교육위원회를 1870년 공식적으로 출범시킨 데 반해, 뉴사우스웨일스 의회는 이보다 20년 앞선 1850년에 교육위원회를 설치하고 정부에서 교육비를 지원할 만큼 교육에 대한 관심이 높았다.

호주 식민지 정부의 여러 이슈들 가운데 딱 한 가지 타협이 불가능했던 것은 원주민에 관한 문제였다. 태즈메이니아에서처럼 빅토리아에서도 원주민 보호체계가 작동되고 원주민 보호구역이 설정되어 있었지만 백인들의 호응은 미약했다. 포트 필립 지역의 경우에는 빅토리아 정부에서 원주민의 소유권을 인정하였지만, 멜번 정부는 원주민 관리와 보호를 위해 임명된 보호관들에게 한 푼의 예산도 집행하지 않았다. 원주민 보호관의 역할은 백인에 의한 원주민 사망, 부상, 재산상 손실을 막고 이러한 사안이 발생했을 경우 당국에 고발하는 것이었다. 하지만 광활한 대륙에 흩어져 살고 있는 원주민들을 제대로 보호하기란 현실적으로 불가능한 일이었다. 이러한 상황에서 보호관들은 원주민 언어를 배우고 소통하며 원주민들의 생활환경과 원주민 수의 증감만을 파악하고 있을 뿐이었다.

자립 능력

뉴사우스웨일스는 자치 법령을 새롭게 개정함으로써 재정 수입과 지출을 독립적으로 운영하는 등, 외교와 국방을 제외한 모든 분야에서 독립 정부 구성이 가능하게 되었다. 빅토리아 주 역시 1851년, 그리고 태즈메이니아 주는 1856년에 각각 독립하였다. 1840년대까지 호주가 죄수 유배를 위한 유용한 식민지에 불과했다면 그 이후의 상황은 전혀 다르게 바뀌고 있었다. 1849년 4월 그레이 경의 주도에 따라 포트 필립, 반 디멘스 랜드, 사우스오스트레일리아가 차례로 독립했고, 새로운 의회법 제정이 논의되면서 뉴사우스웨일스의 반대에도 불구하고 전체 식민지를 포괄하는 새로운 헌법이 구상되고 있었다. 이는 곧 의회 구성원의 3분의 2를 투표로 선출하며 이들이 각 식민지를 관리한다는 것이다.

그러나 영국 정부는 여전히 호주의 자치 정부 관리 능력에 대해 의구심을 가지고 있었다. 연방제에 대해서는 뉴사우스웨일스만 반대한 것이 아니었다. 뉴사우스웨일스는 자신들이 호주 대륙 전체를 관장하는 유일한 정부로 남기를 원하는 차원이었지만, 다른 군소 정부들의 입장은 연방제가 성립되면 뉴사우스웨일스의 영향력 아래 종속될 수도 있다는 점을 꺼렸다.

1849년 영국 하원에 상정된 호주 자치 정부 승인 안이 시기를 놓치면서 이듬해에 두 번째 입법안이 상정되었다. 상정된 호주 식민지 정부 법령은 매우 급진적인 내용을 담고 있었다. 가령, 식민 정부의 재량권을 확대하고 의회 구성은 상원과 하원 양원제로 구성하되 의회 구성원을 투표로 선출하는 것이었다. 호주의 각 식민지에서 찬반격론이 일긴 했지만 호주는 점차 자치 정부로의 길목에 들어서고 있었다. 하지만 기존 영국 식민지 정부의 관리에 익숙했던 호주에서의 자치 정부 수립에는, 그리고 투표를 위한 제대로 된 정당도 존재하지 않는 상황에서 의회 설립을 위한 투표 체계를 세우는 데는 상당한 어려움이 뒤따랐다.

1855년 11월 새롭게 공포된 식민지 헌법은 특권적인 요소들이 포함되었다. 상원의원은 종신직이었으며, 투표권을 획득하거나 하원의원이 되기 위해서는 일정 수준의 재산을 보유해야만 했다. 헌법 개정을 위해서는 상원과 하원 모두 3분의 2 이상의 동의가 필요했다. 초기 의회 구성에 따른 진통으로 뉴사우스웨일스의 국정은 그리 순탄치 못했다. 상원에 추대된 의원들은 자신의 재산권 수호를 위해 보수적 성향을 나타내면서 하원의원과 마찰을 빚었다. 호주 의회에서 도시와 농촌 지역 자산가들을 대표하는 보수적 성향의 상원과, 노동 계층을 대표하는 하원 간 대립이 시작된 셈이다.

1858년 11월 뉴사우스웨일스 의회는 보다 개혁적인 선거법을 추진하게된다. 주요 내용은 모든 남성에게 비밀 선거권을 보장하며, 의회 구성원이되기 위한 재산 보유 조건을 삭제하고, 의회 구성원을 도시와 지방 간 형평성을 고려하여 72명으로 늘려 선출하는 것이었다. 이전까지는 지방 소도시 지주 계층과 목축업자 중심으로 의회가 구성되어 왔다는 점에서 획기적인변화의 시도였다. 하지만 선거법 개정은 거리의 부랑자들에게까지 선거권을줘도 되겠느냐는 우려와 함께 의회를 구성하고 있는 대다수 보수 자산가 출신 구성원들의 반대에 부딪혔다.

목축업자들은 이런 민주주의적 책임 정부가 자신들의 지위와 부를 위협할 것이라는 불안감에 휩싸였다. 1847년 3월 의회 결정에 따라 목축업자의지위는 개척자에서 토지권을 소유한 지주로 변경되었으며, 이들이 차지한토지는 4천 4백만 에이커(약 178,062㎢)에 달했지만 돈을 주고 매입한 사람은극히 드물었다. 그러나 이제 뉴사우스웨일스와 빅토리아에서 만인에게 동등한 선거권이 주어지면서, 다수의 민주적 성향을 지닌 유권자들은 경제력을 쥔 소수 지주와 목축업자가 아니라 자신의 의견을 대표할 수 있는 사람을 선출하였다. 재능 있는 기술자, 건강한 농민, 근면한 노동자 등과 같이 사회의 한 계층을 구성하고 있는 사람들도 자신의 주권과 시민으로서의 권리를 찾을 수 있게 된 것이다.

1861년에는 토지 법령(Land Act)을 통해 일반인들도 80파운드를 지불하고 320에이커(약 1.3㎢)의 토지를 3년간 소유할 수 있게 되었으며, 그 대신 자신이 토지에 거주하며 직접 경작을 해야 한다는 조건이 붙었다. 또한 일반인에게 판매되는 토지는 도심이나 금광을 제외한 지역으로 제한되었다. 하지만 아직 개척되지 않은 오지에 대한 일부 토지권 소유가 인정되면서 호주 전체는 혼란 속으로 빠져들었다. 수많은 사람들이 오지 개척을 통해 토지 확보에 나섰고, 충분한 재산을 확보한 목축업자들은 대리인을 내세워 토지를 매입하고 엉터리 거주자를 내세워 토지권을 얻기도 했다. 한마디로 정상적인 토지 확보와 거래가 이루어지기보다는 법령을 악용하거나 정부를 속이는 일이 비일비재해졌다. 누구든 돈을 지불하고 토지를 소유할 수 있게 되었지만 정부는 토지 소유주의 농장 운영 경험, 경작 능력, 토지 자체의 유용성에는 무관심했다. 어렵게 오지를 차지한 사람들은 근면하게 일하며 운도 따르고 가족들이 돕고 충분한 자본이 투입된 이후에나 겨우 기본 수익을 보장받을 수 있을 만큼 호주의 오지는 척박한 땅이었다. 성공한 농부도 있었지만 어렵고 힘든 경작 과정을 포기하고 다시 도시의 노동자로 되돌아온 사람도 많았다.

제5장
골드러시

대규모 금맥의 발견

1848년 6월 미국 캘리포니아의 새크라멘토(Sacramento) 강에서 다량의 사금이 발견되었다. 사금은 별다른 제련 과정이 필요치 않기 때문에 사업성이 높고 대량 생산도 가능하여 미국의 '골드러시'를 촉발시켰다. 호주에서도 금맥의 존재는 이미 확인이 되었었다. 목사였던 윌리엄 클라크(William Clarke)가 1844년 배서스트 인근에서 금을 발견하고 이를 깁스 총독에게 알렸지만, 총독은 이 사실을 철저히 숨길 것을 명령했다. 반대로, 깁스의 후임인 찰스 피츠로이 총독은 뉴사우스웨일스의 금맥에 높은 관심을 갖고 영국 지질학자를 초청하여 조사하도록 했다. 뉴사우스웨일스의 대규모 금맥을 최초로 발견한 것은 에드워드 하그레이브(Edward Hargrave)였다. 그는 미국 캘리포니아 금광에서 돈을 꽤 벌었던 사람으로, 금맥에 대한 전문적 식견도 지니고 있었다. 1851년 2월 배서스트 인근에서 금맥을 발견한 그는 이를 정부 당국에 알렸고 금맥 발견에 따른 보상금을 받았다. 뉴사우스웨일스 정부는 즉각 금맥 주변에 대한 통제에 들어갔으며, 캘리포니아 골드러시에서와 같은 살인, 폭력, 강도 등의 문제는 발생하지 않았다.

다른 식민지에 비해 모든 면에서 성숙했던 뉴사우스웨일스 당국은 적절한 정책과 유능한 행정력으로 골드러시에 따른 문제점을 극소화하는 한편 금광 채굴을 위한 면허세를 부과했다. 이어서 터진 빅토리아 주의 골드러시는 뉴사우스웨일스와는 사뭇 다르게 전개되었다. 빅토리아 주 밸러랫(Ballarat)와 벤디고(Bendigo)에서 발견된 금맥은 뉴사우스웨일스의 것보다도 규모가 훨씬 컸다. 빅토리아 주로 금광을 찾아 떠난 뉴사우스웨일스 주 사람들 중에는 군인과 노동자들이 상당수 포함되었으며, 대규모 인구의 이동은 뉴사우스웨일스 주의 경제적 근간을 흔들 정도였다.

밸러랫의 노천 금광에서는 주머니칼 하나만 있으면 손쉽게 흙을 걷어 내고 한 시간에 80파운드(약 36kg)의 금을 캐낼 수 있었다. 대규모 금맥 발견으로 빅토리아 주는 대규모 인구가 유입되고 경제가 팽창하는 최고의 전성기를 맞이하게 된다. 뉴사우스웨일스로부터 독립한 지 2개월이 지나기도 전에 맞이한 이 같은 일은 마치 빅토리아 주의 독립을 축하라도 하는 것만 같았다. 하지만 골드러시로 인해 물가가 폭등하는 부작용이 나타나기도 했다.

빅토리아 주의 대규모 금맥 발견 소식은 순식간에 전 세계로 퍼져 나갔고 세계 각지로부터 사람들이 몰려들면서 호주가 다문화 사회를 접하는 계기가 되었다. 1852~53년 동안 10만 명이 넘는 이민자들이 빅토리아 주로 몰려들었으며, 1852년부터 1860년까지 영국으로부터 29만 명, 다른 유럽 국가에서 1만 5천 명, 미국에서 1만 8천 명이 호주로 이민을 왔다. 하지만 비

골드러시 당시 중국인 노동자들의 모습

유럽계 이민자들은 절대로 환영받지 못했으며 특히 중국인들은 성실성과 기술력을 겸비하고 있었지만 주요 기피 대상이었다. 중국인들도 다른 이들과 마찬가지로 일확천금을 찾아 호주로 향했지만 뉴사우스웨일스 정부는 입국 허가를 내주지 않았으며 빅토리아 주는 1855년 중국인 이민법(Chinese Immigration Act)을 만들어 중국인들의 입국 숫자를 엄격하게 통제하였다. 이러한 결과로 1855년 멜번에 들어온 중국인의 수는 11,493명에 불과했다. 중국인들은 입국 제한을 피하기 위해 사우스오스트레일리아에 도착하여 금광까지 400km 정도를 걸어서 이동하기도 했다.

골드러시로 인해 다양한 유형의 이민자들이 증가하면서 1851년 43만 명에 불과하던 호주 인구는 1871년 170만 명으로 3배 이상 급증하였다. 또한, 채굴한 금을 가공하는 제조 및 제련업이 활성화되었고, 채굴 노동자들이 집단을 이루기 시작하면서 노동조합이 결성되는 등 노동운동의 시작을 알리는 계기가 되었다. 대규모 금맥은 뉴사우스웨일스와 빅토리아뿐만 아니라 사우스오스트레일리아, 웨스턴오스트레일리아, 퀸즐랜드에서도 발견되면서 사실상 호주 대륙 전체가 거대한 금덩어리와도 같았다. 하지만 골드러시가 반드시 좋은 결과만 불러온 것은 아니었다. 멜번의 경우 모든 사람들이 금맥을 찾아 떠나면서 1852년에는 정상적으로 근무하는 경찰의 숫자가 불과 2명뿐인 웃지 못할 상황이 벌어지기도 했다.

첫 금맥 발견 이후 5년이 지나자 멜번의 인구는 1851년 호주 전체 인구보다도 많아졌다. 이 중에서 2만 명 정도가 중국인이었는데, 이들은 올바르게 처신하고 호주인들과 평화롭게 어울려 지내기를 희망했지만 백인들의 태도는 인종차별에 가까웠다. 사실 중국인들보다 더욱 위험했던 존재는 미국 출신 혹은 유럽의 난민 출신 이민자들이었다. 특히 캘리포니아의 무법천지 속에서 골드러시를 경험했던 미국 이민자들은 법을 위반하기 일쑤였다.

1850년 제정된 호주정부 법(Government of Australia Act)은 포트 필립 지역에 대한 새로운 정부 지위를 인정하였으며 1851년 7월 1일부터 그 효력이 발생하였다. 하지만 오래전부터 백인들이 정착하여 모든 기반이 갖추어진 뉴사우스웨일스 주와 다르게, 빅토리아 주는 경험도 부족했고 무엇보다 법 제도가 제대로 준비되지 않은 상태에서 골드러시를 맞게 되었다. 우선 금맥을 찾아 멜번 인근으로 쏟아져 들어오는 이민자들에 대한 관리·통제가 절실했다. 뉴사우스웨일스에서 그랬듯이 빅토리아 주에서도 채금을 위한 면허증을 교부하고 면허세를 부과했다. 하지만 엄청나게 몰려드는 채금업자에 비해 이들을 관리하고 분쟁을 해결하며 금을 안전하게 은행으로 옮겨야 할 경찰 인력은 턱없이 부족했다. 때문에 일반인 대신 죄수 출신, 내지는 죄수 감시관 출신자들이 대거 경찰에 임명되면서 부정부패가 판을 치기 시작했다. 더욱이 경찰은 벌금의 절반을 본인이 차지할 수 있었기 때문에 채금업자들에게는 큰 부담이 되었다.

채금업자와 광산 노동자 숫자가 폭증하면서 채금은 점점 힘들어졌다. 1852년 한 해 동안 3만 5천 명 정도의 채금업자가 1천 6백만 파운드 이상의 금을 채굴하였는데, 2년 후에는 10만 명 이상의 채금업자가 그 절반에도 미치지 못하는 성과를 올렸다. 채금 면허세를 부과하던 빅토리아 정부도 행정 비용이 부족해지자 면허세를 인상했다. 실패한 채금업자나 면허세를 낼 형편이 못 되는 채금업자는 곧바로 감옥으로 보내졌다.

대규모 장비를 동원한 기업형 채금업자들이 금광으로 들어오면서 금광의 모습은 변하게 된다. 사금을 함유한 충적토가 초기 채금업자들에 의해 모두 개발되자, 이들이 떠난 자리에 신디케이트 형식의 채금업자들이 막대한 자본력을 앞세워 금광이 위치한 하천에 20마일이 넘는 댐이나 운하를 짓기 시작했다. 당시 금광은 주로 작은 계곡을 따라 형성되었기 때문에 계곡을 흐르

위: 간단한 도구로도 채금이 가능한 노천 금광이 많았다.
아래: 골드러시 당시 사람들이 거주하던 천막의 모습

채굴한 금광석을 놓고 기념사진을 찍은 금광 노동자들

는 물줄기를 막고 끌채를 활용하여 채금하는 것이 유리했다. 1853년에는 스팀 펌프를 활용하여 끌채를 끌어올리는 시설이 등장하는 등, 금광은 점점 기업형으로 바뀌어 갔다.

당시 채금업자들이 가장 원망했던 존재는 금광 경찰(Goldfields Police)들이었다. 채금업자들은 금광 경찰의 면허증 요구에 자신이 하던 작업을 멈춰야 했으며, 면허증 발급 시기도 연간 2회였기 때문에 면허증을 교부받을 때

한 시간에 40㎏에 가까운 금광석을 캘 수 있을 만큼 대규모 금맥이었다.

기업형 채금의 형태가 나타나면서 등장한 금광석 분쇄기

까지 장기간 기다려야 하는 경우도 자주 있었다. 상황이 이렇다 보니 면허세 납부를 피해 불법 채금을 하는 경우도 비일비재했다.

유레카Eureka

1854년 12월에 발생한 유레카(Eureka) 봉기는 호주 역사에서 가장 드라마틱한 사건으로 기록될 만하다. 빅토리아 주에서 발생한 유레카 봉기는 한마

위: 유레카 봉기에 따른 충돌(왼쪽), 유레카 깃발(오른쪽)
아래: 유레카 깃발 아래서의 충성 맹세식

디로 아일랜드계 중심의 금광 노동자들이 영국 색슨(Saxon)계의 억압을 상
대로 벌인 혁명운동으로 볼 수 있다. 또한 이 사건을 계기로 호주에서 노동
운동이 싹을 틔우게 되었고, 호주 정치에서도 한 단계 높은 민주주의가 자리

잡는 계기가 되었다.

유레카 봉기의 계기는 1851년으로 거슬러 올라간다. 당시 빅토리아의 라트로브 초대 총독은 1851년 8월 16일 빅토리아 주의 모든 금광 개발과 채금 활동에 대해 1851년 9월부터 매월 30실링의 세금을 징수한다고 공포하였다. 이에 40~50명의 채금 노동자들이 즉각적인 세금 징수 반대 행진을 하면서 노동자의 투표권과 토지 구매권을 요구했다. 하지만 빅토리아 정부는 오히려 1852년 1월부터 채금 면허세를 매월 1파운드에서 3파운드로 인상한다고 발표하였다. 이러한 정부 발표에 노동자들은 분노하였고 급기야 무기를 모으기 시작했다.

1853년 빅토리아 정부는 금광 법령을 개정함으로써 채금 노동자들에게 수시로 면허증 제시를 요구하게 되고 갈등은 더욱 심화되었다. 급기야 1854년 11월 11일 베이커리 힐(Bakery Hill)에 1천 명이 넘는 노동자들이 모여 밸러랫 개혁 동맹(Ballarat Reform League)을 창설하고 지도자를 선출하게 된다. 지도자 중에는 1840년대 영국 노동자층의 참정권 확보 운동을 경험했던 차티스트주의자가 다수 포함되어 있었으며, 이들은 빅토리아 정부와의 협상을 통해 노동자 참정권과 자유에 대해 논의하였지만 끝내 실패하고 말았다.

분노한 노동자들은 대화와 타협 같은 이성적인 방법을 포기하고 보다 공격적인 방법을 취하기 위해 새로운 지도자 피터 라로(Peter Lalor)를 선출하였다. 그는 아일랜드 의회 의원의 아들로서 정치적 역량이 충분한 인물이었다. 1854년 12월 1일 피터 라로의 지휘 하에 노동자들은 모든 채금 면허증을 불태우고 새로운 유레카 깃발 아래 모여 노동자들의 자유와 권리를 되찾기 위한 충성을 맹세했다. 이에 1854년 12월 3일 오전 3시, 276명의 정부군과 경찰이 면허증이 없는 노동자를 색출하기 위해 유레카 집단을 공격하면서 대규모 충돌이 발생하였다. 남십자성이 새겨진 유레카 깃발이 나부끼는

유레카 봉기의 리더 피터 라로, 아일랜드계로 훗날 빅토리아 의회 대변인으로 활동한다.

가운데 벌어진 전투에서 유레카 집단은 대규모 사상자가 발생하면서 해산되었다.

이러한 충돌은 사실상 예견된 것이었다. 최초 빅토리아 주의 법령이 만들어지면서 대도시와 주요 지방도시의 일반 거주자들만 고려되었을 뿐 수많은 금광 노동자들은 철저하게 외면당했다. 투표권을 획득하기 위해서는 일정한 재산이 있어야 하며 이는 거주 기간과도 비례하는 까다로운 조건이었기 때문에 금광 노동자 중에서 투표권을 획득한 사람은 극소수에 불과했다. 자연스럽게 빅토리아 주에서 금광 노동자들의 의견은 제대로 반영되지 못한 채 과도한 채금 면허세와 벌금만 부과되고 있는 상황이었다.

유레카 봉기로 30여 명의 노동자가 목숨을 잃은 반면, 빅토리아 군대는 4명의 사망자만 발생했을 뿐이었다. 유혈 충돌에서 빅토리아 정부군이 보여준 잔인성에 대한 비판이 거세게 일게 되었고, 피터 라로는 정부군과의 전투에서 한쪽 팔을 잃었지만 오히려 더 높은 명성과 지지를 얻게 되면서 1855년 빅토리아 의회에 입성하게 된다. 결국 1855년 6월 추가적인 광산 법령이 공표되면서 금광 노동자들은 참정권을 완전하게 보장받을 수 있게 되었다.

유레카 봉기의 최종 승자는 노동자들이었던 셈이다.

유레카 봉기 이후 찰스 호섬(Charles Hotham) 총독은 1855년 10월 빅토리아 자치 정부 선거에서 처음으로 투표권을 행사하게 될 다수의 급진 세력을 맞아야 했다. 뉴사우스웨일스가 자치 정부 초기에 그러했듯이, 빅토리아도 1855년에서 1861년 사이에 행정부가 일곱 번 바뀔 정도로 정치적인 대혼란을 겪어야 했다.

빅토리아 정부의 가장 큰 고민은 민주적 성향의 하원과 기득권층 중심의 보수적 성향을 띤 상원 사이의 첨예한 대립이었다. 그럼에도 불구하고 모든 성인 남성의 투표권, 비밀투표, 매 3년마다 새로운 의회 구성이라는 원칙은 꾸준히 지켜졌으며 빅토리아 행정부도 법적 테두리 내에서 진화를 거듭하며 1861년까지는 어느 정도 안정을 되찾고 있었다. 뉴사우스웨일스, 빅토리아, 사우스오스트레일리아, 퀸즐랜드에서도 비밀투표와 모든 남성의 투표권이 보장되면서, 호주는 영국에 비해 빠르게 민주주의를 실현하고 있었다.

자치 정부가 안정을 되찾으면서 멜번도 급성장하였다. 1861년까지 멜번의 인구는 14만 명으로 증가하였으며 호주에서 가장 먼저 증권거래소를 열면서 금융 중심지로 발돋움하게 된다.

제6장
새로운 독립국가

불확실한 미래

자치 정부 수립에서 연방 정부 탄생에 이르기까지 호주는 주로 정착지 위주의 목축업과 농업이 경제의 핵심을 이루고 있었다. 내륙에서의 오지 개척도 순조롭게 진행되었다. 다른 대륙에서의 초기 개척 과정과는 다르게, 호주 원주민들은 백인 대륙 탐사의 가이드 역할을 하였으며 백인들을 자신의 생존을 위해 의존해야 하는 대상이라고 여겼다. 원주민들은 어디에 가야 식량과 식수를 구할 수 있는지 알고 있었으며 안전한 길이 어디인지도 백인들에게 알려 주었다.

제임스 쿡 선장의 첫 항해 이후 호주 대륙에 대한 탐사는 일부 선구자들에 의해 이루어졌을 뿐 대부분은 미개척지 상태로 남아 있었다. 1860년대부터

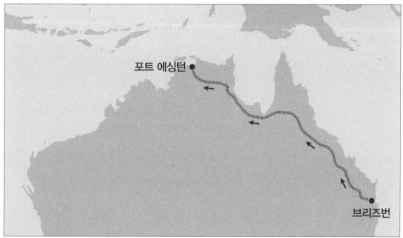

포트 에싱턴

브리즈번

루트비히 라이히하르트와 그의 첫 탐사 루트

본격화된 호주 대륙 탐사는 북쪽 연안 주요 전략지에 대한 탐사와 함께 정착지의 건설로 이어졌으며, 해안으로 통하는 루트도 개발됐다.

호주 내륙 미개척지를 처음으로 탐사한 사람은 독일 출신 지리학자 루

에드먼드 케네디

트비히 라이히하르트(Ludwig Leichhardt)로, 그는 과학적 탐사를 목적으로 1842년 28세의 나이에 호주로 건너와서 1846년 탐사 도중 실종되기까지 호주의 주요 루트들을 개척하였다. 라이히하르트는 비록 거친 오지에서의 탐사 경험은 부족했지만 충분한 자본을 확보하고 1844년 10월 퀸즐랜드 남부 달링다운스를 출발하여 포트 에싱턴(Port Essington)에 이르는 장장 3천 마일(약 4,828km)의 거리를 탐사하는 데 성공했다. 애초 10명으로 구성된 탐험대 중 원주민에 의해 희생된 존 길버트(John Gilbert)를 제외한 나머지 9명이 안전하게 최종 목적지에 도착하였다. 첫 탐사를 통해 괄목할 만한 성과를 이룬 그는 대륙을 가로질러 웨스턴오스트레일리아 퍼스까지 도달하는 두 번째 탐사를 시도했지만 실패하고 말았다. 그는 과학자로서는 뛰어났지만 유능한 탐험대장은 아니었으며, 1848년 4월 동료 6명과 함께 떠난 세 번째 탐사 도중 일행 모두가 실종되고 말았다.

퀸즐랜드 북부 지역 대부분도 에드먼드 케네디(Edmund Kennedy)의 탐사 이전까지는 미지의 세계였다. 유능한 측량사였던 케네디는 퀸즐랜드 해안 록킹햄 만(Rockingham Bay)에서 최북단 케이프요크 반도에 이르는 루트를 개척하라는 명령을 받게 된다. 그는 오지에서의 풍부한 경험과 리더로서의 역량을 갖추었지만, 그의 탐사 과정은 우거진 수풀과 맹그로브 습지로 뒤덮였을 뿐만 아니라 원주민의 공격도 각오해야 하는 험난한 여정이었다. 1848년 5월 20일, 12명으로 출발한 탐사 팀은 험난한 자연환경과 배고픔으로 더이상 전진이 힘들어지자 케네디는 그의 원주민 조수 재키 재키(Jacky Jacky)와 단둘이서 북진을 이어 나갔다. 그러나 케이프요크를 20마일 앞둔 지점에서 케네디는 원주민이 던진 창을 맞고 사망했고, 재키 재키는 1948년 12월 23일 구사일생으로 케이프요크에 정박하고 있던 병참선을 만날 수 있었다.

호주 남부 지역에 대한 탐사는 에드워드 에어(Edward Eyre)에 의해 진행되었다. 그는 시드니에서 포트 필립 또는 애들레이드로 가축을 운반하며 판매하는 상인이었다. 1840년 그는 거대한 소금 호수 토렌스(Torrens)와 에어(Eyre)를 발견했지만 적은 수량에 실망하여 탐사를 중단하였다. 애들레이드로 돌아온 그는 1841년 한 명의 백인 조수와 세 명의 원주민과 함께 호주 남부 해안과 널라버 평원(Nullarbor Plain)을 가로질러 애들레이드에서 올버니까지 대륙을 동-서로 가로지르는 탐사를 떠났다. 하지만 원주민 한 명이 에어의 백인 조수를 살해하면서 탐사는 실패로 끝나게 된다.

반면, 웨스턴오스트레일리아의 측량사 어거스터스 그레고리(Augustus Gregory)의 탐사는 매우 성공적이었다. 1829년 부모와 함께 퍼스에 정착한 그는 유능한 측량사로서 1855~56년 뉴사우스웨일스와 영국 정부의 지원을 받아 탐사에 나섰다. 그의 탐험대는 철저하게 잘 준비되었으며 원주민과의 충돌도 없었다. 1855년 9월 동부 해안 커티스 포인트(Point Curtis)를 출발한 탐험대는 예전 라이히하르트가 개척했던 루트를 따라 탐사에 성공했다. 1858년에는 호주 내륙 배로(Barrow) 강과 사막 지대를 가로질러 사우스오스트레일리아 애들레이드까지 이르는 탐사에 성공하였다.

당시 호주 대륙 탐사는 미개척지에 대한 정보 수집을 통해서 호주 대륙 전

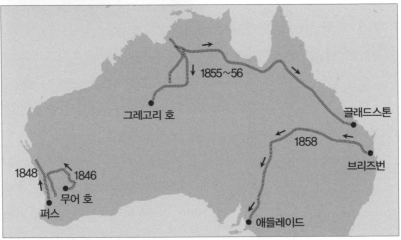

어거스터스 그레고리와 그의 탐사 루트

체의 지형과 특성을 파악하는 것이 주된 목적이었지만, 식민지 간 영역 확장의 일환으로 이루어진 측면도 강했다. 탐사를 위한 정부 지원과 탐사 성공에 따른 보상이 늘어나면서 대륙 탐사 활동은 지속적으로 이어졌다.

호주 대륙 탐사의 또 다른 관심은 과연 호주 대륙의 북쪽 해안과 남쪽 해안을 연결하는 종단 루트를 개척할 수 있느냐였다. 1855년부터 1862년까지 사우스오스트레일리아 총독을 지낸 리처드 맥도넬은 대륙 종단에 지대한 관심을 갖고 있었으며, 정부를 설득하여 종단 탐험을 지원하기도 했다. 하지만 사우스오스트레일리아의 이러한 종단 시도는 다른 인접 지역의 불만을 초래하기도 했다. 사우스오스트레일리아에 비해 재정적으로 풍족했던 빅토리아는 1860년 8월 20일 로버트 버크(Robert O'Hara Burke)와 윌리엄 윌리스(William Willis)가 이끄는 탐험대가 20마리의 낙타와 마차에 식량을 싣고 멜번을 출발하여 대륙 종단에 나섰지만 식량 부족으로 모두 사망하고 오직 아일랜드계 군인 존 킹만이 퀸즐랜드 카펜테리아 만에 도착하여 원주민의 도움 속에 1861년 멜번으로 살아 돌아올 수 있었다. 빅토리아의 대륙 종단 성공 소식을 접한 사우스오스트레일리아도 존 스튜어트(John Stuart)의 대륙 종단을 지원하여 한발 늦은 1862년 7월 대륙 북부 해안에 도착하였다. 스튜어트가 개척한 남북 종단 루트는 지금의 사우스오스트레일리아 어거스타(Augusta)에서 노던 준주 다윈까지 연결된 스튜어트 고속도로(Stuart Highway)로 건설되었다.

영역 획정과 원주민 문제

각 자치 정부가 설립되고 영역이 획정되었지만, 원주민에 대한 배려는 늘 뒷전으로 밀려 있었다. 빅토리아의 경우에는 토지 매각 수입의 단 1퍼센트만 원주민 복지를 위해 지출했으며, 그나마 사우스오스트레일리아는 식민지 위원회가 권장하는 토지 매각 수입의 10퍼센트를 원주민에게 지출하고 있었지만 그마저도 1860년 원주민 지원의 필요성이 낮다는 이유로 대폭 축소되었다. 퀸즐랜드 자치 정부의 경우에는 원주민들에게 1년에 담요 1장만 지원하는 것이 고작이었다.

하지만 1846년 황무지 소유 법령(Waste Lands Occupation Act)을 통해 원주민의 토지 사용권을 인정하였고, 이에 따라 퀸즐랜드 자치 정부는 원주민들의 생존에 필요한 짐승, 새, 물고기 등의 사냥을 위한 토지 진입을 허용하였다. 한편, 웨스턴오스트레일리아는 원주민에 대하여 상당히 관대한 편이었으며, 이들이 자유롭게 사냥하고 거주할 수 있는 권리가 주어졌다. 사우스오스트레일리아와 노던 준주도 원주민에 대한 모든 권리를 인정하고 있었다.

이처럼 몇몇 자치 정부는 완전한 원주민 권리를 보장하고 있었으며, 기름진 목초지를 차지한 지주 중에서도 일부 인간적인 지주들은 주변 원주민 사회의 존재를 존중하고 있었다. 그럼에도 불구하고 정작 원주민 복지 증진에는 모든 자치 정부가 미온적인 태도를 취하고 있었다.

영국으로부터 들여온 토끼가 놀라운 번식력으로 호주 대륙의 목초지를 순식간에 황무지로 만들어 버리면서 심각한 문제가 벌어질 때에도, 호주 백인들이 생각하는 더 심각한 문제는 원주민들로부터의 공격이었다. 호주 대륙 남부와 태즈메이니아에서 멸종에 가까운 위기를 맞고 삶의 터전까지 빼앗긴 원주민들은 백인에 대한 반감이 높았다. 1860년까지 서부 빅토리아에 생존해 있던 순수 원주민 숫자는 채 1천 명이 안 되었다. 원주민 숫자의 급격한 감소로 원주민에 대한 박해는 더 이상 불필요해 보였으며 생존해 있는 원주민들도 얼마든지 백인 사회로 편입될 수 있었다. 실제로 백인과 함께 탐사에 나섰던 원주민들의 협조는 호주 대륙 탐사 과정과 성과에 많은 영향을 미쳤으며, 호주의 많은 지명이 원주민어로부터 유래되기도 했다.

하지만 백인들은 원주민들을 자신과 동등한 인간이라기보다는 단순히 노동력을 제공하는 착취 대상쯤으로 여겼다. 백인들은 자신의 필요에 따라 원주민을 자기 집단으로부터 분리시키고 이들이 제공한 노동에 제대로 된 대가를 지불하지 않은 것에 대해서 전혀 잘못을 인식하고 있지 않았다. 1970년까지 호주 센서스 조사에서 원주민은 인구에 포함조차 되지 않았다는 점에서 원주민 처우 문제의 심각성을 읽을 수 있다.

연방 정부로 가는 길목

호주 백인 인구수가 급격하게 증가하면서 1866년 전체 인구는 1백 1십만 명에 달했고, 이 중 절반에 육박하는 538,000명이 빅토리아에, 그리고 130,000명이 멜번에 거주했다. 같은 시기 시드니의 인구는 96,000명에 불과했다.

1860년부터 30여 년간 호주는 매년 평균 5퍼센트의 경제 성장을 이룩했으며, 1861년부터 1890년까지 실질 GNP도 4배가량 상승하였다. 호주 경제의 급성장은 골드러시와 더불어 양모 산업이 가장 큰 원동력이었다. 1891년까지 호주 대륙 양의 숫자는 이미 1억 마리를 돌파했으며, 새로운 목양 기술 개발과 함께 질 좋은 메리노 양이 사육되면서 1891년 한 해에만 6억 3천 4백만 파운드(약 287,578톤) 무게의 양모가 생산되었다. 양고기 수출도 함께 활기를 띠었다. 호주의 첫 양고기 수출은 1880년 2월, 냉동 양고기를 탑재한 화물선이 런던에 도착하면서부터였다. 또한 1880년대 버터 가공 기술이 도입되면서 20세기 말 호주는 뉴질랜드와 함께 덴마크의 뒤를 잇는 세계적인 버터 수출국이 되었다. 버터나 치즈 같은 유제품이 호주의 주력 수출산업으로 자리 잡게 되면서 더 많은 목초지가 개발되었다. 한편, 곡물 경작지도 큰 폭으로 확대되었으며 가장 큰 경작지를 보유한 지역은 사우스오스트레일리아와 빅토리아였다. 두 지역의 경작지 면적을 합치면 총 5조 5천억 에이커 (약 2,225,850㎢)에 달했다.

호주 이민사에서 커다란 전환점으로 작용하게 된 것은 1842년 체결된 난징조약(Treaty of Nanking)이다. 난징조약을 통해 홍콩이 영국의 관리 하에 들어가면서 수많은 중국인들에게 미국과 호주로 이주할 수 있는 기회가 주어졌다. 1855년 1월에서 6월 사이 수백 명의 중국인들이 호주 땅을 밟았으며, 1857년까지 중국인 35,000명이 빅토리아로 들어왔다. 백인들과의 충돌은 기정사실처럼 보였지만, 호주로 들어온 중국인들은 스스로를 자제하며 백인 사회에 잘 적응하였다. 그럼에도 불구하고 빅토리아 정부가 유색인종 이민을 제한하자, 이것이 오히려 불법 입국을 부채질하면서 호주 대륙 곳곳에 불법으로 입국하는 중국인들이 늘어나게 되었다. 하지만 중국인 수백 명이 살해당하는 일이 매일같이 반복됐던 미국과는 달리, 호주에서는 법과 질서가 나름대로 잘 지켜지고 있었다. 호주인보다는 오히려 호주로 금을 찾아온 미국 이민자들이 유색인을 차별하고 살인하는 일이 벌어졌다. 빅토리아에서는 여전히 중국인에 대한 혐오감이 있었으며, 10파운드의 중국인 입국세를 적용함으로써 중국인 입국자 수를 제한하려 하였다. 빅토리아 정부의 이러한 조치는 수많은 중국인들의 발걸음을 뉴사우스웨일스로 돌리게 만들었다.

1860년 1만여 명의 중국인들이 머리 강을 건너 영(Young, 당시 이름은 래밍 플랫) 지역에 정착했다. 하지만 같은 시기 영국과 중국 간 전쟁이 발발하고 호주에서 백인과 중국인 사이의 충돌이 발생하면서 중국인에 대한 호주 백인들의 태도는 급변하였다. 1861년 7월에는 중국인 거주 지역인 영에서 중국인을 향한 대규모 백인 폭동이 발생하여 영국군에 의해 진압되는 일도 발생했다. 이같이 중국인을 향한 호주 백인들의 혐오감은 백호주의(White Austra-

1861년 래밍 플랫(Lambing Flat)에서 거행된 반중국인 폭동에 사용되었던 배너

lian Policy)의 서막을 알리는 신호탄이었다.

선량한 중국인들을 향한 호주 백인들의 무차별적인 폭력과 강탈은 영국 정부의 분노를 샀다. 영국 정부는 영국의 식민지에 거주하는 그 어떤 인간도 법에 따라 동등한 대우를 받을 권리가 있으며, 특히 호주로의 죄수 유배가 전면 중단된 상황에서 가장 저렴하고 부지런한 노동력은 중국인임을 강조하였다. 그러나 호주 자치 정부의 입장은 사뭇 달랐다. 결국 영국 정부도 호주 자치 정부의 재량에 따라 사건을 처리할 것을 수용하였다. 실제로 뉴사우스웨일스, 빅토리아는 물론 퀸즐랜드에서조차도 수많은 중국인들이 살해당했지만 백인들은 이 모든 책임을 원주민 탓으로 돌렸다.

시간이 흐를수록 호주 자치 정부와 영국 사이의 교감은 어긋나기 시작했다. 150만 명이 넘는 영국 출신 이민자들 사이에서도 더 이상 영국의 관리를 받기보다는 호주의 독립적인 주권을 찾아야 한다는 주장이 힘을 얻게 되었다. 여기에 조지 히긴보덤(George Higinbotham) 같은 호주 정치인은 이제 자치 정부 총독도 독립된 주권의 대표자로서 영국의 간섭으로부터 벗어나야 하며 특히 호주의 내정에 대해 더 이상 영국 정부와 논의할 필요가 없음을 강조하였다.

책임 있는 자치 정부의 핵심 원리는 자치 정부의 평화와 안위를 위한 독자적인 면모를 보이는 것이다. 하지만 영국 정부는 전에 없던 식민지 독립과 이를 위한 법령 개정을 논하는 데 상당한 부담을 느끼고 있었다. 이런 와중에 호주 자치 정부에서 가장 부담스러운 입장에 처한 것은 영국 정부의 명령을 받드는 한편 자치 정부 의회와도 조율이 필요한 총독이었다. 6년 임기의 총독으로 임명된 사람은 자치 정부의 잦은 총리 교체로 인해 효과적이고 안정된 정책을 펼치기가 어려웠다. 또 영국과의 물리적인 거리로 인해 영국 정부와 의사소통이 제대로 이루어지기도 힘들었다.

한편, 자치 정부의 의회를 구성하고 있는 상원과 하원 간 반목이 심해지면서 반드시 통과되어야 할 법안이 통과되지 못하는 경우도 많았다. 상원을 구성하는 사람들은 대부분 양모 사업을 통해 큰 부자가 된 기득권층이었으며, 이들은 민주적 급진 성향 인사들이 주류를 이루는 하원이 올린 법안을 대부분 통과시키지 않았다.

제7장
연방 정부의 탄생

자치 정부 간 다툼

1848년 그레이 경이 제안했던 호주의 식민지 통합에 관한 법안은 실패로 돌아갔지만 각 식민지 간 통합의 중요성은 분명하게 인식되고 있었다. 그럼에도 불구하고 각 자치 정부는 당장 시급한 자신의 현안에만 골몰하고 있는 상황이었다.

자치 정부 간 통합에 또 다시 불을 지핀 사람은 윌리엄 스미스 오브라이언 (William Smith O'Brien)이었다. 그는 아일랜드 의회 출신으로, 독립운동에 가담한 죄로 사형을 선고받고 1849년 반 디멘스 랜드로 유배되어 1854년까지 머물다 사면이 되어 다시 영국으로 돌아갔다. 1853년 출간된 책을 통해 그는 호주에서 중앙집권적으로 논의되고 합의되어야 할 사안들을 깊이 있게 나열하였다. 작성된 내용은 식민지 간 관세, 우편, 전신, 등대, 죄수 정착지, 죄수의 본국 송환, 창작물에 대한 저작권과 특허, 전문 자격, 주화, 파산, 공공 토지의 최저 가격, 국방 등에 관한 것이었으며 연방 법원의 필요성도 함께 강조하였다.

오브라이언의 옛 투쟁 동료인 찰스 게반 더피(Charles Gavan Duffy)는 이후 빅토리아 의회에 진출하면서 오브라이언이 제기했던 이슈를 다루면서 뉴사우스웨일스, 빅토리아, 태즈메이니

윌리엄 스미스 오브라이언

아, 사우스오스트레일리아가 연방 정부를 구성하는 것에 대해 논의할 것을 제안했다. 하지만 1857년부터 1859년까지 진행된 회의에서는 빅토리아와 뉴사우스웨일스 사이의 강한 경쟁의식만 재확인했을 뿐이었다.

시드니와 멜번 간의 라이벌 의식은 매우 치열했다. 1879년 시드니 국제 박람회를 위한 가든 팰리스(Garden Palace)가 건축된 지 1년 만에 멜번에 제국 박람회(Colonial Exhibition) 건물이 세워진 것을 보면 두 도시 간 라이벌 의식이 얼마나 치열했는지 알 수 있다. 시드니 가든 팰리스는 당시 빅토리아 건축 양식 엔지니어들이 이룰 수 있는 최고 수준의 건축물로 평가받았지만 1882년 원인 불명의 화재로 전소되고 말았다.

한편, 철도는 광활한 호주 대륙의 다양한 생산품을 운송하는 데 최적의 운

위: 멜번 제국 박람회에 사용된 건물
아래: 시드니 가든 팰리스. 빅토리아 건축 양식을 잘 드러낸 최고의 건축물이었지만 화재로 전소되었다.

송수단이었다. 때문에 각 지역을 연결하는 철도 시스템의 도입은 절실했다. 하지만 이마저도 뉴사우스웨일스(4피트 8.5인치)와 빅토리아(5피트 3인치)가 서로 다른 규격의 궤도를 설치하게 되면서, 지역 간 철도 연계는 불가능해졌다. 이에 더해 사우스오스트레일리아는 1870년 지선을 건설하면서 궤도의 규격을 3피트 6인치로 결정했다. 시드니에서 멜번을 거쳐 사우스오스트레일리아로 가는 화물과 승객들은 두 번의 환승 과정을 거쳐야 했고, 이에 따른 추가 비용과 시간이 낭비되었다. 퀸즐랜드는 1864년 3피트 6인치 규격의 철로를 설치하기로 했으며, 웨스턴오스트레일리아 역시 1879년 동일한 규격의 철로를 설치하였다.

자치 정부 간 철로 연결만큼이나 곤란을 겪은 분야는 무역이었다. 1846년 반 디멘스 랜드와 뉴사우스웨일스가 서로 상대방을 견제하기 위한 보호관세를 적용하려는 움직임을 보이자 영국의 식민지 장관 그레이 경은 곧바로 연방 정부의 필요성을 인식하였다. 자치 정부 간 무역에 있어서 가장 격렬한 대립이 벌어진 지역은 빅토리아와 뉴사우스웨일스 사이의 경계를 지나는 머리 강이었다. 머리 강은 뉴사우스웨일스와 빅토리아 간 경계를 지나 사우스오스트레일리아 애들레이드로 흐르는, 총연장 2,508km에 달하는 호주 최대의 강이다. 주변 경작지에도 중요했지만 무엇보다 강을 타고 이루어지는 무역 거래가 활성화되면서 강의 통제를 둘러싼 자치 정부 간 합의가 필요했다. 자치 정부 간 몇 차례의 회담이 진행됐지만 끝내 합의에 이르지 못하자 뉴사우스웨일스는 관세사무소를 개설하겠다고 으름장을 놓았다. 뉴사우스웨일스의 이러한 태도는 빅토리아 정부가 이미 자기 지역을 통과하여 뉴사우스웨일스로 들어가는 화물에 대한 수입세를 거두고 있었기 때문이다. 행정구역상 뉴사우스웨일스에 속하는 머리 강 북부 리베리나(Riverina) 지역은 대규모 경작이 이루어지는 곳이다. 그곳에서 생산된 농산물은 시드니보다 상대적으로 거리가 가까운 멜번이나 애들레이드로 보내지고 있었기 때문에 시드니로서는 이래저래 큰 손해를 보고 있었다. 뉴사우스웨일스 정부의 으름장에 대해 빅토리아 정부도 무장 경찰을 머리 강으로 보내 농산물 운송에 대한 뉴사우스웨일스 정부의 방해와 간섭을 차단하면서 양측의 충돌이 빚어지기도 했다. 당시에 지역 간 철도 시스템이 통일되었더라면 이같이 불필요한 충돌과 불편은 없었을 것이며, 나아가 호주 대륙 전체의 효율성도

위: 머리 강의 위치 | 아래: 머리 강 하류

높아졌을 것이다. 결국 1888년 퀸즐랜드 브리즈번에서 사우스오스트레일리
아 애들레이드까지 연결되는 철로가 완성되었으며, 1917년에는 웨스턴오스
트레일리아까지 철도가 연결되었다.

　이후 빅토리아와 뉴사우스웨일스 사이의 관세 분쟁은 빅토리아가 사우스

오스트레일리아로부터 올라오는 화물 중에서 빅토리아로 유입되는 화물에 대해서만 관세를 부과하는 선에서 양측이 합의를 이루었다. 하지만 이러한 합의 결과에 대해서 사우스오스트레일리아와 태즈메이니아는 불편한 감정을 드러냈고 호주 자치 정부 간 무관세 자유무역을 희망하는 영국 정부도 적잖은 우려를 표명했다. 두 거대 자치 정부 사이의 라이벌 의식으로부터 비롯된 관세 갈등은 자신의 산업을 보호하기 위한 목적이 강했다. 이후 빅토리아 정부는 뉴사우스웨일스와의 조약을 깨뜨리고 머리 강에 자체적으로 관세사무소를 설치하였고, 사우스오스트레일리아와 태즈메이니아도 잇따라 자체 보호관세를 설정하게 된다.

호주는 대륙 남부 지역과 해안에 대해 지속적인 관심을 보여 온 데 반해서 대륙 북쪽에 대한 관심은 상대적으로 낮았다. 하지만 1884년 독일 비스마르크 정권이 호주 대륙 북쪽에 위치한 뉴기니에 높은 관심을 보이면서 상황은 급박하게 돌아갔다. 독일은 북뉴기니에 대한 식민지화를 통보하였으며 뉴기니를 향해 독일 함대를 출항시켰다. 이러한 뉴스가 1884년 10월 9일 호주에 전달되었고, 1884년 12월 19일 독일은 북뉴기니를 정복하면서 라바울(Rabaul)을 근거지로 삼고 독일 식민지를 건립하였다. 영국 정부는 이에 강력하게 반대하면서 뉴기니 남쪽 지역인 파푸아(Papua) 포트 모르즈비(Port Moresby)를 수도로 영국령 뉴기니를 귀속시키게 된다.

호주 식민지 정부는 자신의 코앞에 잠재적 위협자 독일이 위치하고 있다는 사실에 분노하였다. 1888년 영국 정부는 영국령 뉴기니를 퀸즐랜드 정부에 편입시키면서 호주의 첫 식민지가 탄생하게 되었지만 호주는 아직도 영국의 보호막이 절실한 상황이었다. 이 시기에 영국 정부는 호주의 안전과 영위를 위한 연방 정부의 필요성을 강조하였고 호주 식민지들도 연방제에 대한 논의를 본격적으로 시작하게 된다.

연방의회

1883년 빅토리아 정부의 제임스 서비스(James Service) 총리는 연방 정부 구성과 헌법 제정을 위한 모임을 주도하였다. 첫 회의는 시드니에서 개최되었지만 정작 뉴사우스웨일스 정부는 연방 정부 수립에 미온적인 태도를 취하였다. 1886년 1월부터 2월까지 태즈메이니아 호바트에서 첫 호주 연방의회가 개최되었지만 뉴사우스웨일스는 불참한 가운데 빅토리아, 퀸즐랜드, 태즈메이니아, 웨스턴오스트레일리아와 더불어 뉴질랜드와 피지가 참석하였다. 뉴사우스웨일스 외에도 사우스오스트레일리아가 불참하여 회의 분위기는 그리 밝지 않았다.

첫 호주 연방의회에서 과거 스미스 오브라이언이 제안했던 연방 정부 구성을 위한 사안들이 논의되었지만, 무엇보다 이 자리에서 가장 큰 관심을 끈 주제는 태평양 군도에 관한 것이었다. 호주가 태평양 군도 지역에 대한 충분한 정보와 지식이 없는 상황에서 이 지역에 대한 영국 정부의 무관심에 가까운 태도는 불안감을 자아내기에 충분했다.

그렇다고 호주 식민지 내부 사정도 별반 나아 보이지 않았다. 가뜩이나 영국 정부와의 의사소통이 원활치 못한 상황에서 두 거대 식민지 정부인 뉴사우스웨일스와 빅토리아는 서로에 대한 라이벌 의식으로 으르렁거리기에 바빴고 나머지 식민지 정부들은 무능에 가까우리만큼 힘이 부족했다.

이러한 상황에서 조직력을 갖춘 노동자 계층과 급진 민주 세력의 목소리가 높아졌다. 이들은 호주 대륙이 처한 모든 위험을 헤치고 우리 자신의 안녕을 위해서는 연방제로의 전환이 반드시 필요하다는 점을 강조했다. 연방 정부에 대한 필요성은 비단 호주만의 문제는 아니었다. 1884년 11월 결성된 제국 연방 동맹(Imperial Federation League)에는 호주, 캐나다, 뉴질랜드, 남아프리카가 참여하고 있었다. 비록 제국 연방 동맹이 그리 오랫동안 지속되지는 못했지만, 이를 통해 점차 불안정하고 신뢰를 잃어 가는 영국의 위치를 직시하고 이를 해결할 대안이 필요하다는 공감대가 형성되고 있었다.

하지만 호주의 안보는 여전히 철저하게 영국의 지원에 달려 있었고, 1887년 영국에서 개최된 식민지회의(Colonial Conference)에서 모든 식민지 국가들은 영국 해군 운영을 위한 비용 분담에 합의하게 된다. 이미 1821년부터 영국 해군은 시드니를 모항으로 삼아 호주 해안을 경계하고 있었다. 뉴사우스웨일스, 빅토리아, 사우스오스트레일리아 등의 자치 정부도 국방비 지출을 통해 소규모이긴 하지만 자체적으로 해군력을 보유하고 있었다.

한편, 태평양을 향한 프랑스의 야심이 남아 있는 한 태평양과 인도양을 연결하는 해양 방위선의 존치는 영국 입장에서 필수적이었으며, 이를 위해 호주의 역할이 절대적으로 중요하다는 사실을 인식하고 있었다.

연방 정부의 아버지

1887년부터 뉴사우스웨일스 총리직을 맡게 된 헨리 파크스(Henry Parkes)는 이미 총리직을 네 차례나 역임하고 의회 경험도 30년이 넘는, 경륜이 풍부한 정치가이자 행정가였다. 그는 취임 직후 뉴사우스웨일스의 명칭을 '오스트레일리아(Australia)'로 변경할 것을 제안했다. 당시 'Albertia', 'Guelphland', 'Neo Cambria', 'Lagsland', 'Convictoria' 등 다양한 명칭이 심각하게 논의되고 있는 상황에서 파크스 총리의 제안은 다른 식민 정부에 의해 무시당했다. 하지만 파크스 총리는 이에 굴하지 않고 당시 뉴사우스웨일스의 캐링턴(Carrington) 총독에게 이 안을 보고하였으며, 빅토리아 총리 및 멜번 시장과의 저녁식사 자리를 빌어 그의 생각을 전하게 된다. 그의 생각은 확고했지만 여전히 반응은 신통치 않았다.

당시 식민지 정부 사이에 가장 첨예한 이슈였던 관세에 대하여 뉴사우스웨일스는 자유무역을, 나머지 정부들은 모두 보호무역주의를 주장하고 있었다. 그러자 뉴사우스웨일스는 연방의회에 불참했고, 다른 식민지 정부들은 헨리 파크스 총리가 주장한 국호 변경을 위해서는 뉴사우스웨일스가 연방 의회에 동참해야 한다고 주장했다.

헨리 파크스 총리는 1889년 11월 시드니 세인트 레오나드(St. Leonards)에서 중요한 연설을 하게 된다. 그는 자유무역이냐 보호무역이냐, 하는 문제는 호주 전체를 통합하는 연방 정부 구성이라는 원대한 사안에 비해 하찮은 문제에 불과하다는 점을 강조했다. 하지만 그는 뉴사우스웨일스 차기 선거에서 패배하면서 결국 총리직을 내려놓게 된다. 동시에 그가 꿈꿔 왔던 연방 정부 구성과 초대 연방 총리에 대한 기대는 사라지는 듯했다.

하지만, 1890년 2월 멜번에서 개최된 비공식 연방의회에 파크스는 신임 뉴사우스웨일스 총리와 함께 참석하여 분위기를 이끌었다. 연방 정부 구성에 관한 분위기가 무르익던 당시 세간의 관심이 집중된 이 자리에서 헨리 파크스의 존재감은 강력했다. 일부 반대 여론에도 불구하고 영국으로부터 독립된 새로운 호주에 대한 기대감이 점차 증폭되면서 비공식적 성격이던 연방의회는 연방 대회로 격상되었고, 곧바로 헌법 제정을 위한 작업에 들어가게 된다.

1891년 3월 각 자치 의회에서 임명된 7명, 그리고 3명의 뉴질랜드 대표단이 시드니에 모여 첫 국가회의를 가졌다. 헨리 파크스는 이 자리에서도 단연 가장 빛나는 인물로서 호주 연방 정부 창설의 초석을 다졌지만 호주 연방 정부의 공식 출범을 5년 앞두고 사망하고 말았다.

뉴사우스웰스 7대 총리 헨리 파크스 경

퀸즐랜드 9대 총리 사무엘 그리피스 경

　한편 퀸즐랜드 총리 사무엘 그리피스 경(Sir Samuel Griffith)은 연방 위원회 대부분을 주재하면서 연방헌법의 초안 작성에 절대적인 기여를 하였다. 웨일스 출신인 그는 해박한 법 지식과 탁월한 행정 능력을 겸비한 인물이었다.

　호주 연방헌법 제정에 참여한 인물들은 모두 영국에서의 의회 경험이 풍부했으며, 주 정부와 연방 정부 간 균형을 이루기 위해 다양한 외국 사례를 조사하였다. 처음에는 캐나다의 연방 조직모델이 가장 적합하다고 판단했으나, 캐나다 상원이 순전히 추천에 의해 선출된 종신직으로서 부유한 사람들만을 보호하고 있다는 단점 때문에 결국 미국의 모델을 적용하기로 결정했다. 미국 상원 의원은 주 의회에서 선출되며 임기를 제한하고 있었다. 따라서 호주 연방 정부 헌법의 초안은 영국의 입헌군주제와 의회 시스템을 따르되, 연방제는 미국식을 따르게 되었다. 스위스의 국민투표제도와, 독일식 중

앙정부통제식 산업 정책 및 노인 연금제도도 새로운 헌법에 반영되었다.

하지만 상원에 대한 의견은 극명하게 엇갈렸다. 보수주의자들과 소규모 식민지 대표들은 상원의 권한을 강화하자는 의견인 데 반해, 자유주의자들은 책임 있는 정부를 위해서 하원이 더 많은 권한을 가져야 한다고 주장했다. 결국 하원은 입법에 관한 필수 권한을 갖고 상원은 하원이 상정한 입법안에 대해 개정을 요구할 수 있게 하는 선에서 마무리되었다. 실제 지금도 호주 상원의 권한은 영국 상원처럼 제한적이지만 막강하다. 호주 상원과 하원 사이에 불일치나 충돌이 발생하면 연방 총독(Governor General)이 강력한 권한을 행사하도록 하고 있다. 결국 하원에서 다수를 차지한 정당 당수가 총리직을 맡게 되는 상황에서 상원과 하원 사이의 충돌은 총독의 개입을 초래하게 되고, 이러한 상황은 상원에게 유리하게 그리고 하원과 총리에게는 불리하게 작용한다.

연방 준비위원회가 꾸려진지 3주일 만에 연방헌법 초안이 완성되고 그리피스의 철저한 검토 작업이 이루어졌다. 물론 이후 십여 년간 수차례에 걸쳐 추가되거나 개정된 내용이 있었지만, '영국 왕실 아래 하나가 된다', '하원은 국민을 대표한다', '각 주 정부에서 같은 수의 상원 의원을 선출한다', '고등법원에서 헌법과 관련된 내용을 판결한다' 등의 기본적인 내용은 오늘날까지도 이어져 오고 있다.

캐나다 방식이 아닌 미국 방식을 따랐기 때문에 특정 권한만 연방 정부에 부여될 뿐 나머지 권한은 모두 주 정부에 있었다. 이처럼 주 정부에 많은 권한을 부여한 이유는 연방 정부 설립을 위한 헌법안의 동의를 쉽게 얻어 내기 위한 목적이었다고 볼 수 있다.

대공황

1880년대까지 호주는 더 이상 바랄 게 없을 만큼 경제적으로 호황을 누리고 있었다. 1882년에는 록햄프턴 인근 모건 산(Mount Morgan)에서 대규모 금맥이 발견되면서 매달 1톤 정도의 순금을 생산할 수 있었으며, 순금의 매장량이 소진될 무렵에는 또 다시 대규모 구리 광산이 개발되어 광산 노동자와 정부 모두 충분한 수입을 확보할 수 있었다. 가장 획기적인 개발은 뉴사우스웨일스 주 서쪽에 위치한 브로큰 힐(Broken Hill)에서 이루어졌다. 독일인 찰스 래스프(Charles Rasp)와 그 동료들은 이곳에서 대규모 주석과 아연이 매장된 것으로 판단하고 개발했는데, 그것이 고품질의 은으로 드러나면서 브로큰 힐에 투자한 주식은 단숨에 2파운드에서 400파운드로 상승하게 되었다. 많은 사람들이 브로큰 힐로 몰려들었고, 세계적인 자원 개발 회사 BHP도 이곳에 생산 공장을 설립하였다.

풍부한 광물 자원에 안정적인 양모 산업까지 더해져 1881년부터 1885년까지 런던 금융시장에서 호주 정부가 끌어들인 투자금은 3천 7백만 파운드에 달했으며 개인들 역시 이에 상당하는 투자금을 유치했다. 이후 5년간 호주로 유입된 자금은 총 1억 파운드에 달했으며 이중 절반 이상이 빅토리아 주로 흘러들어갔다. 자연스럽게 멜번이 호주 금융의 중심지로 자리 잡게 되면서 부동산 개발도 활기를 띠었다. 이런 과열 현상에 대해 경외와 경고의 목소리가 동시에 터져 나왔다. 호주의 당시 1인당 평균 채무액은 50파운드로, 캐나다의 12파운드에 비해 훨씬 높았으며 특히 퀸즐랜드의 경우에는 1인당 평균 채무액이 70파운드에 달했다. 이처럼 호주는 외국으로부터 끌어온 대외 부채가 눈덩이처럼 불어나면서 순수입만으로는 이를 감당해 내기 어려워 수출로 만회를 할 수밖에 없었다. 하지만 호주 대륙에서 경제적 활용

가치가 높은 목초지의 개발은 이미 한계점에 와 있었다. 여기에다 1884년부터 1891년 사이 양모 가격이 하락하면서 목축업자들은 불어나는 부채를 감당하기 위해 또 다른 부채를 끌어와야만 했다. 호주로의 투자액도 1888년 2천 2백만 파운드에서 1891년에는 9백만 파운드, 1897년에는 1천 5백만 파운드로 급감하였다. 광산업도 동반 침체를 겪으면서 1888년 한 해에만 구리 가격이 톤당 99파운드에서 35파운드로 하락하였다.

이렇듯 호주의 경제 상황이 악화되자 영국 투자자들도 이를 우려하기 시작했고, 설상가상으로 호주에 불어 닥친 가뭄과 노동자들의 파업 소식으로 호주 경제는 만신창이가 되어 가고 있었다. 해상 운송에 대한 의존도가 높고 양모 산업이 고도로 발전한 호주에서 가장 중요한 노동자들은 선원과 양털 깎이였다. 이들은 경제가 호황이던 시절 노동조합을 결성했으며, 웨스턴오스트레일리아를 제외한 모든 정부에서 법으로 노동조합을 보호하고 있었다. 1892년 브로큰 힐에서 발생한 광산 노동자들의 파업은 비록 실패로 끝나긴 했지만 노동당(Labor Party) 창당의 기초가 되었다. 이미 1880~90년에 발생한 퀸즐랜드 노동자 파업이 정부의 강경 진압에 의해 실패하자 노동자들은 자신의 정치적 역량 강화에 대한 필요성을 절감하고 있던 상황이었다.

한편, 호주 경제의 참혹한 상황에도 불구하고 늘 위안이 되는 것은 호주 대륙 어디든 매장되어 있는 풍부한 광물 자원이었다. 1880~90년의 어려움을 뒤로 하고 웨스턴오스트레일리아에서 또 다시 대규모 금맥이 발견되면서 호주 경제는 부활의 날개를 펴게 된다.

연방으로 가는 마지막 길목

호주 노동당 창당에 절대적으로 기여한 인물은 조지 그레이 경(Sir George Grey, 앞서 등장한 영국의 그레이 경과는 다른 인물)으로, 그는 총선을 앞둔 1891년 초 80세가 넘는 고령에도 불구하고 시드니에 모인 수많은 노동당 지지자들 앞에서 연설을 하였다. 1891년 10월 치러진 뉴사우스웨일스 의회 선거에서 노동당은 하원 141석 중 35석을 차지하면서 성공적으로 데뷔하였다. 하지만 초기 노동당은 이념이나 원칙이 미흡했으며 의회에 참석한 의원들조차 소신을 갖고 행동하기보다는 당이 시키는 일만 하고 있었다. 이러한 노동당의 미숙함은 1894년 차기 선거에서 참패하는 결과를 낳았다.

뉴사우스웨일스를 제외한 나머지 정부에서 노동당은 그리 큰 성공을 거두지 못했지만 퀸즐랜드만큼은 조금 특별했다. 식민지 간 노조 연합(Intercolonial Trades Union) 소속이던 퀸즐랜드 회원들은 호주 노동 연방(Australian Labor Federation)을 주도하면서 훗날 호주 노동당(Australian Labor Party: ALP)으로 발전하게 된다.

1897년 빅토리아 여왕 즉위 60주년 식전이 끝나고 호주 연방에 대한 논의가 재개되었지만 뉴사우스웨일스는 여전히 통합에 반대 입장을 고수했으며, 그 중심에는 조지 리드(George Reid) 총리가 있었다. 그는 조세 개혁을 포함한 정책 개혁에만 집중하면서 자신의 총리직을 보전하려고 했다. 하지만 1896년 뉴사우스웨일스 배서스트에서 연방인 대회(Federal People's Convention)가 개최되면서 연방 정부 수립에 대한 기대감이 한껏 고조되었다.

호주 연방 정부 구성에 결정적 계기가 된 것은 아시아태평양 지역에서 자행된 일본의 제국주의적 침략이었다. 일본은 중국을 침략하여 불평등 조약을 맺었으며 한국과 대만을 차례로 귀속시키면서 야심을 드러내고 있었다.

호주에게는 일본의 이러한 잠재적 위협을 효과적으로 제어하기 위해서 대영제국의 통치 하에 하나로 뭉치는 길밖에 없어 보였다.

각 자치 정부 의회의 비준을 거쳐 최종 헌법이 확정되기까지는 상당한 진통이 있었으며, 그 가운데서 의견이 분분했던 것은 주 정부(state government) 간의 권력 배분 문제였다. 각 주 정부는 연방에 참여하게 되면서 얻는 것과 잃는 것을 따져 보았고, 특히 상대적으로 인구가 적거나 경제적으로 열악한 주 정부는 연방의 그늘에 의존하려는 경향이 높았지만 권한만큼은 동등하길 원했다.

최종 확정된 연방헌법의 주요 골자는 다음과 같았다. 1) 의회 구성은 상원과 하원의 양원제로 하되, 상원은 선거를 통해 각 주마다 동일한 숫자로 선출된 사람이 정해진 기간 동안 활동하며, 하원은 선거를 통해 각 주의 인구 수에 비례하여 선출되며 입법안을 만드는 권한을 갖는다. 2) 행정은 영국 여왕에 의해 임명된 총독이 담당한다. 3) 연방 내에 연방 최고법원과 고등항소법원을 둔다.

상원과 하원의 양원제는 미국식을 따른 것이며, 상원의 숫자를 모든 주가 인구수에 상관없이 동일하게 선출하는 문제는 논란이 있었지만 결국 최종적으로 합의가 되었다. 또한, 하원선거에서 인구수가 낮은 태즈메이니아와 웨스턴오스트레일리아는 최소 5명의 하원 의석을 보장해 주기로 하였다.

새로운 헌법에서 가장 급진적인 항목은 연방의회의 권한으로, 호주 내 모든 노동 쟁의에 대한 중재와 조정을 통해 갈등을 차단하는 것이었다. 또한 노령연금, 출산장려금, 과부 연금, 육아수당, 실업수당, 의약품 서비스, 의료 및 치과 서비스, 학생 혜택, 가족수당 등 연방에 가입함으로써 누릴 수 있는 최고의 복지 혜택을 명시하고 있다. 이러한 복지제도는 영국을 포함하여 어떠한 자본주의 국가와 비교해도 뒤처지지 않을 만큼 우수한 것이었다. 그러나 누가 호주 국민으로서 자격이 있는지에 대한 합의는 이뤄지지 않았다. 호주 원주민도 당연히 국민으로서 자격이 있었지만 호주 자치 정부들은 기본적으로 비유럽인을 배제하는 방향으로 암묵적인 합의를 하였다.

연방 정부와 주 정부 사이의 재정 분담은 가장 민감한 사안이었다. 특히 연방 정부의 주요 재정 수입원을 관세로 결정한 상황에서 주 정부들은 재정권을 지키려는 의지가 강했기 때문에 연방 정부의 재정을 각 주 정부로 어떻게 배분해야 하는지가 문제였다. 결국 주 정부와 연방 정부 모두 재정적으로는 서로 독립하기로 결정하였다. 여기에 주 정부도 연방 정부 총독과 별도로 지사(Governor)를 두고 영국 정부와 직접적인 접촉을 함으로써 주 정부의 독립성을 강화했다.

1898년 3월 16일 자치 정부들은 연방 정부 수립과 관련된 모든 이슈들에 대해 합의하게 된다. 호주가 드디어 하나의 정책, 하나의 국기, 공통된 관심사를 공유하며, 지금까지 소모적으로 적용되어 오던 관세를 철폐하고 오직 대외 관세만을 적용하기로 한 것이다. 하지만, 연방헌법 초안에 대해 모든 자치 정부가 합의한 것은 아니었다. 퀸즐랜드와 웨스턴오스트레일리아는 동참하지 않았으며 뉴사우스웨일스의 두 사람도 연방 정부 안에 합의하지 않았다. 바로 조지 리드 총리와 그의 후임자 린(W. J. Lyne) 총리였다. 호주 연방 정부의 탄생을 위해서 웨스턴오스트레일리아가 불참하는 것은 그리 큰 문제가 되지 않을 수 있지만, 뉴사우스웨일스가 없으면 불가능한 일이었다.

뉴사우스웨일스는 왜 합의에 이토록 비협조적이었을까? 그 이유는 두 가지로 요약될 수 있다. 첫 번째, 뉴사우스웨일스는 자신들에 비해 인구수가 10분의 1도 안 되는 태즈메이니아와 똑같은 수의 상원의원을 선출한다는 것이 못마땅했다. 두 번째로 뉴사우스웨일스는 애초에 호주 전체를 통칭하는 지역으로서 연방 정부의 수도는 당연히 시드니로 결정되어야 한다고 보았다. 하지만 상원을 인구수에 비례하여 선출하다 보면 비민주적인 의사결정이 이루어질 수도 있었다. 새롭게 고안된 연방헌법 초안에도 상원은 하원이 제출한 입법안을 다시 되돌려 보내거나 정부에 변경안을 제시할 수 있는 권한이 주어진다. 또한, 결정적으로 상원 임기는 6년인 데 반해 하원 임기는 3년에 그친다. 따라서 상원과 관련된 문제에는 신중한 접근이 필요했으며, 결국 주별로 동일한 상원 숫자를 그대로 유지한 채 연방헌법안에 모두 합의하였다.

1899년 이어진 합의 사항 중 중요한 것은 연방 정부 수도의 결정과 헌법 개정에 관한 사항이었다. 논리적으로 연방 정부 수도는 뉴사우스웨일스 내에 위치하는 것이 맞지만, 시드니나 그 인근이 되어서는 안 된다는 데 합의했다. 그때까지 임시 수도는 멜번으로 정해졌다. 또한, 헌법 개정이 이루어지기 위해서는 상원의 권한을 제한하되 과반수 주와 과반수 인구가 찬성해야 한다는 조건이 붙게 된다.

어느덧 어려운 문제에서도 합의가 이루어졌지만 여전히 퀸즐랜드와 웨스턴오스트레일리아는 연방 정부에 동참할지 여부를 결정하는 국민투표조차 실시하지 못하고 있었다. 퀸즐랜드의 휴 넬슨(Hugh Nelson) 총리는 목장 지주 출신으로, 부총리인 호레이스 토저(Horace Tozer)와 함께 퀸즐랜드 주에서만큼은 유색인종, 특히 지리적으로 가까운 멜라네시아 인의 고용을 수용해 줄 것을 강력하게 요청했다. 1898년 후임 제임스 딕슨(James Dickson) 총리가 들어선 퀸즐랜드는 1899년 연방 참여에 관한 두 번째 국민투표를 실시함으로써 최종적으로 참여를 결정하게 된다. 웨스턴오스트레일리아도 자치의회와의 갈등으로 어려움을 겪기도 했지만 결국 참여를 결정하였다.

마침내 호주 연방 정부가 구성되었지만 호주의 국가 정체성에 관한 문제는 여전한 골칫거리였다. 단순히 태평양으로 옮겨진 또 하나의 영국이라는 인식은 떨쳐 낼 수가 없었던 것이다. 법적으로 호주 헌법은 영국 의회의 승인을 거쳐야 했기 때문에 호주 대표자는 런던으로 건너가 호주 헌법이 통과될 수 있도록 식민관리부처와 영국 의회를 설득해야만 했다. 한편 연방 통합 논의에는 참여했지만 현실적으로 참여가 힘든 뉴질랜드는 자의 반 타의 반 호주 연방에서 제외됐다.

새롭게 제안된 호주 연방헌법에 대하여 영국 정부는 다음과 같이 제안하였다. '연방헌법에 따라 호주 연방 정부 또는 주 정부의 권리와 관련된 것은 호주 고등법원이 최종 판결을 내리되 이를 제외한 나머지 사안에 대해서는 영국 추밀원이 호주 고등법원에게 상소를 요청할 수 있다.'. 이는 호주 헌법의 취지와도 맞지 않았기 때문에 호주 고등법원으로부터 지탄을 받았지만 결국 수용되고 만다.

전쟁과 영연방 호주

1899년 10월 아프리카의 영국식민지가 트란스발(Transvaal) 주와 오렌지 자유주(Orange Free State)로부터 공격을 받자, 영국은 보어전쟁을 일으키면서 뉴사우스웨일스와 빅토리아에 자발적인 참전을 요청하였다. 당시 호주 전체 정규 병력은 1,500명에 불과할 만큼 열악했음에도 불구하고 자원병까지 합쳐 총 15,000명이 식민지 연합군으로 참전하여 3년간 싸웠다. 호주 연방 군대가 어머니 나라를 위해 싸운 첫 번째 참전이었지만 희생도 컸다. 600명이 전사했고 600명이 질병으로 사망했다. 이들 대부분은 훌륭한 기마병이었으며 전쟁 후 5명이 빅토리아 십자훈장을 받게 된다.

아프리카 전쟁에서 영국을 도운 호주는 1901년 1월 1일 빅토리아 여왕의

축하 속에 드디어 영연방 호주의 공식적인 출범을 알렸다. 모든 호주의 식민지(colonies)는 주(states)로 바뀌게 되었지만, 고유 행정과 주지사(Governor) 직은 그대로 유지하였다.

연방 설립에 반대 입장을 고수했던 뉴사우스웨일스의 시드니에서도 성대한 퍼레이드가 펼쳐졌으며, 린 총리 역시 흥에 겨운 업무를 시작했다. 아프리카 보어전쟁에서 혁혁한 공을 세운 호주 연방에 대한 영국 여왕의 관심 역시 높았으며, 여왕은 영국 의장대와 영국 근위대 그리고 기병대로 하여금 영국을 대표하여 퍼레이드에 참여하도록 명령하였다. 첫 호주 총독(Governor General)의 선서식은 시드니 센테니얼 공원(Centennial Park)에서 성대한 연주와 20만 명의 인파 속에 거행되었다. 연방 정부 출범식에서는 전례 없는 일이 발생하게 되는데, 뉴사우스웨일스 수상은 전통적으로 로마 가톨릭 추기경을 영국 성공회 대주교보다 높은 자리에 배석시키는 관례를 깨고 영국 성공회 대주교를 더 높은 위치에 배치했고, 이 사실을 안 추기경은 공식 환영식에 참석하지 않았다. 원주민 대표로 아치볼드 메스톤(Archibald Meston)도 공식 행사에 초대를 받았는데, 그는 퀸즐랜드 원주민 보호 시스템을 만든 장본인이었지만 새로운 호주 연방사회의 일원으로서 초대받았다기보다는 인류학적 궁금증 때문이었다고 보는 편이 맞을 것이다.

첫 연방 정부는 헌법에 따라 법무장관, 국방장관, 외무장관, 내무장관, 체신장관, 무역 및 관세장관, 재무장관 등 일곱 명의 각료와 총리(Prime Minister)를 두고 있었으며, 첫 번째 총선은 1901년 3월에 실시됐다. 하지만 연방 출범 초기 잦은 행정부 교체로 정국이 매우 혼란스러웠으며 보호무역주의자, 자유무역주의자, 그리고 노동조합의 이권을 대변하는 노동당의 3파전으로 정치적 지형이 형성되었다.

호주의 정치·사회 정책은 다른 어떤 민주국가보다도 앞선 것이었다. 가

호주 연방 초대 총독 홉튼 경

호주 연방 초대 총리 에드먼드 바튼 경

령, 선거구 확정을 위한 선거 위원회를 영국보다 앞서 운영하기 시작했으며, 의회 의원에게 급여를 지급하는 것은 영국보다 10년 앞서 시행되었다. 무엇보다 가장 중요한 것은 성인 여성에게 전면적으로 투표권을 부여한 것으로, 영국에서는 수많은 논란 끝에 1928년이 되어서야 도입된 정책이었다. 이 모든 획기적인 정책들은 별다른 저항 없이 첫 연방 정부부터 시행되었으며 그 중심에는 에드먼드 바튼(Edmund Barton) 연방 초대 총리가 있었다.

1901년 1월 22일 해가 지지 않는 대영제국을 이끌었던 빅토리아 여왕이 81세를 일기로 사망하면서 호주 전체는 깊은 애도에 빠졌다. 그 와중에도 영국 정부는 호주의 독립적인 외교에 반대 입장을 분명히 밝히면서 호주는 완전한 주권국가로서의 발걸음이 주춤하게 된다.

호주 연방 정부 홉튼(Lord Hopetoun) 초대 총독은 호주에서의 정치 경험

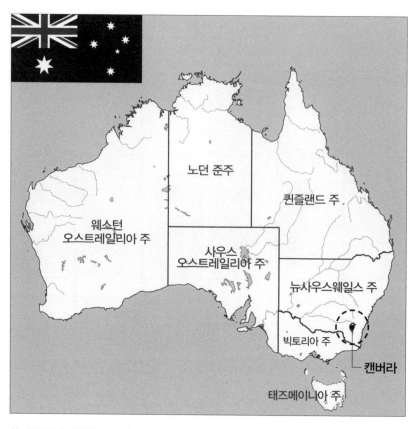

위: 호주 국기. 영국을 상징하는 유니언 잭, 그 아래 행정 지역을 상징하는 7꼭지별, 우측에 남십자성이 들어가 있다 | 아래: 호주 공식 수도 캔버라의 위치

(1889~95 빅토리아 주지사)이 풍부했음에도 불구하고, 연방 총리 자리에 연방 정부 구성 반대 입장을 밝힌 바 있는 뉴사우스웨일스 총리 출신 린을 임명할 뻔했으며 이후에도 자신의 임무에 비해 보수가 낮다며 불평하는 등 연방 정부 초기 안정화에는 크게 기여하지 못했다. 그는 1902년 5월 건강 문제로 연방 총독직을 사퇴했으며 1908년 생을 마감하였다.

1927년 캔버라에서 거행된 국회의사당 개관식

　연방 출범 이후 12년 동안 홉튼 경을 포함해 다섯 명의 연방 총독이 있었지만 모두 인상적인 모습은 보여 주지 못했다. 이에 반해 에드먼드 바튼 초대 총리는 중도 성향의 보수주의자로서 호주 정치를 안정화시켜 나갔으며 모든 성인에 투표권 부여, 백호주의 주창, 대외 관세장벽 유지, 내부 자유무역, 연방은행(Commonwealth Bank) 설립, 웨스턴오스트레일리아로 연결되는 철로 설치, 노령연금 등과 같은 굵직한 정책을 펼쳤다.

　초기 연방 정부가 결정해야 할 사안 중에는 새로운 연방 정부 깃발과 수도를 결정하는 것이 포함됐다. 연방 정부 깃발은 공모를 거쳐 결정되었는데,

영국을 상징하는 유니언 잭과 그 아래에 연방을 상징하는 큰 별이 그려졌고 깃발 오른쪽에는 남십자성이 들어갔다. 하지만 연방 수도를 결정하는 일은 여전히 간단치가 않았다. 일단 뉴사우스웨일스 내에 위치하되 시드니 반경 100마일(약 160km) 이상 벗어나야 한다는 기본 조건에는 합의가 이루어진 상황에서 최종 후보지 결정까지는 9년이란 세월이 흘렀다. 처음에는 시드니에서 350마일(약 563km)이나 떨어진 뉴잉글랜드 아미데일(Armidale)이 거론됐지만, 뉴사우스웨일스는 시드니로부터의 거리 문제로 반대하였다. 빅토리아 역시 멜번으로부터 너무 먼 도시는 불가능하다는 입장을 고수했다. 드디어 1909년 10월 시드니에서 150마일(약 241km) 떨어진 구릉지로 둘러싸인 조지 호수(Lake George) 남쪽에 수도를 새로 건설하기로 최종 결정했다. 이에 뉴사우스웨일스 주 정부는 1,000평방마일(약 1,600km²)에 달하는 연방 정부 부지를 제공하였으며 이곳을 호주 수도 준주(Australian Capital Territory) 겸 공식 국가 수도 캔버라로 확정하고 1912년부터 건설에 들어갔다. 1927년 5월 캔버라로 수도를 이전하기 전까지 멜번은 임시수도로서의 역할을 하게 되었다.

노동자의 천국

호주 연방 정부 초기 가장 첨예하게 대립했던 이슈는 보호무역주의와 자유무역주의였다. 호주는 저렴한 수입품으로부터 자국 산업이 보호받기를 원한 반면, 자국에서 생산된 천연자원은 아무런 장벽 없이 해외로 수출되기를 원하는 매우 이기적인 무역정책을 펼쳤다. 연방의회도 상반된 주장을 펼치는 양측 진영, 즉 조지 리드가 주도하는 자유무역주의와 알프레드 디킨

(Alfred Deakin)이 이끄는 보호무역주의자들로 나뉘었다. 영국 정부는 자신들도 자유무역주의를 따르고 있었기 때문에 호주도 관세를 적용하지 않기를 기대하고 있었다. 하지만 호주는 자국 산업을 보호할 필요가 있다고 판단했으며, 연방 정부도 대외 관세를 통해서 재정 수입을 충당해야 하는 상황에서 식민지 간 무역보다는 관세를 부과하는 대외 무역에 더욱 신경을 쓸 수밖에 없는 상황이었다.

초대 총리와 2대 총리를 지낸 바튼과 디킨은 이 같은 보호무역 정책을 고수했다. 단 예외적으로 영국으로부터 들여오는 수입품에 대해서는 낮은 관세를 적용했다. 하지만 호주의 관세정책 사안은 그리 쉽사리 합의되지 않았다. 노동자들 사이에서 관세정책에 대한 의견이 엇갈렸을 뿐만 아니라 대부분이 자유무역주의자로 구성된 상원에서조차도 의견이 분분했다. 그러던 1902년 9월 첫 번째 연방의회 회기를 며칠 앞두고, 연방 정부의 지출을 충당할 수 있는 재정 수입이 부족하다는 명분이 강하게 작용하면서 결국 주 정부 사이의 관세는 철폐하되 대외 관세를 유지하기로 합의하게 된다.

이보다 앞선 1901년 12월에는 이민 제한 법안(Immigration Restriction Act)이 최초로 의회를 통과하면서 백호주의의 공식적인 시작을 알리게 된다. 당시 디킨처럼 인종차별주의와는 거리가 멀었던 정치인조차도 호주는 다른 인종과 섞이지 말고 백인만이 거주해야 한다는 주장을 펼쳤다. 호주 내 유색인종에게는 매우 슬픈 순간이었다. 어찌 보면 호주의 인종차별 문제는 1880년대 반중국인 법령(anti-Chinese Legislation)이 만들어지면서 이미 불거지기 시작했다고 할 수 있다. 이민 제한법이 공식화되면서 호주는 완전한 백인들의 세상이 되었으며 이미 호주로 들어와 정착했던 유색인종들은 다시 본국으로 돌아갈 수밖에 없었다. 비록 지금은 백호주의가 호주 역사에 큰 오점을 남긴 가장 실망스러운 정책으로 기억되고 있지만 당시 백인사회에서는

호주 연방 2대, 4대, 6대 총리, 알프레드 디킨

매우 합리적인 정책으로 인식되었다. 그들은 백인이 다른 인종에 비해 가장 진화된 최고의 위치를 차지하고 있다고 믿었으며, 다른 인종은 그 어떤 훈련과 순화에도 백인처럼 될 수는 없다는 생각을 하고 있었다. 또한, 호주 백인 노동자들은 당시 세계에서 가장 높은 임금 수준을 누리고 있었기 때문에, 저렴한 임금의 유색인 노동자들이 호주로 유입된다면 자신의 유토피아적 노동 조건을 망칠지도 모른다는 우려감 때문에 백호주의는 백인 노동자들에게도 인기 있는 정책일 수밖에 없었다.

한편 2대, 4대, 6대 연방 총리를 역임한 디킨 총리는 호주를 한 단계 업그레이드시킨 인물이다. 그의 4대 총리 임기 중에는 대륙 관통 철도 건설, 남극 탐험, 노령연금, 국방체계 설립 등을 실행했으며, 그 무엇보다 중요한 성과는 '새로운 보호주의(New Protection)'의 도입이었다. 즉 대외 관세를 통해서 인위적으로 국내 산업과 노동자를 보호하는 한편 연방 정부의 재정 수입도 확충하는 것이었다. 또한, 연방헌법에 따라 연방조정중재법원(Common-wealth Court of Conciliation and Arbitration)이 설립되면서 산업 분쟁에 대해 연방 정부의 개입이 가능해졌다. 이어서 국내 물품세를 도입함으로써 연방 재정을 확충하되 노동자들에게 합리적인 임금이 지급되는 경우에는 징수한 세금을 되돌려 주는 제도를 도입하였다. 호주 노동자들은 이미 하루 8시간 노동시간이 보장되어 있던 가운데 외부 노동자들과의 경쟁으로부터도 보호받으면서 세계 최고의 임금 수준과 이상적인 노동 환경을 갖추게 되었다. 하지만 여성 노동자들만큼은 최저임금 수준이 정해지지 않았기 때문에 열악한 근로조건에 놓인 경우가 많았다.

자유민주주의 정책

연방 정부 초기의 주요 이슈 중 하나가 여성 참정권이었다. 1902년 4월 연방의회에서 여성 참정권이 본격적으로 논의되기 시작하였다. 사우스오스트레일리아는 1894년부터, 그리고 웨스턴오스트레일리아는 1898년부터 이미 성인 여성의 투표권을 인정하고 있었기 때문에 연방 정부에게는 그리 낯설지 않은 정책이기도 했다. 주 의회 선거에 참여할 권리가 있는 사람이라면 연방의회 선거에도 참여할 권리가 있다는 원리가 적용되면서 여성 참정권은 별다른 반대 의견 없이 양원 모두를 통과했다. 세계적으로 뉴질랜드에 이어 여성 참정권을 승인한 두 번째 국가가 된 것이다. 아울러 1902년 세계에서 첫 번째로 여성도 의회 구성원에 선출될 수 있도록 승인하였다. 그러나 첫 여성 의회 구성원이 1921년 웨스턴오스트레일리아 주 정부에서 하원의원으로 선출된 에디스 코완(Edith Cowan)이었을 정도로 초기 연방 정부에서의 여성들의 정치 참여는 활발하지 않았다.

여러 혁신적인 정책에도 불구하고 원주민을 비롯한 유색인종에게만큼은 동등한 기회가 주어지지 않았다. 연방 상원의 경우에는 원주민에 대한 참정권을 수용할 의사가 분명했지만 하원은 생각이 달랐다. 연방 하원은 1902년 연방 선거 법안(Commonwealth Franchise Bill)을 통해서 호주 내 뉴질랜드 인을 제외한 순수 원주민, 아프리카 인, 태평양군도인 등은 투표권이 없으며, 단지 헌법 41조에 의해 주 의회 선거권이 있는 사람에게는 연방의회 선거권도 있음을 밝혔다. 이러한 법안 내용에 따라 뉴사우스웨일스, 빅토리아, 사우스오스트레일리아, 태즈메이니아에 거주하는 소수 원주민 남녀에게는 선거권이 주어졌지만 대규모 원주민 집단이 거주하는 웨스턴오스트레일리아와 퀸즐랜드에서는 원주민 선거권이 없었다. 호주 연방 정부에 의해 의도적으로 선거권을 박탈당한 원주민 중 일부는 다시 연방 선거권을 부여받기도 했지만, 이들 대부분은 혼혈인이었으며 원주민 권리를 주장하기 위한 연합이나 정치적 움직임은 전혀 나타나지 않았다.

연방 정부의 초기 정책 기조는 디킨-왓슨(Deakin-Watson) 두 총리에 의해 완성됐다. 이들은 연방 정부 정책을 세 가지 관점에 맞춰 이끌어 갔다. 첫째, 노사문제에 있어서 연방 정부가 직접적으로 개입하되 노사 양측 모두를 보호한다. 둘째, 수입관세를 부과함으로써 호주의 산업을 보호한다. 셋째, 백호주의 정책을 통해서 백인 노동자들을 보호한다. 이 같은 인위적 보호주의와 백호주의는 궁극적으로 호주 자신의 경쟁력을 약화시킬 뿐만 아니라 국제사회로부터도 격리되는 악순환을 야기하였다. 결국 호주는 1966년 해럴드 홀트(Harold Holt)가 이끄는 자유당 정권에 의해 백호주의를 공식적으로 포기하게 되지만, 보호무역주의는 1991년 밥 호크(Bob Hawke)의 노동당 정부에 의해 되살아났다. 호주가 이처럼 보호무역주의를 지속적으로 유지할 수 있었던 배경에는 영국과의 탄탄한 관계와 무역 거래가 있었다. 하지만 1973년 영국이 유럽경제공동체(European Economic Community)에 가입하면서 기존의 관계는 상당히 훼손되었다.

안보 외교

러시아와 일본의 급격한 현대화와 호전적인 움직임은 급기야 1905년 양국의 충돌로 이어졌으며, 일본은 러일전쟁의 승리로 더욱 막강한 군사력을 과시하게 된다. 한편, 영국과 일본은 1902년 1월 영일동맹(Anglo-Japanese Alliance)을 체결함으로써 상호 신뢰관계를 구축하였다. 영국이 일본과 신뢰관계를 구축한 것에 대해서 호주 정부도 환영의 입장을 표명했으며 이듬해에는 일본 함대가 호주 항구를 방문하기도 했다. 하지만 호주의 대외 관계가 싹을 틔우기 시작하면서, 태평양 연안에서 호주가 역동성을 발휘하기 위해서는 영국을 통한 외교 관계로는 분명한 한계가 있었고 호주의 독자적인 외교 채널 구축이 절실했다. 이에 디킨 총리는 영국을 거치지 않고 미국과 직접적인 외교 채널을 만들기도 했다. 그럼에도 여전히 호주의 공식적인 외교라 함은 영국 식민지 부서를 통하거나 연방 총독을 통해 영국 정부와 교신하는 것을 의미했다.

한편, 러시아를 물리친 일본은 이제 아시아태평양 지역에서 유일한 강대국이자 호주에게는 잠재적인 위협 대상으로 등장하였다. 이때부터 호주는 이른바 황화(黃禍, Yellow Peril)에 대해 언급하기 시작했으며, 그 대응을 위해 미국과의 공조는 물론 자체 국방력을 키워야 할 필요성이 제기되었다. 연방 정부 수립 시기에 호주가 보유한 해상 전력은 몇 척의 낡은 순양함과 경비정이 전부일 만큼, 호주의 안보는 영국 해군에 전적으로 의존할 수밖에 없었다. 매 5년마다 영국에서 개최된 제국회의에서 호주는 늘 자주 국방 문제를 제기했지만 그리 큰 소득은 거두지 못했다. 그러나 디킨 총리의 끈질긴 설득과 영국 정부의 판단으로 영국은 새로운 태평양 함대를 창설하기로 결정하였다. 완전히 새로운 면모를 갖춘 태평양 함대는 세 개의 소함대로 구성되었으며, 각 소함대는 순양함 1척, 순양함정 3척, 구축함 6척, 잠수함 3척으로 구성되었다. 소함대 중에서 호주의 재정적 지원을 받은 한 개 함대가 호주 해군으로 충원되면서 1911년 10월 패러매타(Parramatta), 야라(Yarra), 와레고(Warrego) 등 3척의 순양함정이 호주에 도착하게 된다. 호주 해군(Royal Australian Navy)이 공식적으로 출범하게 된 것이다.

육군에 대한 필요성도 제기되면서 8만 명 규모의 정규군을 선발하여 25세까지 강제 훈련을 실시하는 방안이 검토되었다. 앤드류 피셔(Andrew Fisher) 정부는 이를 곧바로 실행에 옮겨 1911년 1월 법령안을 통해 일부 예외를 제외한 호주 내 모든 12세 소년은 연방 정부 명부에 등록하고 25세가 되는 해까지 시간제 군사훈련을 받도록 의무화하였다. 매우 강압적이면서 비민주적인 제도였지만 호주 국민 모두 이를 스스럼없이 받아들였다. 1911년 한 해에만 155,000명이 등록을 마쳤으며 92,000명이 훈련에 참여하였고 매년 2만 명 정도가 추가되었다.

호주의 이 같은 징병제도는 다른 국가에 비해 획기적인 것이었지만 그만큼 세계 정세가 불안정해지고 있다는 것을 반증하는 것이기도 했다. 제1차 세계대전이 발발할 당시 호주는 더 이상 식민지가 아니었다. 전체 인구도 4,900,000명을 기록했으며, 이 중 절반이 이민자였고 그들 대부분은 영국으로부터 보조 이민을 온 사람들이었다. 하지만 이민자 중에는 기술이 부족한 사람들이 많았으며, 가뜩이나 인위적인 보호로 국제경쟁력을 상실한 호주 산업에 불필요한 잉여 노동력이 되어 사회복지 혜택만 고스란히 챙기는 경우가 많았다. 이들은 무상으로 학교에 다니거나 기초생활비를 받고 무료로 여행을 하고 무료로 정착할 수 있는 무한 복지 혜택을 누렸다.

제8장
1차 세계대전과 평화

소국가의 자유

20세기 초 호주 정치인들은 영국의 식민지라는 인식의 한계 때문에 국제
사회에서 크게 두각을 나타내지 못했다. 그나마 호주 정치사에서 가장 두각
을 나타낸 인물은 빌리 휴즈(William Morris "Billy" Hughes)였다. 그는 20세가
되던 1884년 퀸즐랜드로 이민을 왔으며 1894년 노동당 소속의 뉴사우스웨
일스 주 하원의원으로 정치에 입문했다. 이후 1952년 정계를 은퇴할 때까지
당적을 옮기면서 네 차례에 걸쳐 연방 총리를 역임하게 된다. 작은 체구, 갈
라진 목소리, 만성 소화불량에 귀머거리에 가까운 불리한 신체 조건에도 불
구하고 그는 강한 개성과 리더십으로 대영제국주의를 옹호하면서 영국이
참전하는 전쟁에 적극적으로 동참했다.

짧은 학력에도 불구하고 그는 시드니 법무관을 거쳐 호주 노동당이 집권하던 해에 법무부 장관으로 임명된다. 그러나 당시 호주 여론은 노동당이 주장하는 국방 지출 확대와 강제 군사훈련에 반대하고 있었으며, 1913년 총선에서 노동당은 간발의 차이로 조셉 쿡(Joseph Cook)의 자유당에 패하게 된다. 하지만 자유당이 국정을 제대로 이끌지 못하면서 집권 1년도 안 되어서 연방 총독의 결정에 따라 의회가 해산되고 1914년 9월 또 다시 총선이 치러졌다. 결국 앤드류 피셔가 이끄는 노동당이 재집권하면서 호주는 영국이 참전하는 1차 세계대전에 동참할 것을 선언하였다. 그러나 노동당 내에서조차 제국주의 전쟁의 희생양이 될 수 없다는 반대 여론이 거세지자, 피셔 총리는 영국의 징병 요청을 거부한 채 국내 복무를 위한 징병제도를 실시하였다. 하지만 전쟁의 소용돌이에 빠진 어머니 나라 영국의 요청을 거부했다는 부담감과 건상상의 문제가 겹치면서 1915년 피셔 총리는 빌리 휴즈에게 총리 자리를 내주게 된다. 휴즈 총리는 어떤 희생을 치르더라도 전쟁에서 반드시 승리해야 함을 강조하면서 전쟁 준비에 돌입하게 된다. 당시 호주 이민자 중 영국 출신자가 절대 다수였던 상황에서 영국의 전쟁은 곧 호주의 참전을 의미했으며, 어찌 보면 호주의 참전은 호주의 안위를 위한 당연한 선택이기도 했다.

당시 유럽에서 발생한 1차 세계대전이 태평양 지역으로까지 확대될 이유는 없어 보였다. 영국은 프랑스, 러시아, 그리고 일본과 조약을 맺은 상태였으며 미국과는 우호적인 관계를 유지하고 있었기 때문에 호주가 태평양 지역에서 우려할 만한 유일한 대상은 독일이었다. 하지만 당시 독일 해군 전력은 유럽과 대서양 전선에 집중되어 있었기 때문에 호주로서는 걱정할 일이 없어 보였다. 오히려 이것이 호주에게 태평양 지역의 독일 식민지에 대한 공격의 계기가 되었다. 1914년 호주는 독일이 유럽 전선에 치중하는 사이, 라

1914년 독일령 뉴기니에 진입하는 호주 함대

바울을 포함한 독일령 뉴기니(German New Guinea)를 점령하였으며, 동시에 뉴질랜드는 독일령 사모아(German Samoa)를 점령하였다. 결국 호주가 1차 세계대전에서 첫 전쟁을 치른 곳은 유럽 전선이 아니라 태평양이었던 셈이다. 독일령 뉴기니를 점령하면서 호주군 측에서는 단 여섯 명의 전사자만 발생했을 만큼 무난한 전투였다. 하지만 캐롤라인(Caroline), 마리아나(Mariana), 마셜(Marshall) 군도와 같이 적도 이북에 위치한 독일령 섬들은 호주군이 점령했음에도 불구하고 영국과 비밀조약을 맺은 일본의 손아귀에 넘어가게 된다.

한편, 유럽 전선에 투입된 호주군은 대부분 전쟁 경험이 없었기 때문에 이전 아프리카 보어전쟁과 인도전쟁을 통해 경험을 축적한 장교들의 지휘 하에 전쟁을 치러야 했다. 긴급하게 소집된 2만 명에 달하는 첫 호주-뉴질랜드 연합군(Australian and New Zealand Army Corps, 일명 ANZAC)은 6주를 항해한 끝에 1914년 10월 일본 전함을 비롯한 호위 함대의 지원을 받으며 이집트 수에즈에 도착하였다. 호주군이 투입된 서부전선의 상황은 그리 녹록지 않았다.

유럽 전선에서 독일 및 오스트리아와 연합한 터키군은 수에즈 운하에 대한 공격을 감행했지만 실패하고 만다. 이에 영국 정부는 터키의 진로를 차단할 목적으로 다르다넬스(Dardanelles) 해협으로 상륙해 들어갈 계획을 세우게 된다. 당시 독일 육군의 지원으로 요새화된 다르다넬스 해협을 돌파하기 위해서는 우선 해군 함정의 함포 사격으로 요새를 제압한 후 연합 육군이 갈리폴리(Gallipoli) 해변에 상륙하여 이스탄불까지 진격해야 했다. 하지만 강력한 내부 반대에 부딪히면서 영국 해군은 단독으로 작전을 수행하게 되었고 결국 상당한 피해만 입은 채 물러나고 말았다.

영국 함대의 함포 사격 지원도 원활치 않은 상황에서 호주 제3여단이 이끄는 선발대가 1915년 4월 25일 첫 번째 상륙작전을 개시하게 된다. 전투 경험이 부족했던 호주-뉴질랜드 연합군은 강력한 터키군의 저항을 받으며 해변에서 그리 멀리 전진하지 못한 채 발이 묶이게 된다. 육군의 상륙 후 터키 내륙으로 진격함으로써 수에즈 운하와 인도를 연결하는 전선을 확보하고 러시아의 진격도 도울 수 있을 것이란 판단은 이론상으로는 전혀 문제가 없어 보였다. 하지만 전술적으로는 매우 서투른 작전이었다. 터키군 10만여 명이 이미 해변가에 요새를 구축하고 연합군의 상륙을 기다리고 있었던 것이다. 영국 육군은 해안에 첫발을 디딘 뒤에야 이 지역이 대규모 병력이 상륙하기에는 불리한 지형임을 깨달았다. 상륙한 영국군은 해안의 폭이 워낙 좁아서 그 자리에 머문 채 고지대에 위치한 터키군의 대포와 기관총에 속수무책으로 당했다.

갈리폴리에서 전투 대기 중인 호주군

보급도 원활치 않아 물조차도 현지에서 보급받지 못하고 멀리 이집트 알렉산드리아에서 실어오는 물탱크에 의지해야만 했다. 이런 처참한 상황에서 연합군은 끊임없이 추가 병력을 투입하였으며 터키군 역시 피해가 만만치 않았다. 몇 달간 지속된 소모전 끝에 1916년 1월 영국 연합군은 작전 실패를 인정하고 퇴각을 결정하게 된다. 총 8개월을 넘게 끈 이 전투로 호주-뉴질랜드 연합군, 영국군, 프랑스군, 캐나다군, 인도군까지 투입된 총 57만 명 가운데 30만 명이 전사 또는 부상을 당했으며, 터키군 역시 15만 명 이상의 사상자가 발생했다. 역사상 최악의 전투 중 하나로 평가받는 갈리폴리 전투에서 전사한 호주군은 8,141명에 이르며, 이들이 전투에서 보여 준 용맹은 이후 서부전선에서 벌어질 대전투의 좋은 밑거름이 되었음은 물론이고 영국에 대한 호주의 강한 유대감과 함께 독립국가로서의 모습을 보여 준 계기가 되었다.

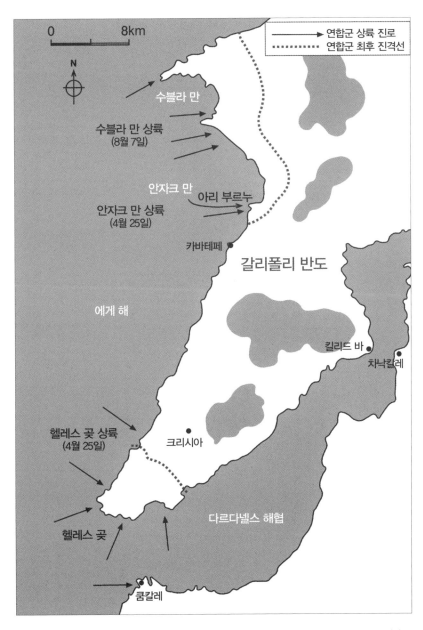

0   8km

N

연합군 상륙 진로
연합군 최후 진격선

수블라 만

수블라 만 상륙
(8월 7일)

안자크 만
안자크 만 상륙
(4월 25일)

아리 부르누

카바테페

갈리폴리 반도

에게 해

킬리드 바

차낙칼레

헬레스 곶 상륙
(4월 25일)

크리시아

헬레스 곶

다르다넬스 해협

쿰칼레

갈리폴리 전투 배치도. 호주-뉴질랜드연합군(ANZAC)은 1915년 4월 25일 상륙 공격을 시작했다.

갈리폴리에서 터키군과 전투 중인 호주군

 갈리폴리에서 커다란 전투 경험을 쌓은 호주제국군(Australian Imperial Force)은 1916년 4월 이집트에서 프랑스로 이동하여 또 다시 참혹한 전투를 겪게 된다. 갈리폴리 전투에서 재래식 기마 전술이 주로 사용됐다면, 프랑스 전투에서는 화학전과 공중전이 벌어지고 모든 군대가 기계화 무기로 중무장한 채 기관총이 줄지어 설치되는 근대화전 양상으로 전개되었다. 벙커나 참호 속에 매복하는 것이 일반적이었으며 호주군도 1916년 7월 솜(Somme) 전투를 통해 충분히 이러한 경험을 쌓았던 터였다. 하지만 전투는 상상을 초월할 만큼 더욱 참혹했다. 참호는 전사한 군인들의 시체로 가득 찼고 포탄을 맞아 군인들의 몸이 산산조각나기도 했다. 적진으로 한 걸음씩 전진하기 위해서는 수많은 희생이 뒤따라야 했다. 호주군 2개 사단은 단단하게 요새화된 포지에르(Pozières)를 점령한 공로로 두 명이 빅토리아 십자훈장(Victoria

참호에 대기 중인 호주군

Crosses)을 수여받았지만 전투를 치르는 45일 동안 23,000명이 목숨을 잃어야 했다. 프랑스 전선의 참혹함이 본국으로 전해지면서 호주 국민도 동요하기 시작했고 전쟁 자원병도 눈에 띄게 줄어들었다.

차츰 유럽 대륙에서 벌어지는 전쟁에 참전하는 명분도 그 효력을 잃어 가고 있었다. 하지만 태평양 지역의 방위에 대해서는 호주 국민들 모두 분명한 공감대를 형성하고 있었으며, 특히 일본이 적도 위쪽에 위치한 섬들을 차지한 것에 대한 불만과 동요가 일기 시작했다. 영국은 자신들이 벌이고 있는

화학가스 공격을 대비해 마스크를 착용한 호주군, 1917년 9월 27일

전쟁에서 호주에 비해 일본이 더 쓸모가 있다고 판단하고 있었으며, 일본은 영국과 맺은 조약에 따라 자신들에게 주어진 영토를 고수하겠다는 입장을 분명히 했다.

한편, 휴즈 총리는 1916년 6월 영국 하원에 출석해 영국의 무역에 독일이 더 이상 개입되어서는 안 되며 전쟁이 끝나고 몇 년 동안 연합국은 독일과의 무역을 전면 중단할 것을 촉구했다. 휴즈 총리의 이 같은 발언은 프랑스로부터 열렬한 지지를 받은 반면 독일로부터 신랄한 비판을 받게 된다. 그의 발언은 호주가 더 이상 신생국가가 아니라 자주적 관심과 이를 추구할 권리 및 역량이 있음을 만방에 고한 것이었다.

영국에서 인상적인 연설을 남기고 1916년 7월 호주로 돌아온 휴즈 총리는 자원병의 수가 줄어들고 있음을 알게 된다. 당시 뉴질랜드는 유럽 전선에 투입할 병력을 강제징집하고 있었으며 캐나다도 1917년부터 강제징집에 들어가기로 확정한 상태였다. 그러나 호주는 인구가 채 5백만 명이 안 되는 상황에서 4십만에 달하는 자원병이 이미 전선에 투입된 데다 갈리폴리와 서부 전선에서 전사한 호주 군인만 수만 명에 달할 만큼 큰 희생을 치른 이상 국민들의 더 큰 헌신을 요구하기는 어려웠다. 또한, 너무 많은 호주 백인들이 유럽 전선에서 쓰러져 간다면 호주의 미래는 유색 이민자들로 채워질 것이라는 두려움도 큰 부담으로 작용했다. 휴즈 총리는 전쟁 기간 동안 유색인종이나 저렴한 노동력이 호주 땅에 들어오지 못하도록 하겠다는 약속을 하면서 강제징집 제도에 대한 찬반투표를 실시하였다. 1916년 10월 실시된 이 국민투표에서는 간발의 차이로 반대 의견이 앞섰다. 고용주들은 백인 노동력을 잃는 것에 대한 두려움 때문에, 그리고 여성과 군인들은 강제징집에 대한 거부감 때문에 반대표를 던진 것으로 보인다.

이후로도 호주에서 강제징병 제도는 뜨거운 논쟁거리로 남아 있었다.

1917년 5월 총선에서 휴즈 총리가 이끄는 국민당(National Party)은 상원 18
석, 하원 53석을 차지하며 승리했다. 절대 다수가 된 국민당은 의회에서 얼
마든지 강제징집법을 통과시킬 수도 있었지만, 휴즈 총리는 국민투표를 통
해 국민의 신뢰를 얻지 못한 그 어떤 법안도 절대 시행하지 않겠다는 대국민
약속을 했다. 1917년 12월 강제징집제도에 대한 두 번째 국민투표를 실시
하면서 그는 투표 결과에 따라 총리직을 사임하겠다는 배수의 진까지 쳤지
만 결과는 또 다시 실망스러웠다. 오히려 첫 번째 투표보다 더 많은 반대표
가 쏟아졌다. 호주 국민들 사이에서 전쟁에 대한 환상이 깨진 것이다. 그렇
게 휴즈 총리가 물러나고 무역장관 출신인 프랭크 튜더(Frank Tudor)가 새롭
게 정부를 구성하려 했지만, 의회는 휴즈의 복귀를 강력하게 원하고 있었다.
결국 1918년 1월에 다시 돌아온 휴즈는 자신의 네 번째 정부를 구성하게 된
다. 그의 공백기 동안 사람들은 오히려 그의 존재감을 절실히 느꼈던 것으로
보인다.

　1918년 제국회의 참석 길에 미국에 들른 휴즈 총리는 미국과의 조율을 통
해 태평양 지역에서 일본의 영향력을 제한하려고 노력했다. 미국에서 윌슨
(Woodrow Wilson) 대통령을 비롯하여 루스벨트(Franklin Roosevelt), 곰퍼스
(Samuel Gompers) 등 쟁쟁한 정치인들을 만난 휴즈 총리는 나름대로 큰 소득
을 얻었다. 태평양 지역을 수호하는 대열에 호주와 영국 해군 외에 미국 해
군까지 참여하도록 결정된 것이다. 미국 방문을 마치고 영국으로 향한 휴즈
총리는 그곳에서도 대대적인 환영을 받게 된다. 영국이 전쟁 중 호주의 도움
을 깊이 인정하기 시작했다는 의미였다.

　휴즈 총리는 줄곧 호주군이 호주 사령관의 지휘 하에 하나의 군대로서 전
투에 임하는 것이 매우 중요하다는 입장을 견지해 왔다. 캐나다 군의 경우
전쟁 초부터 캐나다 사령관의 지휘 아래 자체 군대를 운영하고 있었기 때문

1차 세계대전 중의 존 모나시 경

에 부대 운용의 효율성은 물론 국가의 명예도 드높일 수 있었다. 마침내 호주에서도 1917년 11월 1일 5개 호주사단이 모여 공식적인 호주 군대가 창설되었다.

전쟁 발발 후 첫 2년을 자원병으로만 구성하여 영국 장교 휘하에서 움직였던 호주군은 이제 호주군 중장 존 모나시 경(Sir John Monash)의 지휘를 받게 되었다. 멜번 출신 유대인인 모나시 경은 토목공학 박사 학위까지 취득한 공학자로서, 50세라는 비교적 늦은 나이에 갈리폴리에서 여단장을 맡으면서 군 경력을 시작하였다. 1차 세계대전에서 서부전선의 판도를 뒤바꾼 몽생 캉탱(Mont Saint-Quentin) 탈환이라는 중대 성과를 올리면서 모나시 경은 군인으로서도 승승장구하게 된다.

전쟁이 길어질수록 호주에 대한 영국 여론은 호의적으로 바뀌었다. 한편, 휴즈 총리는 1917년 대영제국전쟁회의는 물론 1918년 회의에도 늦게 도착하는 바람에 가장 중요한 첫 번째 세션을 놓치게 되면서 상황이 불리하게 돌아갔다. 여기에다 그의 귀머거리 증세가 점차 심해지고 성미도 급해지면서 쉽지 않은 역경이 다가오고 있었다. 하지만 휴즈 총리는 호주가 캐나다, 남아프리카 연방과 함께 연합군 형태로 영국을 도와 싸우고 있는 마당에 영국에 입바른 소리를 할 수 있는 최소한의 기회는 주어져야 한다는 생각을 강하고 갖고 있었다. 그리고 드디어 휴즈 총리에게 제국회의에 참석할 수 있는 기회가 주어지게 되는데, 이는 영국이 호주의 주권을 인정함과 동시에 영국과 호주가 공유하고 있는 현안에 대해 서로 머리를 맞대고 논의할 수 있는 장이 마련되었다는 상징적인 의미를 보여 주었다. 이전까지 호주가 할 수 있는 영국과의 대화는 오직 총독을 통해서만 가능했었기 때문에, 휴즈가 호주 총리로서 영국 수상과 직접 대화를 나눌 수 있게 되었다는 것은 매우 획기적인 사건이었다. 호주 총독의 역할은 이제 더 이상 영국과의 유일한 대화 채널로서가 아니라 단순히 영국 왕을 대리하는 형식적인 존재로만 남게 된 것이다.

전쟁 종식

1918년 10월 4일 독일은 전쟁의 패배를 직감하고 유럽보다는 상대적으로 대화가 쉬운 미국에 휴전을 제안하였다. 미국의 윌슨 대통령은 10월 8일 동맹국에는 알리지 않은 채 14개 조항으로 이루어진 평화협정 문서에 서명을 하게 된다. 이에 휴즈 총리를 비롯한 연합국 대표들은 격분했고, 더욱 엄격한 평화협정의 필요성과 더불어 향후 협상에서 미국과 동등한 자격을 가진 호주 대표의 참석을 요구하게 된다. 1차 세계대전에서 호주는 6만 명이 전사한 데 반해 미군 전사자는 49,000명에 불과하다는 점에서 이러한 요구는 당연한 것이었다. 하지만 호주가 평화협상에 참여하게 된다면 다른 자치국들도 똑같은 지위를 요구할 것은 불을 보듯 뻔한 일이었다. 호주 내각조차도 휴즈 총리의 이러한 요구에 당황했지만, 결국 그는 1918년 11월 독일이 지불할 전쟁 보상금 협의에 영국 위원회 대표로 참석하였다. 협상을 통해 독일이 점령했던 서남아프리카와 태평양 지역의

위: 빌리 휴즈 호주 연방 제7대 총리
아래: 전쟁 중 호주군 앞에서 연설하는 빌리 휴즈 총리

처분 문제에 대해 논의하면서 휴즈 총리는 그의 뛰어난 언변과 리더십을 유감없이 발휘했다.

전후 평화 및 보상 협상에 참여하는 대영제국과 자치령의 10개 자리는 영

국, 호주, 캐나다, 남아프리카 연방이 각각 2석씩을, 그리고 뉴질랜드와 인도가 1석씩을 확보하게 되었다. 1919년 9월 휴즈 총리는 호주 의회 연설을 통해 호주가 드디어 다른 국가들과 어깨를 나란히 하는 진정한 국가로 인정받게 되었음을 천명했다. 이 같은 위대한 결과는 호주 국민, 더 나아가 전쟁에 나간 호주 군인들이 이루어 낸 업적임을 치켜세웠다.

하지만 휴즈 총리에게는 여전히 풀리지 않는 걱정거리가 하나 있었다. 그것은 1917년 영국과 일본이 맺은 비밀조약이었다. 휴즈 자신도 과거에는 이를 묵인했지만 이제 그는 뉴기니 섬을 비롯한 남태평양 군도들을 호주에 편입시킬 것을 강력히 주장하고 나섰다. 같은 시기 남아프리카 연방도 독일이 점령했던 서남아프리카 지역을 되찾기 위한 노력을 하고 있었다. 마침내 호주는 기존 파푸아에 독일 점령지까지 자기 영토로 삼으면서 뉴기니 섬 동부 지역과 인근 섬까지 모두 관리할 수 있게 되었다. 하지만 휴즈 총리는 전쟁 보상금에 대해서는 제대로 정치력을 발휘하지 못했다. 전쟁보상위원회에 영국 측 대표로 참석한 휴즈 총리는 독일에 1억 파운드라는 터무니없이 많은 보상금을 요구했지만, 결국 5백만 파운드 정도만 받는 데 그치게 된다. 실상 호주는 전쟁을 치르면서 큰 규모의 국가 채무를 비롯해 상당한 재정적 손실을 감수해야만 했다.

한편, 백호주의는 휴즈 총리가 일관성 있게 주장한 원칙 중 하나였다. 이 원칙은 영국의 반대에도 불구하고 호주 백인 대부분으로부터 강력한 지지를 받게 되면서 정치적으로 악용되기도 했다.

전쟁 기간 동안 그가 보여 준 정치력과 리더십에 힘입어 1919년 12월 총선에서 그의 국민주의자 당(Nationalist Party)은 압승을 거두게 된다. 1919년 총선에서는 1918년에 새롭게 도입된 우선투표제(preferential voting)가 처음으로 실시되기도 했다. 우선투표제란 자신이 선호하는 순서에 따라 후보들의 우선순위를 기록하는 방식으로, 첫 투표에서 과반수를 획득한 후보가 없는 경우에는 첫 투표의 가장 낮은 득표자의 두 번째 우선순위를 배분하여 과반수 득표자를 선출하는 투표제도이다.

사실 호주의 현저하게 낮은 인구를 감안하면 선거는 늘 걱정거리였다. 만약 투표율이 낮아진다면 기존 거대 정당의 분파 정당이나 제한된 지지를 받는 소규모 정당이 승리할 수도 있었다. 이러한 위험은 퀸즐랜드가 1914년 강제투표제(compulsory voting)를 처음으로 도입하고 9년 뒤 연방정부도 강제투표제도를 전격 채택하면서 고비를 넘기게 된다. 강제투표제는 그동안 투표에 무관심했던 여성들까지 투표에 참여하도록 만듦으로써 주요 정당의 방패막이가 되었고 정권을 유지하는 수단으로도 이용됐다.

한편, 1921년 6월 제국회의에서는 동맹국 갱신에 관한 논의가 있었다. 당시 국제연맹(League of Nations) 회원국에 미국과 일본 중 어느 국가를 포함시킬 것인지에 대하여 호주는 단연코 미국을 선호하고 있었다. 비록 호주에게 선택권은 주어지지 않았지만 휴즈 총리는 미국이 태평양 지역의 안전을 확보해 줄 수 있다면 자신들은 영일동맹을 반대하지 않을 것이라는 의사를 밝혔다. 당시 캐나다가 지리적으로 인접한 미국을 옹호했던 입장과는 다르게 호주는 지리적으로 가까운 일본과 모국인 영국을 모두 의식하지 않을 수 없었다. 특히 영일동맹 이후 유럽 대륙이 세계대전으로 몸살을 앓는 동안, 영국이 대서양과 인도양에 치중하느라 태평양까지 손을 뻗칠 여력이 되질 않는 상황에서 태평양 지역의 평화를 유지할 수 있었던 것은 일본의 존재 덕분이었다. 하지만 호주는 일본이 아시아에서 한국과 중국을 침략한 상황에서 태평양도 더 이상 안전하지 않다는 것을 직감하고 있었으며, 태평양 지역에서 자신을 도울 수 있는 것은 영국보다는 미국이라는 현실을 분명하게 인식하고 있었다.

새로운 안착

1차 세계대전 이후 기존 동맹 관계에 변화가 생긴 것만큼은 분명해 보였다. 하지만 전쟁 직후 호주, 영국, 미국은 모두 똑같이 경제적 침체에 빠졌다. 특히 호주는 인구수에 비해 너무나 많은 전사자가 발생했으며 국가 부채도 전쟁 발발 당시 337만 파운드에서 전후 700만 파운드까지 치솟았다. 국내 세금 수입 역시 절대적으로 부족한 상황이었다.

호주에서 인프라 건설은 연방 정부가 아닌 주 정부가 관장을 했기 때문에, 각 주나 지역 간 인구수와 경제적 자립도에 따라 경쟁의식이 강하게 나타났다. 가령 금맥과 대규모 광물 자원이 발견된 뉴사우스웨일스 북부, 퀸즐랜드 북부, 웨스턴오스트레일리아와 대규모 곡창지인 리베리나 지역까지 새로운 주 정부를 구성하려는 움직임이 나타나기도 했으며, 그중에서 웨스턴오스트레일리아는 1933년 연방 정부로부터 분리 독립하여 자치 정부를 수립하는 것에 대한 찬반 의견을 묻는 국민투표까지 실시한 바 있다.

장기적으로 호주 경제의 경쟁력을 약화시킨 것은 높은 인건비였으며 이렇게 높은 인건비가 가능했던 것은 백호주의와 더불어 강력한 대외 관세를 적용함으로써 인위적으로 국내 산업과 백인 노동자들을 보호하고 있었기 때문이다. 만약 정부에서 임금 수준을 낮추려는 움직임이 나타나면 호주 노동조합과 노동자들은 여지없이 파업에 들어갔다. 여기에다 전후 갈등이 증폭되면서 1918년 애들레이드에서 벌어진 휴전 기념일(Armistice Day) 행사는 파업과 폭동으로 얼룩졌다. 사우스오스트레일리아의 주도 애들레이드에 모인 반전 급진주의자, 혁명주의자, 강제징집 반대주의자, 아일랜드계 민족주의자, 평화주의자, 파업노동자들은 서로 연대를 구축하여 도시를 초토화시켰다. 상황이 긴급하게 돌아가자 휴즈 총리는 전쟁에 참여한 군인들의 조속

1918년 11월 11일 휴전 기념일에 애들레이드에 모인 시위 인파

한 귀가를 약속하기도 했다.

1929년 전 세계는 극심한 경제 불황에 빠졌고 호주도 예외는 아니었다. 양모와 밀 가격이 폭락했으며 인위적인 대외 관세로 명맥을 유지하던 호주의 관련 산업은 이내 극심한 경쟁체제에 돌입하게 되었다. 광부들의 파업은 계속되었고 1929년 10월 집권한 노동당조차 선거공약대로 노동자들이 요구하는 임금 수준을 맞춰 줄 수 없었다. 실업률도 치솟아 1931년에는 50만 명이 실업 상태였다. 당시 시드니 거리는 음식물 찌꺼기를 찾아 쓰레기더미를 뒤지는 걸인들로 넘쳐났고, 한창 잘나가던 호주 북쪽 광산 노동자들도 굶주리긴 마찬가지였다. 세계대전에 참전해서 받은 훈장까지 되파는 사람도 있었다. 호주 정부의 대외 부채도 연간 수출 소득의 절반에 육박할 정도로 어려운 처지에 빠졌다.

시드니 하버브리지

경제 위기를 돌파하기 위해서는 국민들에게 희망을 줘야 하는 시기였다. 이러한 시기에 하나의 전환점이 된 것은 하버브리지(Harbour Bridge)의 개통이었다. 19세기 말까지 시드니 항구에서 북쪽 해안으로 정착지가 확대되면서 연간 5백만 명에 이르는 사람과 4십만 대에 달하는 자동차가 시드니 북쪽을 오가고 있었다. 1900년 연방 정부가 출범하면서 시드니 북부 지역과 시드니 항을 연결하는 교량이 필요하다는 결론을 내리고 상당한 액수의 상금을 내건 공모를 추진했다. 그 결과, 영국 출신 건축가 랄프 프리먼 경(Sir Ralph Freeman)의 뛰어난 디자인이 선택되었고 1922년부터 교량 건설이 시작되었다. 교량의 규모는 길이 3,770피트(약 1,149m), 아치의 천장 길이 1,650피트(약 503m), 교량 통과 높이 172피트(약 52m)로 엄청난 하중을 견뎌야 하는 기술적 정교함에 과감하면서도 우아한 시각적 기법까지 더해진 작품이었다. 교량 아치 한쪽의 무게만 4만 톤에 달하며 양쪽 아치는 지름 14인치짜리 핀들로 고정되어 있었다. 1932년 3월 19일 개통된 하버브리지는 보호관세를 통해 국내 산업을 인위적으로 육성하려던 계획이 실패로 돌아가고 전 세계적인 대공황의 여파로 실의에 빠진 호주 국민들에게 희망을 안겨 준 건축물이었다.

호주 경제는 1930년대 중반부터 다시 부활의 날개를 펴기 시작했다. 호주가 다른 국가에 비해 전후 복구가 용이했던 것은 전쟁 기간 중 확대된 산업 인프라, 풍부한 광물 자원과 농산물 덕분이었다. 실업률은 8~10퍼센트로 낮아졌으며 이자율도 낮은 상태를 유지했다. 경쟁력을 잃은 기업들은 파산하거나 다른 기업에 흡수되는 상황도 벌어졌다. 세계적 철강 회사 BHP가 포트 켐블러(Port Kembla) 공장을 인수하면서 호주도 근대 철강 산업에 본격적으로 뛰어들기 시작했다. 1939년에는 표준 근로시간이 주 44시간으로 확정되면서 노동자들의 근로 조건도 개선되었다.

1920년에는 세계에서 세 번째로 오래된 콴타스(QANTAS, Queensland and Northern Territory Aerial Services) 항공사가 퀸즐랜드의 외딴 도시 롱리치(Longreach)에 본사를 두고 탄생하였으며, 1935년에는 오스트레일리아 국영항공(Australian National Airways)이 설립되면서 하늘 길을 통해서도 호주의 주요 도시들이 연결되었다.

1925년에는 포드 자동차가 호주에 조립공장을 설립하고 연간 생산량 7만

대를 기록하면서 호주도 자동차 생산국으로 올라서게 되었다. 1931년에는 제너럴 모터스가 홀덴(Holden) 브랜드를 인수하면서 본격적인 자동차 생산에 돌입하였다. 이처럼 영국이 아닌 미국 자동차 브랜드들이 호주 시장에 진출하여 성공을 거둘 수 있었던 데는 호주의 도로 사정이 한 몫을 했다. 시드니와 멜번을 연결하는 고속도로가 설치된 것은 1950년대 말로, 그때까지 모든 호주 도로는 비포장 상태였기 때문에 튼튼한 자동차만이 안전한 주행을 할 수 있었다. 고속도로에 최적화된 영국 자동차에 비해 값싸고 튼튼한 미국 자동차가 호주의 도로 사정에는 제격이었던 셈이다.

현실에 안주하다

휴즈 총리의 뒤를 이은 스탠리 브루스(Stanley Bruce) 총리는 전임자와 다르게 영국의 그늘 아래서 안주하길 원했다. 브루스 총리가 이러한 성향을 나타낸 데에는 그럴 만한 이유가 있었다. 1922~24년 호주 수출의 42%가 영국을 대상으로 이뤄지고 있었으며 이러한 수치는 1차 세계대전 직전의 45%와 비교해도 별반 차이가 없었다. 더욱 중요한 것은 호주 산업을 일으키는 자본 대부분이 영국으로부터의 투자에 의존하고 있었다는 점이다. 한마디로 호주의 인적자원, 자본, 시장을 독점하고 있는 영국에 대한 브루스 총리의 입장은 마치 아버지에게 손을 벌린 자식과도 같았다.

심지어 브루스 총리는 휴즈 전임 총리가 임명했던 중국 내 호주 대표부를 철수시켰으며 총리실 내 태평양 사무실을 폐쇄하는 조치를 단행함으로써 독립적인 외교 활동조차 중단했다. 이러한 조치는 지리적으로 북쪽에 위치한 아시아태평양 국가들과의 긴밀한 관계가 절실히 필요했던 호주 입장에서는 크나큰 실수였다. 같은 시기 캐나다는 이미 영국으로부터 독립한 상태였으며, 남아프리카 연방과 아일랜드 공화국도 차례로 독립국가로서의 면모를 갖추어 가고 있었음에도 호주는 이러한 기회조차 살리지 못했다.

1923년 제국회의에서 자치령 정부도 외국에 자체 외교관을 파견할 수 있도록 합의하면서 캐나다와 남아프리카는 물론 아일랜드도 적극적인 독립 외교를 펼쳤지만 호주만큼은 예외였다. 1931년 12월 영국 웨스트민스터 법령에 따라 영국 왕실 하에 있는 자치령 정부들은 영연방 일원으로서 영국과 동등한 지위를 갖게 되며 자신들의 내치와 외치에 있어서 상호 간섭할 권리가 없음을 공식적으로 인정하였는데 호주 연방 정부는 이마저도 수용하지 않았다.

호주가 이처럼 대외 관계, 특히 북방 외교를 등한시해 온 후유증은 미국이 국제연맹에 참여하지 않기로 결정하면서 불거지기 시작했다. 1931년 일본은 미국과 견주어 자신들의 국방력이나 경제력이 더욱 뛰어나다고 판단했고, 이내 만주를 침공하면서 국제연맹을 탈퇴하기에 이른다. 캐나다와 영국은 일본을 두둔하고 나섰으며, 이때까지만 해도 호주 역시 지리적으로 멀리 떨어진 중국 땅에서 일어나고 있는 분쟁 정도로 치부하고 있었다. 1932년부터 1936년 사이 호주의 수출 상대국 중에서 일본은 영국 다음으로 높은 12%를 차지한 반면, 미국은 3%에 불과할 만큼 일본은 호주에게 중요한 고객이었다는 점도 호주의 묵인 요인으로 작용했다. 하지만 호주의 이런 아마추어적 외교 전략은 못내 아쉬운 대목이다.

호주 북쪽 뉴기니의 상황은 점점 복잡하게 흘러가고 있었다. 거대한 섬은 서부와 동부로 나뉘어졌다. 서부는 네덜란드령 동인도제도였고, 동부는 다시 남과 북으로 갈라져서 북쪽은 라바울을 중심으로 한 독일령이었다가 1914년 호주군이 점령하면서 호주 통치령 뉴기니로 전환되었다. 남쪽 파푸아는 영국령이었지만 1906년 호주 보호령으로 전환되었다.

파푸아의 초대 지사로 임명된 허버트 머레이(Hubert Murray)는 이곳 섬나라를 위한 가장 이상적인 통치자였다. 그는 6피트 3인치(약 190cm)에 달하는 거구에다 영국 아마추어 헤비급 복싱 챔피언 출신, 아프리카 보어전쟁의 기마병 출신이라는 이력까지 겸비한 강인한 사람이었다. 하지만 외견과는 달리 그는 자유로운 가톨릭 신자로서 1940년 숨질 때까지 파푸아의 동물, 어린이, 외국인, 이단자, 소수자 등의 사회적 약자를 보호하는 한편 파푸아 민족을 최우선시하는 온정주의자였다.

1932년 조셉 리온(Joseph Lyon) 총리의 임기가 시작되면서 호주 경제는 대공황의 늪을 빠져나오기 시작했다. 1933년 영국으로부터의 보조 이민이 줄어들면서 30%에 육박하던 실업률은 25% 아래로 내려갔다. 하지만 호주를 둘러싼 외부 환경만큼은 예사롭지 않게 돌아가고 있었다.

1933년 9월 휴즈 전 총리는 영국 해군이 호주의 구조 요청에 즉시 응할 수 있는 상황이 아님을 경고했다. 이듬해에도 그는 ≪평화의 대가(The Price of Peace)≫라는 책을 통해 호주가 자신에게 곧 들이닥칠지 모를 위험에 대비해야 한다는 경고를 했다. 그럼에도 불구하고 리온 총리는 지나치리만큼 현실에 안주하고 있었다. 휴즈 전 총리의 경고대로, 당시 싱가포르의 영국군 기지는 일본의 공격에 무방비로 노출되어 있었다. 당시 싱가포르 주둔 영국군을 도울 수 있는 호주 해군력은 경순양함 두 척, 구축함 세 척, 순시함 한 척이 전부였다.

제9장
2차 세계대전과 후유증

태평양전쟁

1935년 휴즈 전임 총리는 그의 새로운 저서 ≪호주와 오늘의 전쟁(Aus-tralia and War Today)≫을 통해 또 다시 다가오는 전쟁의 공포를 경고하였다. 그는 독일이 유럽에서 자신의 옛 영토를 되찾으려 할 것임을 예견하였다. 1937년 외무장관으로서 내각에 돌아온 휴즈 전 총리는 탱크 13대와 구식 탄약, 그리고 빈약한 해군력에 이르기까지 호주의 국방력이 너무나 미약하다는 사실을 낱낱이 폭로했다. 하지만, 1939년 총리에 오른 로버트 멘지스(Robert Menzies)는 여전히 영국을 향한 의존적 태도를 견지했으며, 태평양 지역의 위협을 해결하기 위해서는 일본과 적극적으로 외교 관계를 구축하면 된다는 인식을 갖고 있었다.

그러나 해군 군사비 지출을 제한하기 위해 1922년 맺었던 워싱턴 조약이 1936년 전격 파기되면서 일본과 독일은 이미 해군력 보강에 나서고 있었다. 독일은 가공할 파괴력을 지닌 신형 전함을 개발하였으며, 일본은 64,000톤급 야마토 호를 비롯한 해군력뿐만 아니라 공군력과 지상군을 최고 수준으로 증강시키고 철저한 훈련과 애국심 고취로 유럽과 미국 전력에 맞설 힘을 키웠다.

호주 연방 제12대 총리 로버트 멘지스 경. 총 18년간 재임한 최장수 총리였다.

1939년 9월 1일 독일이 폴란드를 침공하고 9월 3일 영국이 독일에 선전포고를 하자 당일 저녁 멘지스 총리도 독일에 대해 선전포고를 했다. 영국과 같은 날짜에 선전포고를 했음에도 불구하고 호주군 자원병은 수개월 후에나 모집이 시작되었다. 이는 1차 세계대전 당시 전쟁 발발 직후 곧바로 자원병 모집에 들어간 것과는 대조를 이룬다. 그도 그럴 것이 호주 내각의 애매한 결정, 일본의 심상찮은 움직임, 전투 병력의 준비 부족, 수송선 부족 등의 문제로 파병은 1940년까지 미뤄지게 된다. 1911년부터 시행되어 오던 의무군사훈련도 1930년 제임스 스컬린(James Scullin) 총리에 의해 중단되면서 자발적 군사훈련으로 대체된 상태였다. 1940년 호주 정부는 할 수 없이 의무군사훈련을 재개하였지만 무장상태와 훈련 모두 형편없는 수준이었다. 호주 제국군의 유럽 파병에 반대하는 목소리도 만만치 않았다. 이들은 호주제국군이 먼 유럽으로 나가 싸울 것이 아니라 당장 태평양 지역에서 일본의 위험에 노출된 호주를 지켜야 한다고 주장했다.

이렇듯 파병 반대 의견에 힘이 실리기도 했지만 1940년이 되자 유럽 전선의 상황은 매우 심각하게 돌아가고 있었다. 영국을 제외한 나머지 서유럽 전역이 독일의 수중에 들어간 상태였다. 호주는 해군력을 이용해야 하는 상황이었지만 보유한 전함이 여섯 척에 불과한 상황에서 영국, 프랑스와 네덜란드 해군의 지원이 절실했다. 하지만 이는 매우 비현실적인 바람이었다. 영국 해군은 이미 대서양과 인도양을 감당하기에도 벅찬 상황에서 독일과 이탈리아의 잠수함과 레이더망까지 피해 다녀야 했다. 엎친 데 덮친 격으로 1940년 9월 일본은 아시아태평양 지역에 위치한 영국, 네덜란드, 프랑스의 식민지를 점령하려는 야심을 품고 독일, 이탈리아와 동맹을 맺게 된다. 또한 1941년 4월에는 러시아와 중립협정을 맺음으로써 일본의 의도는 더욱 확실해졌다.

호주의 안보를 위협하는 또 하나의 문제는 호주 공군(RAAF, Royal Australian Air Force)의 빈약한 전력이었다. 1940년 3월까지 68,000명이 호주 공군에 자원했지만 대부분은 훈련을 마치자마자 영국 공군(RAF, Royal Air Force)에 합류했으며 호주 육군 자원병의 숫자는 고작 20,000명에 불과했다. 유럽 전선에 합류한 호주 공군은 상대적으로 많은 사상자가 발생했으며, 살아남은 군인들은 태평양에서 일본이 전쟁에 뛰어들자 다시 태평양 전선에 투입되었다. 일본의 태평양전쟁 유발은 호주 정부로서는 긴급을 요하는 상황이었다. 멘지스 정부는 즉각 노동 임금과 미디어를 통제하고 자국 방위를 위한 의무 군사훈련을 재개하는 한편 공산당 활동을 제한하기 시작했다.

호주는 이런 와중에도 여전히 싱가포르에 주둔 중인 현대화된 영국 해군이 자신들을 충분히 보호해 줄 수 있을 것이라는 희망을 품고 있었다. 영국

윈스턴 처칠 수상도 1940년 8월 10일 연설을 통해 만약 일본이 호주나 뉴질랜드에 대대적인 공격을 감행한다면 영국은 지중해 병력 중 필수 전력을 제외한 나머지 병력을 지원할 것을 약속했다. 하지만 이것은 현실적으로 불가능한 약속이었다. 영국은 이미 수많은 전력을 잃었으며 특히 영국 남부 지역은 치열한 공중전으로 초토화된 상태였다. 더욱이 이탈리아가 독일과 동맹을 맺은 터라 영국은 대서양과 지중해를 홀로 막아 내야 하는 상황이었다. 다급해진 멘지스 총리는 이집트를 거쳐 영국으로 날아가 처칠 수상을 만났지만, 영국을 도와 싸워 달라는 얘기만 들었을 뿐 더 이상 희망적인 소식은 듣질 못했다.

이집트에 파병된 호주군은 이탈리아의 이집트 공격을 성공적으로 막아냈다. 그러나 독일군이 불가리아를 거쳐 그리스 침공을 눈앞에 둔 상황에서 호주군 2개 사단이 그리스, 즉 유럽 대륙으로 이동해야 할 상황에 맞닥뜨렸다. 결국 런던에 머물던 멘지스 총리와 호주 내각은 유럽 전선에서 호주군의 지상전 참전을 결정하였다. 하지만 독일군은 그리스 방어선을 단 며칠 만에 허물었을 뿐 아니라 호주군을 비롯한 연합군을 북아프리카까지 내몰았다. 호주군은 그리스의 크레타(Crete) 전투에서 6,727명이 전사하거나 부상을 입었다.

실용주의적 성향의 멘지스 총리는 호주 본토 방어가 걱정되기 시작했고 유럽 전선에 파병된 세 개 육군 사단 중에서 적어도 한두 개 사단은 호주로 귀환해야 한다고 주장했지만, 영국에게는 당장 북아프리카 전선을 방어하는 것이 더 시급한 문제였다. 1941년 5월 호주로 돌아온 멘지스 총리는 4개월간의 공백으로 인한 내분과 권력 분산 현상으로 8월 29일 총리직을 내려놓게 된다. 뒤이어 취임한 존 커틴(John Curtin) 총리는 1차 세계대전에서 얻은 경험과 뛰어난 판단력으로 1941년 10월 태평양전쟁에 본격적으로 뛰어들겠다는 결정을 내렸다.

1941년 12월 7일 일본이 진주만을 공습하면서 호주의 전쟁은 또 다른 양상으로 전환되었다. 호주가 맞서야 할 전쟁은 유럽이 아닌 태평양 지역이 되었으며, 이러한 상황에서 미국의 도움은 더욱 절실해졌다. 다른 한편으로 호주는 영국의 강력한 태평양 기지인 싱가포르에 집중하게 된다. 영국과 영국 동맹국 해군의 본진 역할을 수행하던 싱가포르는 항공모함 4척, 전함 16척, 순양함 10척, 구축함 4척으로 이루어진 초현대식 해군기지로, 연간 유지비만 2천만 파운드에 달했으며 호주와 뉴질랜드는 싱가포르 기지 유지 비용의 29퍼센트를 분담하고 있었다. 2차 세계대전이 발발하자 싱가포르 기지는 해군력을 증강했지만 이탈리아 해군은 이에 비해 몇 배의 해군력을 갖추고 있었으며, 독일과 일본의 해군은 이미 그 이상의 해군력과 대규모 잠수함 부대를 갖추고 있었다.

유럽 전선의 상황이 악화되고 영국 단독으로 싸우는 전쟁으로 양상이 돌변하자 영국 정부 내에서는 휴전에 대한 목소리가 높아졌으며 영연방 국가들은 저마다의 사정 때문에 참전에 미온적인 태도를 취하게 된다. 캐나다는 중동 전선에 자국군 투입을 꺼리고 있었고 호주는 국내 방위를 위해 파병을 제한하려 하고 있었다. 하지만 1941년 12월 태평양에서 미국이 전쟁에 참여하면서 영국-미국 연맹과 더불어 러시아까지 자국 전선을 보호하기 위해 전쟁에 뛰어들었다. 호주는 1차 세계대전과 2차 세계대전 초기(1940~41년) 영국의 강력한 우방으로 참전해 왔지만, 미국의 본격적인 전쟁 참여로 영국과 미국 간 관계에 더 이상 호주가 끼어들 틈은 없어 보였다.

한편, 일본군이 동남아시아 전선에서 보여준 전술은 매우 놀라웠다. 원활한 군수품 지원 속에 본진을 출발해 상당한 거리를 진격한 끝에 1941년 12월 8일 말레이 반도에 상륙하였다. 여기에 호주군 2천 명이 투입되고 미국

일본군의 폭격으로 무너진 다윈 우체국 건물

군 9천 명이 추가로 파병되었지만 일본군 3만 6천 명의 공격을 막아 내기에
는 역부족이었다. 싱가포르를 포기하자는 의견이 나오기 시작했지만 호주
는 이를 결사적으로 반대했다. 싱가포르를 포기하는 것은 곧 다음 전쟁이 호
주 대륙에서 일어난다는 것을 의미했기 때문이다. 호주의 우려에도 불구하
고 끝내 1942년 2월 15일 싱가포르의 영국 연합군은 일본군에 무조건 항
복을 선언했다. 일본군이 말레이 반도에 상륙한 지 70일 만에 호주군을 포
함한 영국 연합군 8만여 명이 순식간에 일본군 포로가 된 것이다. 이로부터
나흘이 지난 1942년 2월 19일 호주 북쪽 다윈에 일본 공군의 폭격이 감행
되었다. 이 공습으로 선박 9척이 침몰하고 20여 대의 전투기가 파괴되었으
며 233명의 인명 피해가 발생하면서 호주는 이제 직접적인 전쟁을 경험하
게 되었다. 일본은 지속적인 호주 침공에 대해서도 논의했지만 더 이상 구체

싱가포르가 일본군에 함락된 후 1942년 2월 15일 진행된 영국의 항복 조인식

화시키지는 않은 채 뉴기니 북부 해안 도시에 대한 공습을 감행하였고, 이내 뉴기니의 라바울이 일본군 손에 넘어가고 말았다.

다급해진 호주와 더불어 미국 정부도 급박하게 움직였고 급기야 러시아의 스탈린에 도움을 요청하기에 이른다. 하지만 러시아를 전쟁에 끌어들인 대가는 너무나 컸다. 참전과 함께 스탈린은 핀란드, 폴란드, 체코슬로바키아, 한국, 이란 등에 대한 지배권을 요구했고, 호주와 미국은 이러한 요구 조건을 받아들일 수밖에 없었다. 호주와 미국은 러시아를 우방으로서 전쟁에 끌어들인 것이 아니라, 위협적인 군국주의 세력으로부터 자신을 보호하기 위해 불가피한 선택을 한 셈이다. 무엇보다 더 중요한 것은 호주가 지금까지 고수해 왔던 영국 의존 일변도의 정책에서 탈피하여 미국에 대한 의존도를 높이게 되었다는 점이다.

1941년 9월 호주 정부가 북아프리카 지역에 파견된 호주 병력을 철수하기로 결정하면서 영국 정부는 이를 못마땅해 했지만, 태평양전쟁이 발발하자 영국 정부도 1942년 1월 호주군 3개 사단 중 2개 사단의 철수를 용인하게 된다. 이들 호주 사단은 처음에는 네덜란드령 동인도제도로 향했지만 반드시 호주 본토로 돌아와야 한다는 호주 정부의 요청에 따라 결국 호주로 귀환하게 된다. 영국 처칠 수상은 이들이 호주로 귀환하는 동안에도 호주 정부 몰래 이들의 행선지를 버마(Burma) 랑군(Rangoon)으로 바꿀 것을 명령했지만 이를 알아차린 호주 정부의 항의에 명령을 취소하였다.

한편 1942년 6월 벌어진 미드웨이(Midway) 해전에서 미국 태평양 함대는 일본 항공모함 네 척을 침몰시키면서 대승을 거두었다. 미드웨이 해전에서의 패배로 일본은 태평양에서 주도권을 완전히 잃게 되었으며 호주 대륙으로의 침략 계획도 더 이상 불가능하게 되었다.

이 와중에 아이러니하게도 태평양전쟁에서 호주군에 첫 승전보를 안겨 준 것은 호주제국군(AIF)이 아닌 예비 병력이었다. 호주는 자원병에만 한하여 해외로 파병했으며, 징집병은 국내 방위에만 투입되고 있었다. 하지만 당시 호주 식민지이던 파푸아는 해외로 간주되지 않았기 때문에, 1942년 일본군이 뉴기니 북쪽 해안에 상륙했을 때 일본군을 맞은 것은 호주예비여단이었다.

1942년 8월에서 9월 사이 일본군은 코코다 트랙(Kokoda Track)을 따라 오웬 스탠리 산맥(Owen Stanley Range)을 넘어 포트 모르즈비로 진격하면서 호주 제39예비대대의 저항을 받게 된다. 1943년 1월까지 호주군과 미군은 코코다 트랙을 넘나드는 일진일퇴를 거듭하다 일본군을 북쪽 해안까지 퇴각

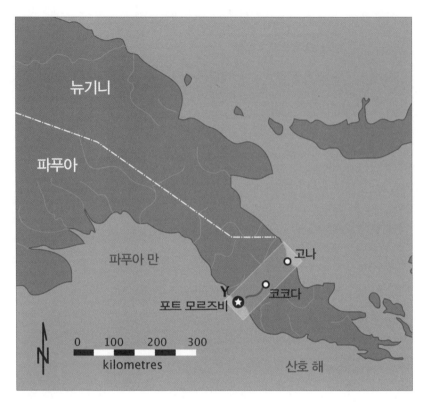

코코다 트랙의 위치

시키는 데 성공했다. 일명 코코다 트랙 캠페인(Kokoda Track campaign)으로 알려진 이 전투에서 호주군 2,165명이 전사했고 3,350명이 부상당했으며 일본군도 총 3만 5천 명 중 13,500명만 생존한 것으로 확인되었다. 코코다 전투에서 파푸아 인들은 호주군의 군수 운송과 부상자 후송에 적극적으로 협조함으로써 호주군에게 큰 힘이 되기도 했다. 파푸아에서 벌어진 코코다 전투는 호주군에 있어 영국군이 아닌 미군과 나란히 싸워 승리를 거둔 최초의 전투라는 점에서도 의미가 있다.

위: 1942년 9월 파푸아 전투에 투입된 호주 제39 예비대대
아래: 1942년 8월 30일 부상당한 호주군을 이송하는 파푸아 인들

국내 전선

태평양전쟁에 호주가 직접적으로 개입하면서 남성들은 대부분 징집 내지 자원을 통해 전선에 투입되었고, 그만큼 더 많은 국내 노동 인력이 필요하게 되었다. 그 자리를 대신한 것은 여성들이었다. 주로 18세에서 45세 사이의 독신녀, 이혼녀, 돌볼 아이가 없는 여성들이 산업 현장으로 징집되었다. 호주 여성들은 산업 현장뿐만 아니라 전투병으로 선발되기도 했다. 여성 예비 공군(Women's Auxiliary Air Force), 여성 육군(Women's Army Service), 여성 호주 해군(Women's Royal Australian Naval Service) 등이 조직되면서 여성들도 육해공군에 힘을 보탰다. 상당수 미군 역시 호주로 파견되었는데, 호주 정부는 흑인에 대해서만큼은 입국을 꺼렸으며 입국한 흑인 병사들은 퀸즐랜드 주 오지로 보내졌다.

호주 정부는 전쟁 기간 중 음주에 대해 단호한 조치를 취하면서 호주 내 모든 술집에서 주류 판매가 오후 6시까지로 제한되었다. 이러한 조치는 이미 1차 세계대전부터 시행되었으며, 오후 5시에 일을 끝마친 사람들은 오후 6시까지 1시간 동안 줄기차게 술을 소비하는 진풍경이 벌어지기도 했다. 전쟁에 직접 참전한 당사국으로서 도덕적 관념을 고취시키기 위해 시작된 음주 제한은 1960년대까지 이어졌다.

한편, 호주 북쪽 남태평양 섬들에 대한 일본의 강력한 공격이 계속되면서 멘지스 총리는 이 지역을 포기할 계획을 수립했지만, 이에 대해 비난 여론역시 거셌다. 결국 1943년 총선에서 대승을 거둔 존 커틴 총리는 영국보다미국의 리더십과 함께하는 방향으로 돌아서게 된다. 거대한 국토 면적에 비해 750만 명에 불과한 인구로는 자주 국방을 실현하기가 어렵다는 판단에 서였다. 하지만 호주에 남기를 희망하는 미국인들은 흑인 병사들뿐인 상황에서 유일한 탈출구는 영국 이민자들을 지속적으로 받아들이는 것이었다.

커틴 총리는 1944년 8월 전쟁이 마무리되어 가면서 전후 국가 재건과 연방 정부에 대한 재신임을 묻는 국민투표를 실시했는데, 사우스오스트레일리아와 웨스턴오스트레일리아를 제외한 나머지 주에서는 연방 정부보다 주 정부에 힘을 실어 줘야 한다는 의견이 많았다. 국민투표를 통해 연방 정부가 얻은 유일한 소득은 전후 재건을 위한 세수 확보에 대해 국민적 동의를 얻어 낸 것이다. 1937~8년 국방 예산으로 1천 1백 5십만 파운드를 지출했던 연방 정부는 전쟁 중이던 1943~4년 국방 예산을 5억 4천 5백만 파운드까지 쏟아 부을 만큼 출혈이 심했기 때문에 전후 국가 재건을 위한 재원 마련이 반드시 필요한 상황이었다.

호주의 경제 사정은 2차 세계대전을 기점으로 다시 살아나기 시작했다. 1941년 자녀 수당이 지급되기 시작했고, 1944년부터는 실업보험과 출산 보조금이 등장했다. 더 나아가 호주 정부는 국가 건강보험(National Health Service)을 통해 완전한 건강보험을 실현하고자 했다. 1964년에는 주택 구입 혜택이 주어졌고, 출산 장려금과 양육 수당에, 전쟁에서 남편을 잃은 과부들을 위한 수당까지 지급되었다. 1970년까지 779,000명에 이르는 연금 수혜자들을 위한 추가 혜택을 마련하는 사회복지 개혁도 추진하였다. 이미 1953년 법령 개정을 통해 정부가 보조하는 건강보험제도를 도입함으로써 전 국민의 4분의 3이 혜택을 보고 있었다. 연방 정부가 시행하는 의료보험 혜택을 입지 못하는 경우에는 주 정부에서 이를 보조해 주었다. 1956년에는 멜번에서 성공적인 올림픽을 개최하였으며 이는 남반구에서 열린 최초의 올림픽이었다. 교육 부문의 투자에도 박차를 가하면서 1943년 대학 위원회가 발족되었고 1946년에는 호주 국립대학교가 설립되었다.

1945년 커틴 총리가 병으로 사망하고 그 뒤를 이은 벤 치플리(Ben Chifley)

총리는 국가를 하나로 모으는 데 전력을 다했다. 우선 참전 군인들에 대한 복지와 일자리 확보를 위해 무상 일자리 교육을 지원했다. 여성들의 임금 수준도 전쟁 이전에는 남성의 54퍼센트에 머물던 것이 전후에는 90퍼센트 수준까지 이르게 되었다.

그럼에도 호주는 국가 재건을 위한 인력 부족에 시달렸으며 이는 백호주의로부터 유발된 후유증이었다고 볼 수 있다. 전후 수많은 일자리가 창출되었음에도 불구하고 백호주의로 인해 인력을 구하기조차 어려웠는데, 그 와중에도 호주로 이민을 오는 사람의 75퍼센트는 영국 출신 백인들이었다.

외교 딜레마

러시아는 유럽 전선에서 독일에 맞서 끝까지 저항하였고 결국 승리를 쟁취하자 공산주의의 확산이라는 본색을 드러내기 시작했다. 호주는 국제사회의 이러한 공산주의화 움직임을 경계하면서 국내 공산주의 활동에 대해 강한 제재를 가했다.

한편 호주는 1943년 1월 카사블랑카, 5월 워싱턴, 8월 퀘백, 10월 모스크바, 11월 카이로 등 전후 뒤처리를 위한 그 어떤 국제회의에서도 주요 국가로서 인정받지 못했다. 특히 카이로 회담은 일본이 1918년 이후 지배했던 국가나 지역에 대한 반환을 논의하는 자리인 만큼 호주와도 직접적인 관련이 있었지만 역시 외면당하고 말았다. 2차 세계대전 발발과 함께 수천여 명의 호주인 자원군이 영국 공군에 가담했으며 북아프리카 중동 전선에서는 호주 육군이 혁혁한 공을 세우기도 했다. 비록 1차 세계대전에 비해 전사자 수가 많진 않았지만 싱가포르에서 영국군과 나란히 일본군에 맞서 싸우다

포로가 된 호주 군인들을 생각하면 호주가 이 같은 취급을 당할 이유는 없었다. 더욱이 전후 태평양 지역의 핵심 군사기지로서, 그리고 원자재 주요 공급지로서 호주가 가진 중요성을 감안한다면 더더욱 그렇다.

절치부심하던 호주는 UN 창설이 처음 논의된 1941년 미국의 루스벨트 대통령과 영국의 처칠 수상 간 회담, 그리고 1945년 샌프란시스코 회의에 허버트 베르 에밧(Herbert Vere Evatt) 외무장관을 대표로 한 대규모 사절단을 파견하였다. 사전 협의를 통해 호주를 포함한 영연방 국가들은 독립 국가로서 인정을 받았으며, 특히 호주는 제3국가들을 대표하여 실무위원회(Executive Committee)와 조정위원회(Co-ordination Committee)에 선출되면서 UN 헌장의 최종안을 준비하는 중요한 역할을 담당하게 된다. 호주의 주도 하에 UN 안전보장이사회(Security Council)를 견제할 수 있는 UN 총회(General Assembly)의 역할이 강화되었으며, UN 총회는 UN 헌장에 관련한 제안을 할 수 있는 힘도 갖게 되었다. 이때 에밧 외무장관은 UN의 어떤 회원국도 자신의 고유한 주권을 다른 국가에 의해 강제로 간섭당하지 않아야 한다고 못 박음으로써 호주의 주권과 백호주의를 지켜냈다. 제1차 세계대전 직후 국제사회 앞에서 휴즈 총리가 그랬듯이 에밧 장관 역시 백호주의를 당당히 지키고자 했다.

호주는 세계 무역 질서 재편에도 중요한 역할을 하게 된다. 1947년 치플리 총리가 일반 무역 및 관세에 관한 협정(GATT, General Agreement on Tariffs and Trade)을 밀어붙이면서 호주는 GATT의 창설 회원국이 되었다. 멘지스 전임 총리를 비롯한 정치인들은 호주가 다자간 자유무역협정에 가입하게 되면 지금까지 고수해 왔던 보호무역이 한순간에 무너질 것이라고 우려하기도 했다.

한편, 일본에 대한 막연한 공포감은 태평양전쟁을 통해 현실화되었다. 특

히 전쟁 중 일본군에 포로로 잡혀 있던 군인들의 송환과 함께 일본군의 비인
간적인 포로 처우가 알려지면서 일본을 향한 호주인들의 분노는 절정에 달
하게 되었다.

아시아 지역 옛 식민지들도 원래 자리로 되돌아오면서 프랑스는 인도차
이나, 네덜란드는 동인도제도, 영국은 홍콩을 각각 지배하게 되었다. 호주도
인도네시아 보르네오 섬에 5만여 병력을 주둔시킴으로써 인도네시아 동부
를 통제하게 된다. 하지만 인도네시아가 자주독립을 위한 움직임을 보이자,
치플리 총리는 인도네시아에서 호주 병력을 철수시키지 않는다면 호주가
커다란 외교적 위험에 놓이게 될 것을 직감했다. 당시 미국은 네덜란드에 막
대한 무기와 자금을 지원하고 있었으며, 13만 명에 달하는 강력한 네덜란드
군이 여전히 인도네시아에 주둔 중이었다. 이내 네덜란드 군은 인도네시아
수도 자카르타를 점령하면서 인도네시아를 지배할 야심을 드러내기 시작했
다. 영국은 오랜 동맹관계에 있는 네덜란드와의 충돌을 원치 않았으며 미국
역시 애매한 입장만 취하고 있었다. 이러한 상황에서 UN은 네덜란드령 동
인도제도의 주권을 인도네시아로 넘겨줄 것을 제안하였고, 결국 1949년 11
월 27일 네덜란드 정부가 UN의 권고안을 받아들이면서 인도네시아는 진정
한 독립을 이루게 된다.

미국과의 새로운 관계 정립

제2차 세계대전이 끝나고 일본은 한국에서 완전히 물러났지만 그 대신 러
시아가 한국과 만주로 진출하기 시작하였다. 한국으로 진입한 러시아는 미
국과 합의를 통해 39도선(미국 측의 실수로 이후 38도선으로 조정된다)을 기준으로

한국을 분할 통치하게 된다. 하지만 1950년 1월 12일 미국 딘 애치슨(Dean Acheson) 국무장관은 한국이 더 이상 미국의 방어선 범위 내에 위치하지 않음을 선언했고 북한은 이 기회를 놓치지 않았다.

러시아 스탈린의 지원과 중국 마오쩌둥의 허가를 얻어 낸 김일성은 1950년 6월 25일 남침을 하게 된다. 호주는 UN 회원국으로서 UN 긴급회의 결의에 따라 1950년 6월 27일 북한을 몰아내기 위한 파병을 결정하고 다음 날 영국과 함께 해군을 파견하였다. 1950년 7월 26일에는 미국의 요청에 따라 영국군 및 뉴질랜드 군과 더불어 영연방 사단을 구성하여 한국전쟁에 투입했다. 영연방 사단은 미군에 비해 수적으로 많지 않았지만 가장 효과적으로 전투에 임했다. 호주군의 한국전쟁 참전은 호주가 아시아 대륙에서 벌어진 전쟁에 참여한 첫 번째 사례로서, 미국과의 동맹관계를 다지는 초석으로 작용하게 된다. 태평양전쟁과 한국전쟁을 통해 미국은 아시아태평양 지역의 가장 강력한 존재로 각인되었으며 호주도 그런 미국이 자국 안보를 위해서 절대적으로 필요했다.

반면 호주의 모국 역할을 자임하던 영국은 UN 안전보장이사국인 동시에 1947년부터 핵무기를 보유하고 있었지만, 아시아태평양 지역보다는 유럽 지역 안보에 치중하는 모습을 보였다. 이러한 변화는 호주의 대외무역 관계에서도 나타나기 시작했다. 1951~55년만 해도 미국은 호주 수입의 12퍼센트를 차지한 반면 영국이 45퍼센트를 차지하고 있었다. 하지만 1968~72년 호주 전체 수입 비율에서 미국은 24퍼센트로 상승한 반면 영국은 11퍼센트까지 대폭 감소하였다. 전쟁 이후 미국도 호주에 대한 중요성을 인식하기 시작했으며 그 이유는 크게 두 가지로 압축된다. 호주가 오랜 기간 동안 인위적으로 보호해 오던 제조업의 기반이 취약했기 때문에 상대적으로 미국산 제품을 수입할 여지가 높다는 경제적 측면, 그리고 호주가 아시아태평양 지

위: 엘리자베스 2세는 호주를 방문한 8주간 호주 국민들의 열렬한 환영을 받았다.
아래: 1954년 퀸즐랜드를 방문한 엘리자베스 2세

역의 전략적 요충지라는 안보적 측면이 동시에 작용한 것이다.

이러한 측면에서 미국은 1951년 9월 1일 호주-뉴질랜드와 함께 3국 협력체인 태평양안전보장조약(The Australia, New Zealand, United States Security Treaty, ANZUS 조약)을 맺게 된다. 그 대신 호주는 일본과도 암묵적인 평화 조약을 맺어야만 했다. 호주에게 일본은 8천 명이 넘는 자국민 포로에게 반인류적 만행을 저지른 원수이며, 오랜 기간 유지해 온 인종차별적 백호주의에 빗대어 봐도 일본과의 평화는 있을 수 없는 일이었다. 그러나 미국이라는 필요조건이 호주의 국가적 양심마저 저버리게 만든 것이다. 아이러니하게도 이후 일본은 호주 양모와 곡물의 주요 수출 대상국으로 부상하면서 호주 재정에 막대한 이익을 안겨 주게 된다. 경제적으로 더 이상 일본을 외면할 수 없게 된 호주는 급기야 1957년 7월 6일 일본과 무역협정을 체결하였다. 하지만 일본과의 경제 관계가 긴밀해지면서 영국과의 관계는 더더욱 악화되기 시작했다.

1948년 영연방 총리 회의에서 호주는 뉴질랜드, 말레이시아를 포함한 아시아태평양 지역의 안보를 책임지는 역할을 맡게 된다. 다분히 일본의 군국주의가 부활할 것을 염려한 조치였다. 호주 국내에서 영국과의 전통적 관계, 그리고 미국과의 새로운 관계에 대한 논란이 끊이지 않는 가운데, 1954년 2월 영국 여왕 엘리자베스 2세가 호주를 전격 방문함으로써 영국과의 감정적 유대를 재확인하였다. 여왕은 8주간 머무르며 호주 곳곳을 방문하였고 수백만 인파의 열렬한 환영을 받으면서 호주 사람들의 영국을 향한 깊은 유대감을 실감하게 된다.

제10장
아시아태평양의 일원

인도네시아와의 갈등

1950년 1월 영연방 총리회의에서 아시아 지역 민주정부의 안정화와 공산 세력의 확산을 막기 위한 콜롬보 계획(Colombo Plan)이 발표되었다. 이는 남아시아와 동남아시아 국가들의 경제발전계획을 논의하고 이들 지역의 개발을 위해 영국, 호주, 캐나다 등이 기술적·재정적 원조를 제공하는 프로그램이다. 당시 러시아는 공산 세력의 확산을 위해 개발도상국의 학생들을 모스크바로 초청하여 무상교육을 제공하고 있었는데, 이에 대한 민주 세력의 대응 차원에서 시작한 정책이었다. 호주가 주도한 이 계획에 미국과 일본이 동참한 가운데 1956년까지 버마(지금의 미얀마), 인도네시아, 네팔, 필리핀, 태국, 캄보디아, 라오스, 남베트남이 차례로 참여하게 된다. 1959년까지 2,650명에 이르는 아시아 학생들이 호주 대학에서 공부할 기회를 얻게 되었고, 자연스럽게 백호주의는 빛을 잃어 가고 있었다.

러시아와 중국이 주도하는 공산주의 세력은 중-러 조약(Sino-Russia Pact)을 통해 동남아시아 지역에서 그 위세를 확장하고 있었다. 특히 프랑스가 인도차이나에서 공산주의 세력에 의해 곤경에 처하게 되자, 호주와 동맹 협정을 맺은 미국과 뉴질랜드는 동남아시아에서 공산주의 세력을 몰아내기 위해서는 영국의 동참이 절실하다고 판단했다. 그러나 영국 처칠 수상의 입장은 단호했다. 영국은 더 이상 동남아시아에 관여하고 싶지 않다는 것이었다. 이에 프랑스는 결국 인도차이나를 포기하게 된다. 냉전 시대에 동남아시아 지역에서 민주 세력과 공산 세력 간 갈등이 불거지는 상황에서 영국이 한 발자국 물러서게 된 배경에는 영국 경제의 악화도 한몫을 했다.

20세기 들어 호주가 직접적으로 국경을 마주한 국가는 뉴기니 섬 서쪽의 인도네시아가 유일했으며, 호주와 인도네시아는 항상 대립의 양상을 보여 왔다. 호주는 인도네시아가 네덜란드령 동인도제도의 해방을 위한 투쟁을 벌였으며 말레이시아 연방 결성에도 반대해 왔다는 사실을 너무나도 잘 알고 있었다. 1949년 네덜란드로부터 독립한 인도네시아가 이후 서뉴기니(Western New Guinea)에 대한 욕심을 버리지 못하자 1951년 호주는 영국과 함께 인도네시아를 뉴기니로부터 철수시킬 것을 UN에 요청하게 된다.

인도네시아 독립 초기까지만 해도 원만한 관계를 유지하던 양국이 이토록 관계가 악화된 배경에는 인도네시아 초대 대통령 수카르노(Achmed Su-karno)의 좌경화 정책이 큰 영향을 미쳤다. 당시 냉전 체제가 극에 달하던 상황에서 서방 민주주의 세력과 결속을 다지던 호주의 입장에서는 인도네시아의 친 공산주의적 외교 관계가 곱게 보일 리 만무했다. 서뉴기니 문제를 해결할 수 있는 대안은 다시 네덜란드령으로 돌아가든지, 자치 독립을 하든지, 아니면 인도네시아에 편입되는 것이었다. 호주는 서뉴기니가 네덜란드의 민주적인 통치 하에 남아 있기를 희망했지만 인도네시아 수카르노 정부는 끝내 서뉴기니에 대한 무력 침공을 감행하고 영국과 미국이 여기에 중립적인 자세를 취하면서 결국 서뉴기니는 인도네시아의 손에 넘어가게 된다. 미국과 영국의 정치·외교적 지원이 없는 상황에서 네덜란드는 더 이상 서뉴기니를 지배할 명분을 잃었고, 1962년 8월 UN 의결을 거쳐 서뉴기니는 인도네시아 영토로 귀속되었다.

말레이시아 연방의 탄생 과정에도 진통이 있었다. 당시 공산 세력이 말레이시아 연방 구성에 반대하면서 호주는 영국을 도와 영연방의 일원으로 군대를 파병하였고 미국에도 도움을 요청하게 된다. 하지만 미국은 말레이시아 문제가 영연방끼리 해결할 문제라는 이유로 지원 요청을 거절하였다. 호주 내부적으로도 말레이시아 연방 탄생을 돕는 사안에 대한 찬반양론이 뜨거웠다. 호주가 말레이시아를 도울 경우 인도네시아의 적대감을 살수도 있다는 우려가 강했으며, 1963년 자카르타에서 열린 호주-인도네시아 회담에서 수카르노 역시 말레이시아의 독립을 돕는 그 어떤 세력도 인도네시아의 힘으로 무력 제압하겠다며 으름장을 놓았다. 호주는 미국의 양면성을 새삼 재확인하면서 영연방 일원으로서 영국과 함께 말레이시아의 독립을 돕겠다는 결정을 내리게 된다. 미국의 케네디(John F. Kennedy) 대통령도 호주가 미국과 ANZUS 조약을 맺은 이상, 인도네시아로부터 전면적인 공격을 받게 되면 미국도 육군을 제외한 공군과 해군력을 투입하겠다는 의사를 표시했다. 물론 실제적인 실행 여부까지는 불투명했다.

말레이시아에서 인도네시아와 영국군 사이의 대치가 3년간 지속되면서 수카르노는 말레이시아에 대한 전면적인 공격을 위해 UN 탈퇴를 선언하였다. 다급해진 말레이시아 정부는 호주에 도움을 요청했고 호주는 보병대대를 파견했다. 소규모 병력만을 투입한 인도네시아 군과의 충돌은 미미했으며 호주군은 6명의 전사자가 발생하였다. 전쟁에 대한 준비가 잘되어 있던 호주군은 인도네시아 군을 맞아 싸우는 것보다 열대 우림의 열악한 자연환경에 더 많은 고생을 했으며 많은 수의 군인이 질병으로 인해 사망하였다. 한편, 호주와 대립각을 세우며 충돌했던 수카르노는 결국 1965년 9월 인도네시아 공산당의 대규모 반란으로 실각하게 된다.

베트남전쟁과 대미 관계

호주 최장수 총리직을 지낸 멘지스가 재임 기간 동안 저지른 최대의 실수는 베트남전쟁 참전이었다. 호주는 영국 및 영연방과의 오랜 군사적 동맹관계를 정리하고 UN 회원국으로서 미국과 보조를 맞추기 시작했다. 호주는 한국전쟁과 스탈린의 죽음 이후 러시아와 중국의 공산 세력이 완전히 사라진 것으로 오판하고 있었다. 이러한 배경에는 열악한 호주 정보 당국의 현실이 있었다. 외교부에는 원활한 통역을 담당할 인력이 부족했으며 특히 북베트남을 담당하는 외교관이 없었다. 남베트남에 파견된 호주 외교관의 비교적 정확한 정보는 줄곧 호주 정부에 의해 묵살당하기 일쑤였다. 호주 정부는 베트남의 옛 안남 왕조(Kingdom of Annam)가 중국 왕실에 대한 저항의 역사를 간직해 왔기 때문에 아직도 중국에 대한 반감을 갖고 있을 거라고 판단했을 뿐, 중국공산당의 새로운 접근 전략에 대해서는 간과하고 있었다.

제네바 협정에 따라 프랑스가 인도차이나에서 철수하자 미국은 협정 체결 당사국도 아닌 상태에서 암암리에 이곳을 점유하고 있었다. 이내 베트남은 북위 17도를 경계로 북쪽은 하노이를 중심으로 한 공산주의 북베트남 민주공화국(Democratic Republic of Vietnam, DRV), 남쪽은 사이공을 수도로 민주주의 세력인 베트남 공화국(Republic of Vietnam, RVN)으로 양분되었다. 남베트남에서 총선이 무산되면서 혼란에 빠진 사이 북베트남은 일사 분란하게 총선을 마친 공산주의 세력의 확장이 이루어졌다. 사이공 주재 호주 대사관으로부터 남베트남의 혼란스런 상황이 전해졌지만 호주 정부는 귀를 기울이지 않았다.

1961년 11월 호주는 미국으로부터 베트남 공화국을 도울 수 있는 경무기와 함께 말레이시아 독립전쟁에서 경험을 쌓은 장교들의 파견을 요청받게 된다. 호주 정부는 1962년 5월까지 상황을 지켜보다가 ANZUS 조약을 통해 30명의 군사고문단을 베트남 공화국에 파견하기로 결정했다. 하지만 1961~63년 베트남 공화국의 상황은 더욱 혼란스러워졌으며, 호주 정부도 북베트남 공산 세력에 대한 경계와 함께 베트남 공화국의 독립이 요원하다는 사실을 인지하기 시작했다. 하지만 케네디 대통령 암살 이후 린든 존슨(Lyndon B. Johnson) 신임 대통령은 베트남에서 군사력을 증대시킴으로써 반드시 베트남 공화국의 독립을 이루겠다는 의지를 표명했다. 이를 위해 동맹국들의 동참을 호소했지만 결국 호주와 한국만이 미국의 요청에 응하게 된다. 반면 태국은 약간의 전투병을, 일본은 의무 지원을, 그리고 영국은 6천 파운드를 지원하는 데 그쳤다. 호주 국내 여론도 상황이 더 악화되기 전에 베트남에 파견된 호주 군대를 거둬들여야 한다는 목소리가 높아졌기 때문에 호주는 60명의 군사고문단과 수송기 6대만을 파견했다.

하지만 재선에 성공한 미국의 존슨 대통령이 멘지스 총리에게 직접 전화를 걸어 추가 파병을 요청하면서 결국 호주 정부는 1개 보병대대, 특수부대, 해군의 파병을 결정하게 된다. 문제는 이를 실행하기 위해 추가 징집이 필요하다는 점이었다. 멘지스 총리는 징집을 강행했고 이러한 결정은 호주 국민들로부터 지탄을 받게 된다. 징집 방식도 복잡해서 제비뽑기 방식으로 선발된 군인은 2년간 해외 복무를 마치고 이후 추가로 3년간 군복무를 더 해야 했으며, 제비뽑기 방식을 거치지 않은 군인은 6년 동안 군복무를 해야 했다. 이는 징집병 중에서 자원병만 해외 전선에 파병됐던 이전과는 달랐기 때문에 상당한 불만을 야기했다.

또한, 아무 명분도 없이 단지 미국을 돕겠다는 의지만으로 또 다시 호주의 젊은이들이 먼 이국땅에서 피를 흘려야 한다는 것에 대해서 분노의 목소리가 터져 나왔다. 한국전쟁에서 호주군은 영국군, 캐나다 군, 뉴질랜드 군, 인도군과 함께 영연방 연합군을 형성했지만, 베트남전에서는 호주군이 미군의 지휘 하에 들어가야 한다는 점도 호주 여론을 자극했다. 무엇보다 미군의 전술 스타일은 적이 위치하고 있다고 판단되는 지점에 대한 맹폭격 위주인 데 반해 호주군의 전술은 말레이시아 전투와 뉴기니 전투에서 볼 수 있듯이 소단위의 병력이 은밀한 수색 위주로 작전을 전개하면서 장기전에 대비하는 스타일이었다.

어찌 됐든 8,300명에 이르는 호주군이 파병된 가운데, 1966년 8월 이틀 동안 전개된 롱 탄(Long Tan) 전투에서 호주 1개 중대는 17명의 전사자만 낸 채 245명의 베트콩을 사살하는 전과를 올렸다. 하지만 베트남전 대부분은 정글 속을 정찰하면서 매복해 있던 베트콩과 육박전까지 감내해야 하는 매우 고통스런 나날의 연속이었다.

그나마 베트남전 초반에는 호주 여론도 전쟁을 지지하는 쪽이 다소 우세했다. 하지만, 1969년 8월 실시된 여론조사에서는 55퍼센트가 베트남에서 철수하기를 희망하는 것으로 나타났다. 거리에서는 수만 명이 반전의 구호를 외치고 있었지만, 존 고튼(John Gorton) 총리는 눈 하나 꿈쩍하지 않았다. 결국 1970년 말 미군이 베트남에서 철수를 결정하고 나서야 호주도 더 이상

베트남에 남아 있을 이유가 없어졌다.

호주가 이토록 반대를 무릅쓰고 베트남전쟁에서 미국을 도와 희생을 치른 데는 두 가지 명분이 존재한다. 우선 전쟁에 참여한다는 것 자체가 독립국가로서의 존재감을 나타내는 것이며, 다른 모든 우방국들이 동참을 꺼리는 가운데 호주가 참전을 하는 것은 미국과의 관계 형성에 있어 그만한 가치가 있다고 판단했기 때문이다. 두 번째로, 호주가 지향하는 자유민주주의 세계는 반인륜적 공산주의를 제압했을 때에야 비로소 꽃을 피울 수 있으며, 이러한 민주주의를 지향하는 자유국가를 옆에서 도와야 한다고 판단했을 것이다.

여하튼 베트남전쟁을 기점으로 호주와 영국의 관계는 보다 미온적으로 변하게 되었지만, 이는 단순히 베트남전쟁만으로 빚어진 것이 아니라 지난 반세기에 걸쳐 서서히 변화해 온 결과였다. 호주는 말레이시아 독립전쟁에서 영국을 도우며 잠시나마 영연방의 끈끈함을 보여 주기도 했지만, 결정적으로 영국이 유럽연합에 가입하면서 경제적인 관계도 멀어지게 되었다. 뼛속까지 영국과 영국 왕실을 동경했던 멘지스 총리는 1965년 12월 총리직을 사임했다. 영국에 대한 애착이 남달랐던 호주 총리의 시대는 그렇게 마지막을 고했다.

호주 화폐의 탄생

최초 백인 정착기에는 제대로 된 화폐조차 존재하지 않았기 때문에 호주에서는 물물교환이 이뤄지거나 럼주를 화폐 대신 사용했다. 그러다가 1816~17년 뉴사우스웨일스 은행(Bank of New South Wales)에 의해 첫 공식 지폐인 경찰 기금 지폐(Police Fund Note)가 도입되어 사용됐다. 하지만 1901

년 호주 연방 정부가 공식 출범하면서 자국 화폐에 대한 필요성이 대두되었고, 호주 지폐법(Australian Note Act)에 의해 1913년부터 호주 파운드화가 도입되었으며 그 가치는 영국 파운드화에 기초하여 결정되었다.

세월이 흘러 멘지스 총리는 영국을 향한 남다른 정서적 연대에도 불구하고 호주의 독립적인 화폐 개혁을 단행했다. 새로운 화폐의 도입은 1963년부터 꾸준하게 추진되어 왔다. 기존에 사용되던 영국의 파운드, 실링, 펜스를 과감히 버리고 새로운 화폐 도입이 본격화된 것인데 1966년 2월 14일, 거론되던 다양한 명칭 후보들 중 결국 '호주 달러(Australian Dollar)'라는 명칭으로 최종 결정되었다.

최초의 호주 달러화는 미국 달러에 대해 고정환율제 방식을 적용하여 1호주 달러를 1.12 미국 달러로 고정시켰다. 호주 달러는 호주 국내뿐만 아니라 호주령 크리스마스 섬(Christmas Island), 코코스 섬(Cocos Island), 노퍽 섬과 남태평양 독립국가인 키리바시(Kiribati), 나우루(Nauru), 투발루(Tuvalu)에서도 통용되고 있다.

동전의 종류는 1센트, 2센트, 5센트, 10센트, 20센트, 50센트가 있었는데, 최초로 만들어진 50센트 동전은 은 함유량이 80퍼센트를 넘으면서 동전의 액면가를 초과하게 되자 이내 교체되기도 했다. 1달러 동전은 1984년에 도입되었으며 2달러 동전은 1988년에 새롭게 선보였다. 50센트 동전에는 주로 영국이나 연연방과 관련된 문양을 새겨 넣었다. 1970년에는 제임스 쿡의 동부 해안 발견, 1977년에는 엘리자베스 여왕 즉위 25주년, 1981년에는 찰스 황태자의 결혼, 1982년에는 브리즈번에서 개최된 영연방 경기대회를 기념하는 동전을 주조한 바 있다. 2달러 동전에는 원주민과 자연 풍경이, 1달러에는 5마리의 캥거루가 새겨져 있다. 50센트에는 호주 정부의 문장이 새겨진 방패, 20센트에는 오리너구리(platypus), 10센트에는 금조(lyrebird), 그

호주 달러 지폐 전면

리고 5센트에는 바늘두더지(echidna)가 각각 등장한다. 호주 동전은 1965년 수도 캔버라에 설립된 호주조폐공사(Royal Australian Mint)에서 전량 주조하며 이곳에서는 하루 2백만 개의 동전, 연간 6억 개에 달하는 동전을 주조하고 있다.

지폐는 1966년에 1달러, 2달러, 10달러, 20달러로 영국 지폐와 동일하게 발행되었으며 5달러 지폐는 1967년, 50달러 지폐는 1973년, 100달러 지폐는 1984년에 각각 발행되기 시작했다. 특히 1988년부터 지폐의 보안성을 높이기 위해 세계 최초로 모든 지폐에 플라스틱 코팅 재질이 도입되었다. 이로 인해 호주 지폐는 위생, 안전성, 재활용성을 높였다는 평가를 받았다. 100달러 지폐 전면에는 호주의 세계적인 소프라노 넬리 멜바(Dame Nellie Melba)의 모습이, 후면에는 1차 세계대전의 전설적인 군인 존 모나시 경의 모습이 들어가 있다. 50달러 지폐에는 전면에 원주민 발명가 데이비드 유나이펀(David Unaipon), 후면에는 호주 역사상 최초의 여성 의원 에디스 코완이 새겨져 있고, 20달러 지폐에는 전면에 세계 최초 항공 의료 서비스를 고안한 존 플린(Reverend John Flynn), 후면에 1792년 호주에 도착한 죄수 출신으로 성공한 사업가 겸 자선가 매리 레이비(Mary Reiby)가 등장한다. 10달러 지폐에는 호주의 전통 민요 '왈칭 마틸다(Waltzing Matilda)'를 작사한 밴조 패터슨("Banjo" Paterson), 그리고 후면에는 인도주의자 매리 길모어(Dame Mary Gilmore)가 그려졌다. 5달러 지폐 전면에서는 엘리자베스 2세 영국 여왕을, 그리고 후면에서는 호주 연방 정부 창설의 아버지 헨리 파크스의 모습을 볼 수 있다.

새로운 원주민 정책

1966년 성공적으로 총리직에 오른 해럴드 홀트 총리는 멘지스의 정책을 그대로 계승하면서 영국과 원만한 관계를 유지했다. 영국의 찰스 황태자가 1년간 호주에 머물면서 호주 학교에 재학할 만큼 호주와 영국 왕실 간의 관계도 괜찮았다. 하지만 베트남전 이후 영국과의 관계가 어색해진 대신 미국과는 긴밀한 관계가 형성되면서 미국은 호주에 주요 군사 및 정보 시설을 설치했다. 아울러 매년 60여 대의 미 함정이 호주를 거쳐 인도양과 동남아시아 해상에서 연합 군사훈련을 실시하는 동시에 러시아와 중국의 움직임을 감시하게 되었다.

홀트 총리는 외적으로는 중국을 비롯한 공산주의 세력을 배척하는 정책을 고수하면서 내적으로는 원주민 문제 해결과 같은 다소 개혁적인 정책을 내세웠다. 특히 그는 호주가 고수해 온 백호주의를 타파하겠다는 의지가 매우 강했다. 당시 백인들의 천대와 박해를 받아 온 원주민들의 숫자는 급격히 줄어들고 있었고, 한두 세대만 지나면 호주 대륙에서 원주민은 영원히 사라질 것이라는 우려도 나오고 있었다. 호주 원주민 문제는 원칙적으로 주 정부가 담당하고 있었지만, 1911년 원주민들이 주로 거주하던 노던 준주가 연방 정부로 편입되면서 연방 정부도 원주민 문제에 손을 놓고 있을 수 없는 상황이 되었다. 비록 원주민들이 아직까지는 연방 국가의 국민으로 인정받지 못하고 있었지만 언젠가는 인정받게 될 잠정적 국민이며, 그런 만큼 그들도 보호받을 권리가 있다는 주장이 제기되기 시작했다.

원주민 문화에 대한 관심은 일부 인류학자들에 의해 꾸준하게 유지되고 있었다. 그들은 자신들만의 의식(儀式)을 소중히 여겨 왔으며 이러한 의식은 새로운 손님을 맞이하거나, 종족 우두머리에 대한 존경심을 표시하기 위해서, 계절이 지나는 것을 알리기 위해서, 정신적 세계의 단결을 위해서 행해졌다. 또한 모든 인류가 그렇듯이 원주민들도 조상 대대로 내려온 땅을 소중히 여겼다.

호주 17대 총리 해럴트 홀트

하지만 이러한 원주민 문화와 정신세계는 무시된 채 호주 정부는 이들 원주민에 대한 보호보다 통제에 더 많은 무게를 두어 왔다. 매사에 불만이 가득한 백인 고용주에 대한 규제보다는 원주민에 대한 규제를 두는 편이 손쉬웠으며, 심지어 백인이 원주민을 고용하는 데 부과되는 허가세는 개를 소유하기 위해 내는 허가세보다도 낮은 금액이었다. 또한, 원주민들은 연방 정부 승인 없이는 백인과 결혼할 수 없도록 제한되기도 했다.

1911년에는 연방법에 따라 원주민의 더 나은 미래를 위한다는 명목으로 18세 미만 원주민 아동들을 백인 보호자에게 강제로 입양시켰다. 이는 매우 비인간적인 방법으로, 원주민 아동이나 친부모로부터 그 어떤 동의도 얻지 않았을 뿐만 아니라 심지어 아무런 이유도 말해 주지 않았다. 주로 피부색이 비교적 하얀 아이들이 강제 입양되었기 때문에 원주민 가정에서는 피부색이 하얀 아이들을 숨기거나 피부를 일부러 검게 만드는 웃지 못할 일도 벌어졌다. 입양된 원주민 아이들이 모두 안정된 생활을 누린 것도 아니었다. 농촌 지역으로 입양되어 강제 노역이나 폭력에 시달리는 경우도 많았다. 무

호주 50달러 지폐에 그려진 데이비드 유나이펀

엇보다 가장 비참한 것은, 수많은 원주민 가정이 백인들의 이기적인 정책으로 인해 뿔뿔이 흩어지고 파괴되었다는 사실이다. 원주민들은 강제로 자식을 빼앗긴 이 시기를 '잃어버린 세대(Stolen Generation)'라고 부르며 백인 사회를 원망했다.

그나마 원주민에 대한 태도가 바뀌게 된 것은 1920년대 후반 원주민 보호 연맹(Aborigines Protection League)이 원주민 정착지 설립을 제안한 후부터였다. 정착지에서 원주민들은 토지를 소유할 수 있었으며 전통적인 관습에 따라 통치가 가능했고 무엇보다 의회에서 원주민을 대표할 수 있는 규정들이 마련되었다. 일련의 변화에도 불구하고 백인들의 원주민에 대한 인상은 여전히 무능력한 별종 정도였다.

1914년부터 1942년까지 퀸즐랜드 주 수석 원주민 보호관을 지낸 존 블리클리(John Bleakley)는 존경받는 원주민 발명가였던 데이비드 유나이펀의 도움을 받아 1929년 연방 정부에 제출한 보고서를 통해 원주민에 대한 백인들의 인식을 바꾸어 놓았다. 유나이펀과 블리클리는 원주민들에게 강압적인 방법으로 백인 시스템을 적용하더라도 자발적으로 자신의 전통과 관습을 포기하게 할 수는 없을 것이므로, 차라리 백인들로부터 간섭받지 않는 그들만의 정착지를 마련해 줄 필요가 있음을 강조하였다. 결국 호주 정부는 1931년 노던 준주 북쪽 카펜테리아 만 인근 해안 31,000 평방마일(약 49,890㎢) 부지에 아넘 랜드(Arnhem Land)를 세우고 새로운 원주민 정착지로 지정하게 된다.

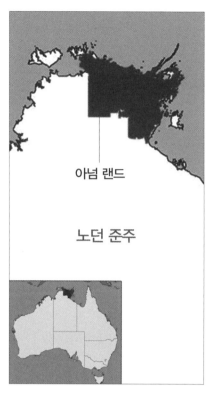

원주민 정착지 아넘 랜드의 위치

하지만 백인 사회에 노출된 원주민들에 대한 대우는 여전히 가혹했으며 이들이 백인 문명 사회로 융화되기 위해서는 보호와 통제가 동시에 필요해 보였다. 웨스턴오스트레일리아에서는 1944년 법령 개정을 통해서, 원주민 자신의 종족이 말살되었고 문명 생활로의 적응이 가능하며 영어를 유창하게 하고 질병으로부터 안전하다는 사실을 행정관이 증명할 경우에 한해 자유가 주어졌다. 원주민 혈통(완전 원주민, 혼혈 원주민 등)에 따라 계급을 부여하자는 주장도 제기됐지만 연방 정부는 이를 받아들이지 않았다. 주 정부마다 원주민에 대한 상이한 기준을 적용하다 보니 아이러니한 경우가 발생하기도 했다. 가령, 웨스턴오스트레일리아 더비(Derby)에서는 원주민으로 분류된 사람이 주 하원 선거에 참여할 수는 없었지만 충분한 재산만 있다면 상원 선거에 참여할 수 있는 권리가 주어졌다.

한때 말살 위기까지 언급될 만큼 위기에 빠졌던 원주민 인구가 점차 증가하면서 원주민들도 다소 호전적으로 변화하였다. 당시 원주민은 센서스 조사(인구 총 조사) 대상에서 제외되었기 때문에 정확한 숫자는 알 수 없지만, 1920년 6만 명 정도로 추산되던 원주민 인구수는 1961년 106,000명으로 증가한 것으로 추정되며, 1971년 센서스 조사에 원주민들이 처음 포함되면서 115,953명으로 집계되었다.

1938년 1월 첫 영국 함대 상륙 150주년을 기념하는 자리는 백인들에게는 위대한 축제의 자리였지만, 원주민들에게는 비참하고 참혹했던 과거에 대한 애도의 날이었다. 하지만 큰 전쟁을 치르면서 호주 백인들도 다양한 인종을 바라보는 시선과 관념에 변화를 겪게 되었다. 원주민 병사들도 호주 백인 병사와 함께 해외 전쟁에 파병되어 서로를 존중하며 친밀감을 높이고 함께 피를 나누었다.

호주에서 원주민 문제가 점차 중요한 이슈로 다뤄지면서 정부도 원주민을 배려한 정책들을 쏟아내기 시작했다. 1949년 연방선거법 개정을 통해서 사우스오스트레일리아, 뉴사우스웨일스, 빅토리아, 태즈메이니아의 원주민들은 이미 시민으로 인정받고 있었으며 지방선거에서 투표권을 행사할 수 있었다. 하지만 퀸즐랜드와 웨스턴오스트레일리아에서는 군 복무를 마친 원주민들에게만 투표권이 부여되었다.

1967년 5월 홀트 총리는 원주민에 대한 시민권 부여, 센서스에 원주민 포함, 원주민 문제를 주 정부에서 연방 정부로 완전히 이관하는 것에 대한 국민투표를 실시했으며 90퍼센트에 가까운 압도적인 지지를 통해 원주민을 위한 법령들이 서서히 빛을 보게 되었다. 하지만 호주 원주민들을 위해 개혁적인 정책을 열어 가던 홀트 총리는 1967년 12월 17일 멜번의 포트시(Port-sea) 해변에서 해수욕 도중 실종되고 만다.

주 정부 중에서도 사우스오스트레일리아는 원주민 권익을 위해 가장 앞선 정책을 실행하고 있었다. 가령, 1966년 카페나 펍 등과 같은 서비스 산업에서 인종차별을 금지하는 한편 호주 최초로 원주민 토지 법령(Aboriginal Lands Trust Act)을 제정함으로써 원주민의 토지 소유를 인정해 주었다.

한편 1972년 연방 정부의 총리에 취임한 고프 휘틀람(Gough Whitlam)은 개인적으로 원주민과의 약속을 이행하기 위해 많은 노력을 기울였다. 그는 원주민 토지권(Aboriginal Land Rights) 제정을 위해 노력했으며 특히 세간의 이목이 집중됐던 웨이브 힐 랜드 그린지(Wave Hill Land Gurindji) 문제를 해결하였다. 노던 준주 웨이브 힐(Wave Hill) 주변의 3,250km^2 지역에 거주하던 그린지(Gurindji) 부족이 처음 유럽인과 접촉한 것은 1850년대 어거스터스 그레고리가 이 지역을 방문했을 때이다. 이후로도 수차례에 걸쳐 백인들의 방문이 이어지면서 1883년, 이곳에는 웨이브 힐 목장이 들어서게 되었다. 문제는 백인들이 목장 주변에 설치한 울타리 때문에 그린지 부족은 주요 식수원과 사냥터에 접근조차 할 수 없게 된 것이었다. 백인 목장주들은 가축에게 먹일 목초지를 확보하기 위해 야생 캥거루와 딩고도 마구잡이로 사냥했다. 식량이 부족해진 그린지 부족은 목장 가축을 잡아먹기 시작하면서 양측 간의 충돌로 이어졌다. 끝내 원주민들의 선택은 목장 안으로 들어가 배급을 받으며 힘든 목장 일을 하는 것이었다. 원주민들은 자신의 생활 방식을 포기하더라도 조상 대대로 이어 온 정착지에서만큼은 거주해야 한다고 판단했다.

그러던 1914년 영국계 목축업자 베스티(Vestey) 가문이 웨이브 힐 목장을 인수하게 되고 원주민들은 더욱 혹독한 대우를 받아야만 했다. 이들이 거주하는 곳은 전기나 화장실은커녕 기본적인 가구나 식기도 없는 참혹한 환경이었으며, 배급되는 음식은 밀가루, 차, 설탕, 소 머리 부분이나 발끝 뼛조각에 붙은 살코기 정도에 불과했다. 당시 정부로부터 원주민에게 지급되던 보조금도 회사 계좌로 입금되었기 때문에 원주민들은 돈을 만져 보지도 못했다. 반면 목장에서 일하던 백인 근로자들은 높은 최저임금 수준을 보장받는 것은 물론 임금 상한선도 없는 넉넉한 보수가 지급되었으며 정원이 딸린 편안한 집에서 자신의 부를 축적할 수 있었다.

1945년 청문회를 통해 웨이브 힐 목장에서 일하는 원주민들의 5실링도 안 되는 하루 일당과 비참한 생활환경이 외부로 알려지게 되었다. 이어 1966년 8월 23일 목장에서 일하던 원주민 대변인 빈센트 린기아리(Vincent Lingiari)를 비롯한 동료 가족 200여 명이 목장 밖으로 나와 시위를 벌였다. 처음에는 열악한 근로조건과 생활환경에 대한 항의로 여겨졌지만, 원주민들의 궁극적인 요구는 조상 대대로 살아온 토지를 되찾는 것이었다. 1966년 말 노던 준주 정부는 원주민들의 임금을 125퍼센트 인상할 것을 제안했지만 원주민들은 백인 근로자와 동일한 임금과 자신들의 토지 반환을 요구했다. 그러자 정부는 원주민들의 식량 지급을 중단하고 퇴거 조치를 단행하는 등 협박을 가하기도 했다. 1967년에는 원주민들이 웨이브 힐 인근에 새로운 정착지를 마련해 줄 것을 연방 총독에게 제안했지만 이마저도 거부당했다. 1968년 60여 명의 원주민들이 추가로 시위대에 가담하였고 원주민 대표들은 호주 각지를 돌아다니며 노동조합 관계자, 변호사, 정치인들을 만나 문제의 본질을 알리고 적극적으로 설득하기도 했다. 당시 수많은 백인들도 원주민의 주권과 토지권 회복을 위한 시위에 동참하면서 그린지 부족 문제는 국가적인 문제로까지 부각되었다.

그러나 윌리엄 맥마흔(William McMahon) 총리는 시끄러운 원주민 토지권 반환 문제를 외면한 채 캔버라에 텐트를 치고 있던 원주민 대사관을 철거하

위: 그린지 목장 초기 원주민의 모습
아래: 그린지 부족의 두 지도자 빈센트 린기아리와 도널드 난기아리(Donald Nangiari)

위: 그린지 목장의 파업 현장
아래: 그린지 목장과 원주민 토지권을 위한 백인들의 시위 현장

그린지 부족 지도자 빈센트 린기아리의 손에 부족 땅의 모래를 뿌려 주는 휘틀람 총리

기까지 했다. 하지만 1967년 국민투표를 통해서 원주민 관련 법률과 정책 사안이 주 정부에서 연방 정부로 이관되었고, 뒤를 이은 노동당 휘틀람 정권은 1972년 노던 준주에서 원주민 토지권을 가장 중요한 어젠다로 정하고 청문회를 통해 원주민 토지권 입법안을 의회에 제출하였다. 또한, 노던 준주에서 원주민 토지권을 침해하는 토지 대여를 중단하는 한편 광산 개발권도 회수하였다.

원주민 토지권은 휘틀람 정권이 물러나고 이듬해인 1976년 말콤 프레이저(Malcolm Fraser) 정권에서 최종적으로 채택되었다. 휘틀람 총리는 총리직에서 물러나기 직전인 1975년 웨이브 힐의 베스티 가문과 협의를 통해 그린지 부족에게 일부 토지를 돌려줄 수 있었다. 이것은 호주 원주민 토지권 회

1972년 캔버라에 설치된 원주민 천막 대사관. 1979년까지 철거와 재설치가 반복되었다.

복의 청신호가 된 역사적인 사건이었다. 지금도 매년 8월이 되면 호주 전역의 원주민들이 모여 그린지 부족이 파업에 돌입했던 순간을 자유의 날로 기념하고 있다.

개혁과 돌파

1972년 취임한 고프 휘틀람 총리는 베트남에서 호주군을 철수시키는 한편 징집제도를 폐지한 장본인이다. 노동당 소속인 휘틀람 총리는 이전 총리들과 다르게 개혁적인 정책을 통해서 호주 사회를 변모시켰다. 가령, 노던 준주와 호주 수도 준주에도 하원과 상원 의석을 배정하고, 투표 연령을 18세로 낮추기도 했다. 공무원들의 근무 조건도 개선되어 휴가 일수를 늘리고 출산휴가를 장려하였으며 최저임금 수준을 높이기도 했다. 이제껏 주 정부가 담당하던 교육 재정과 정책도 연방 정부로 이관시켜 각 학교와 대학에 충분한 재정적 보조를 해 주는 한편, 대학 등록금을 폐지함으로써 완전한 무상교육 시스템을 완성하였다. 의료 부문에서도 메디뱅크(Medibank, 국민건강보험제도) 시스템을 도입함으로써 전 국민에게 의료 혜택을 안겨 줬다. 개혁적 성향의 노동당 정부가 시행한 가장 눈에 띄는 정책은 유색인종에게도 이민 문호를 개방함으로서 백호주의를 완전히 포기한 것이다. 1958년부터 이민 희망자들을 대상으로 실시해 오던 받아쓰기 시험을 폐지한 데 이어 이민 자격을 대폭 완화함으로써 인종, 피부색, 국적에 따른 차별을 없앴다. 이로써 호주는 영국에 편중되어 있던 이민자 비중을, 상대적으로 저렴한 노동력을 제공할 수 있는 유색인종으로까지 확대시켰다. 덕분에 호주는 노동시장의 효율성을 도모하는 한편, 1975년 사이공 함락 이후의 베트남 난민까지 수용할 준비를 마칠 수 있었다.

베트남전에서 철수한 호주는 자신들의 가장 근접한 이웃으로서 아시아태평양 지역이 갖는 중요성을 새삼 깨달았다. 미국에 의해 손상된 ANZUS 조약, 아시아태평양보다 유럽에 치중하는 영국을 바라보면서 휘틀람 총리는 새로운 외교관계 정립의 필요성을 느꼈고, 다양한 유색인종에 대한 이민을 적극적으로 추진하게 된다. 하지만 유색인종이 호주로 대거 유입되면서 백인 노동자들의 근심거리는 늘어나게 되었다. 가뜩이나 호주 정부가 수입관세를 25퍼센트 낮추면서 국내 제조업 경쟁력이 더욱 위협을 받고 있는 상황에서 저렴한 노동 인구의 유입은 백인 노동자들의 설 자리를 빼앗고 있었다.

휘틀람 총리는 원주민 문제에 대해서도 적극적인 해결 의지를 보였다. 원

호주 21대 총리, 고프 휘틀람

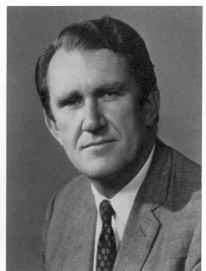

호주 22대 총리, 말콤 프레이저

주민 위원회를 구성하고 원주민 프로그램을 실행하게 되면서 1971~2년 2천 3백만 달러에 그쳤던 원주민 예산은 1974~5년 1억 2천만 달러로 대폭 증가하였다. 수출도 호조를 띠면서 1973년에는 오랜만에 무역수지 흑자를 기록하기도 했다.

한편, 호주 보호령이던 파푸아뉴기니의 독립을 오래전부터 지원해 왔던 호주는 1973년 12월 1일 파푸아뉴기니 자치 정부를 승인했고, 1975년 9월 6일 파푸아뉴기니는 호주로부터 공식 독립하게 된다.

휘틀람에 이어 1975년 집권한 말콤 프레이저 총리 역시 인종차별주의를 혐오하는 사람이었다. 그는 집권 당시 호주소수민족협의회(Australian Ethnic Affairs Council)를 설치함으로써 호주에 거주하는 다양한 인종을 백인 문화에 귀속시키기보다 고유의 문화를 보존하도록 장려했다. 이로써 1978년부터

1982년 사이 호주로 이민을 온 중국계 이민자 수는 6만여 명에 달했으며, 1947년부터 1987년까지 총 550만 명의 다양한 인종이 호주의 새로운 국민이 되었다. 다양한 인종과 국적에 대한 문호 개방을 통해서 호주는 진정한 다인종-다문화 사회로 변모되고 있었다.

호주 18대 연방 총독, 존 커 경

입헌 의회 민주주의 형식의 호주연방제가 출발하면서, 영국 왕실을 대리하여 호주에 거주하며 호주를 관장하는 연방 총독의 존재는 여전히 중요했다. 연방 총독은 일반적으로 연방 총리에 의해 천거되며 영국 왕이 이를 임명하는 방식을 따르게 된다. 연방 총독의 권한은 의회 소집의 시기 결정, 의회 정회 및 해산권, 장관 임면권과 더불어 영국 왕을 대신하여 군사령관직도 겸하는 막강한 자리이다. 특히 호주는 하원과 상원 사이에 첨예한 대립이 자주 발생하기 때문에, 영국 왕실의 특권으로 양원을 모두 해산하고 새롭게 선거를 실시할 수 있는 권한을 가진 연방 총독의 역할은 더더욱 중요하다. 일례로 1975년 11월 11일 당시 야당을 이끌던 말콤 프레이저가 주도한 상원의 봉쇄로 예산안이 부결되면서 호주 정부가 파산 위기에 놓이게 되자 연방 총독 존 커 경(Sir John R. Kerr)은 호주의 혁신을 주도하던 노동당 휘틀람 총리를 전격 해임했다. 이는 호주 헌정 사상 초유의 사태로서 커다란 논란을 불러일으켰다. 특히 커 총독을 천거한 인물이 휘틀람 총리 자신이었다는 점에서 아이러니가 아닐 수 없었다. 일각에서는 국민들이 투표를 통해 선출한 총리와 그의 정부를 영국 왕의 대리인인 연방 총독이 해임한 것은 바람직하지 못하다는 의견도 있었다. 하지만 휘틀람 총리의 지나칠 정도로 급진적인 개혁이 영국은 물론 미국까지 자극했을 가능성이 높다. 때문에 연방 총독에 의한 휘틀람 정권의 강제 해산을 자연스러운 수순으로 보는 견해도 있다.

1975년 6월 영국이 국민투표를 통해 유럽경제공동체에 가입하기로 결정하면서, 호주는 영국과의 관계 그리고 국가수반으로서 여왕의 역할 등에 관한 깊은 고민에 빠지게 된다. 영국이 유럽경제공동체에 가입하게 되면 호주와의 무역 거래에는 심각한 타격이 불가피해 보였으며 호주 사람들이 영국에서 자유롭게 거주할 수 있었던 권리 역시 사라지게 된다. 이미 1972년부터 호주 내에서 영국이 차지하는 수출 비중은 호주 전체 수출의 11퍼센트 정도에 그쳤으며, 영국의 유럽경제공동체 가입 이후에는 4퍼센트까지 대폭 하락하게 된다.

이런 힘든 상황에서도 말콤 프레이저 정부에서의 호주 경제는 평균 6~7퍼센트에 이르는 준수한 성장을 이루게 된다. 이전 정부에서 15퍼센트에 달했던 인플레이션도 10퍼센트 아래로 떨어졌고, 실업률도 낮아졌으며, 공공지출을 줄이는 대신 사회 안전과 복지를 위한 지출만은 그대로 유지했다. 때마침 전 세계적인 광산업 붐이 일게 되면서 1975년 전체 호주 수출의 35퍼센트를 차지하던 광물 자원은 1983년 50퍼센트까지 상승하는 등 수출에 긍정적인 영향을 미쳤다. 하지만 호주의 임금 수준과 물가는 오히려 상승하는 역효과도 발생하였다.

호주의 대외 채무는 가장 시급한 문제였다. 1974~5년 9억 달러였던 대외 채무액은 1981~2년 906억 달러로 호주 GDP의 6퍼센트를 차지할 만큼 폭증하였다. 1983년부터 총리직을 수행하게 된 밥 호크 총리의 최우선 과제는 경제 체질을 바로 세우는 것이었다. 우선 96억 달러에 이르는 경상수지 적자를 줄여 나가는 한편, 3년 내에 새로운 일자리 50만 개를 창출하겠다는 공약을 단 5개월 만에 이행하는 등 선전했다. 그러나 여전히 호주의 실업률은 높기만 했다. 이에 호크 총리는 금융시장을 전면 개방함으로써 외국계 금융회사의 국내 진입을 허용하고 1983년 12월 9일 변동환율제를 전격 도입함으로써 전면적인 금융 자유화를 실시하였다.

호크 총리는 호주노조연합회(ACTU, Australian Council of Trade Union) 위원장과 노동당 당수를 겸직한 경제전문가답게 급진적인 경제정책을 들고 나왔지만 당장 좋은 결실을 보기는 어려웠다. 1985년 호주의 경상수지 적자 규모는 140억 달러까지 치솟았다. 호크 총리의 뒤를 이은 폴 키팅(Paul Keating) 총리 역시 대대적인 조세 감면을 통한 임금 인상 효과를 등에 업고 시장 유동성을 확보하면서 잠시 경제 부활의 날개를 폈지만 그리 오래가지는 못했다.

호크 총리와 키팅 총리에 이어 집권한 자유당 존 하워드(John Howard) 총리는 잘 짜여진 경제 어젠다를 갖고 있었다. 프레이저 전임 총리 시절 6년간 재무장관을 역임했던 그는 총리 집권 이후 11년간 호주의 중흥 시대를 이끌었다. 하지만 그에게도 큰 시련이 찾아오게 되는데, 이는 퀸즐랜드 주 의회의 폴린 핸슨(Pauline Hanson)으로부터 야기된 문제였다. 1997년 4월 핸슨은 '원 네이션(One Nation, 하나의 국가)'이라는 극우 정당을 창당하면서 호주 백인들이 내는 세금이 결국은 원주민과 유색 이민자들을 위해 사용되고 있다는 점을 강조함으로써 호주 백인들에게 잊혀 가던 백호주의의 향수를 자극했다. 하워드 총리 역시 핸슨에 동조하는 모양새를 보이면서 백호주의를 둘러싸고 호주 여론은 또 한 번 갈등을 겪게 된다. 하지만 핸슨이 1998년 총선에서 연임에 실패하자 백호주의 부활 논란은 일단락됐다.

하워드 총리가 그의 재임 기간 동안 정치적 능력을 가장 잘 보여 준 것은 2000년 7월 오랫동안 논의되어 왔던 상품서비스세(GST, Goods and Services Tax)를 도입한 것이었다. 이는 기존의 연방 판매세(sales tax)를 대체하는 동시에 주 정부들이 부과하던 세제를 통합하는 차원에서 도입된 부가가치세 개념의 제도였다. 또한, 공공 통신회사인 텔스트라(Telstra)가 2000년 봄 부분적으로 민영화되었으며, 사적 건강보험 시장도 확대되었다. 하지만 보수적 성향의 하워드 총리는 유색인종 이민에 대해서는 매우 신중한 태도를 취했으며 가족 이민의 경우에는 재정적인 보증이 있어야만 이민을 허용했다.

한편, 1997년 불어닥치기 시작한 아시아 금융 위기는 2001년부터 호주 경제에도 본격적인 영향을 미치기 시작하여 실업률 상승, 투자 감소, 호주 달러 가치 하락으로 이어졌다. 여기에다 하워드 총리의 유색인종 이민 제한으로 1999~2000년 이민자의 47퍼센트가 유럽 백인이었으며, 같은 해 5,870명의 불법 유색 입국자들에 대해서는 한 명의 예외도 없이 임시거주지에 가둠으로써 백호주의가 부활하는 것 아니냐는 우려가 제기되기도 했다. 여기에다 노던 준주에서 죄질의 경중에 상관없이 원주민의 세 번째 유죄 판결부터 무조건 수감하는 정책에 대하여 연방 정부가 아무런 제재도 가하지 않자 백호주의에 대한 우려는 더욱 증폭됐다.

오페라 하우스

휘틀람 정권이 후대에 남긴 가장 큰 선물은 호주의 아이콘이 된 시드니 오페라 하우스였다. 덴마크 건축가 요른 웃손(Jørn Utzon)이 디자인한 오페라

시드니 오페라 하우스의 전경

하우스는 1957년 국제 디자인 공모전에 당선되어 1958년부터 건축에 들어
간 이후 1973년 10월 20일 공식 개장되었다.

1940년 뉴사우스웨일스 주 정부 음악학교 교장이던 유진 구센스(Eugene
Goossens)가 뉴사우스웨일스 주 수상 조셉 케이힐(Joseph Cahill)에게 종합예
술관의 건립을 제안하면서 본격적인 계획이 시작되었다. 당초 건축 예정지
는 시드니 중심부의 타운 홀(Town Hall)이었지만 장소가 너무 협소했기 때문
에 케이힐 수상은 시드니 중심지의 북서쪽에 건립할 것을 제안했다. 하지만
구센스는 지금의 오페라 하우스가 위치한 베넬롱 곶(Bennelong Point)을 고
집하였다.

1955년 9월 13일 시작된 공모전에는 32개국에서 온 총 233개의 제안서
가 접수되었으며 이 중에서 조건에 가장 잘 부합되는 웃손의 독특한 디자인

위: 1920년대의 베넬롱 곶, 아래: 1966년 오페라 하우스 건설 현장

2004년 개관한 웃손 룸

이 선택되었다. 독특한 조개껍질 모양의 외관은 각 반경이 75.2m에 이르는 콘크리트 구조물로 만들어졌으며, 건물 하중을 지지하기 위한 588개의 콘크리트 바닥 지지대를 해수면 25m까지 심어놓았다. 지붕의 조개껍질 문양은 1,056,006개의 백색과 크림색 타일을 이어 붙여 만들었다. 하지만 과도한 예산으로 인해 디자인 변경이 불가피해졌고, 이 과정에서 요른 웃손은 뉴사우스웨일스의 새로운 수상 데이비스 휴즈(Davis Hughes)와 갈등을 빚다가 1966년 2월 사퇴하였다. 다급해진 주 정부는 피터 홀(Peter Hall) 등에게 건축의 마무리를 맡겼고 홀의 감독 하에 공사가 가까스로 완료되었다.

오페라 하우스는 총 공사비만 1억 2백만 달러가 소요된 초대형 건축물로, 세계 최초로 컴퓨터 디자인이 활용되었으며 바닷물을 끌어올려 냉방기를 가동하는 친환경 시스템도 도입되었다. 요른 웃손은 1973년 10월 20일 개장식에 초대받아 참석하였지만 행사에서 그의 이름은 거론되지 않았다.

오페라 하우스 콘서트 홀

1990년대 말 오페라 하우스 이사진은 요른 웃손의 교신을 통해 그의 최초 인테리어 디자인을 완성하고 2004년 그의 이름을 딴 웃손 룸(Utzon Room)을 오픈하기도 했다.

시드니 오페라 하우스의 탁월함을 인정받은 웃손은 2003년 건축가로서는 최고 영예인 프리츠커 상(Pritzker Architecture Prize)을 수상하게 된다.

2007년 4월 웃손은 오페라 하우스의 재건축을 제안하기도 했지만 이듬해인 2008년 11월 29일 숨을 거두게 된다. 시드니 오페라 하우스는 2007년 6월 28일 UNESCO 세계유산으로 등재될 만큼 20세기 최고의 건축물이자 호주인들의 자부심으로 남게 되었다.

진정한 국가國歌의 의미

1983년 정권을 잡은 개혁적 성향의 밥 호크 총리는 1984년까지 사용되던 호주의 공식 국가 '신이시여, 여왕을 구원하소서(God, Save the Queen)' 대신에 '호주여 굳세게 전진하라(Advance Australia Fair)'를 새로운 공식 국가로 결정하였다. 새로운 국가는 원래 1878년 스코틀랜드 태생 작곡가 피터 맥코믹(Peter Dodds McCormick)에 의해 만들어진 곡으로, 애국적인 의미의 가사를 담고 있다.

1834년 스코틀랜드 글래스고의 항구도시 포트 글래스고에서 태어난 맥코믹은 1855년 시드니로 이주한 이후 줄곧 장로교에서 운영하는 학교의 교사로 활동하였다. 그는 1878년 11월 30일 세인트앤드루 데이(St. Andrew's Day)에 자신이 작곡한 '호주여 굳세게 전진하라'를 처음으로 선보였으며, 이내 애국적인 의미의 가사로 호주에서 유명세를 타게 된다. 1901년 1월 1일 연방 정부가 출범될 당시 1만 명의 합창단이 이 노래를 축하곡으로 불렀으며, 1907년에는 뉴사우스웨일스 정부가 맥코믹의 공로를 인정하고 100파운드를 상금으로 수여했다. 맥코믹은 1915년 이 곡에 대한 저작권을 갖게 된다.

그는 곡을 만들게 된 배경에 대해 이렇게 설명했다. '어느 날 저녁 나는 멜번 왕립 전시장(Royal Exhibition Building)에서 진행된 성대한 콘서트를 참관하게 되었고, 대규모 합창단이 밴드에 맞춰 여러 나라의 국가를 연주하는 것을 들었다. 모든 곡이 멋지게 합창되었지만 호주 국가만 유독 호주라는 단어가 빠진 것을 안타깝게 생각했다. 집에 돌아오는 길에 스스로 가사와 멜로디를 흥얼거렸고 집에 도착하자마자 곧바로 작곡에 들어갔다. 다음 날 아침 다시 음미해 보아도 내가 작곡한 곡은 완벽했으며 가사를 바꾸어도 그 의미는 같았다. 나는 내게 주어진 영감으로 너무나도 손쉽게 한 곡을 완성할 수 있

었다.'

맥코믹은 1916년 영면에 들었고 그가 소유했던 저작권은 자연스럽게 호주 정부가 갖게 되었다. 이후 호주 정부는 이 곡을 상업 용도로 사용하는 것을 일체 금지하였으며 1927년 호주 연방 수도 캔버라 오픈식에서도 이 곡은 어김없이 연주되었다. 호주국영방송(ABC, Australian Broadcasting Commission)에서도 1952년까지 뉴스 시작을 알리는 시그널 음악으로 이 곡을 내보냈다.

피터 맥코믹

1973년 휘틀람 총리는 호주를 대표할 수 있는 국가의 필요성에 대해 언급하였고, 호주예술위원회는 즉각 새로운 호주 국가 공모에 들어갔다. 국가를 결정하기 위한 경쟁은 가사 부문과 멜로디 부문으로 나뉘어 치러졌으며 각각 5천 달러의 상금을 내걸었지만 새롭게 공모된 곡들에는 애국적 감흥이 부족했다. 결국 위원회는 새 국가의 후보로 '호주여 군세게 전진하라', '왈칭 마틸다', '호주의 노래(Song of Australia)' 세 곡을 정부에 제안하게 된다. 1974년 휘틀람 총리는 국민투표를 통해 국가를 최종 결정하기로 했으며, 6만 명이 참여한 투표 결과에서 '호주여 군세게 전진하라'가 다른 두 곡을 물리치고 호주의 공식 국가로 결정되었다.

하지만 휘틀람 총리가 갑작스레 커 연방 총독에 의해 물러난 이후 프레이저 후임 총리는 기존 국가인 '신이시여, 여왕을 구원하소서'를 계속해서 사용하기를 희망했다. 결국 1977년 다시 치러진 국민투표를 통해 '호주여 군세게 전진하라(43.29%)'는 '왈칭 마틸다(28.28%)', '신이시여, 여왕을 구원하소서(18.78%)', '호주의 노래(9.65%)'를 제치고 호주의 공식 국가로 최종 결정되었다. 1984년 호주의 공식 국가로서 첫 선을 보인 '호주여 군세게 전진하라'는 원래 가사 중 일부가 개정되었으며 4절로 구성된 원곡도 2절로 축소되었다.

한편, 영국과의 정서적 유대를 상징하던 '신이시여, 여왕을 구원하소서'는 영국 왕실의 방문이 있는 경우에는 여전히 공식 국가와 함께 연주되고 있다.

Advance Australia Fair

Australians all let us rejoice, For we are young and free; We've golden soil and wealth for toil; Our home is girt by sea; Our land abounds in nature's gifts Of beauty rich and rare; In history's page, let every stage Advance Australia Fair. In joyful strains then let us sing, Advance Australia Fair.

호주여 군세게 전진하라

호주인이여 기뻐하라. 우리들은 젊고 자유롭다네; 우리는 노력을 통해서 황금빛 토지와 풍요로움을 얻었네; 우리의 고향은 바다에 둘러싸여 있고 대지는 자연의 은혜에 보답한다네; 우리의 아름다운 자연은 풍요롭고 귀한 것이라네; 역사의 한 페이지에서, 모든 무대에서, 호주여 군세게 전진하라. 즐거운 마음으로 다 함께 노래하자. 호주여 군세게 전진하라.

봇짐을 진 스웨그맨. 1901년   밴조 패터슨

　국가를 결정하는 국민투표에서 아쉽게 탈락한 '왈칭 마틸다'는 호주에서 가장 널리 알려진 민속요이면서 비공식 국가라고 할 수 있다. 곡 제목에서 '왈칭(Waltzing)'은 걸어 다닌다는 의미이며, '마틸다(Matilda)'는 등에 진 봇짐을 의미한다. 즉 호주 정착기 시절 스웨그맨(swagman, 떠돌이 노동자)의 애환을 담은 노래로서 가사 내용은 다음과 같다. 방랑 생활을 하는 한 떠돌이가 오지의 캠프에서 빌리 차(billy tea)를 끓여 마시며 생활하다가 배가 너무 고파서 양을 잡아먹자 양의 주인과 경찰관이 그를 도둑으로 몰아세워 붙잡으려 했다. 그가 근처 연못에 몸을 던져 죽고 이후 다시 유령으로 환생한다는 내용의 노래이다. 1895년 호주의 저명한 시인이자 10달러 지폐에도 등장하는 밴조 패터슨이 처음 작사했으며 1903년 대중에게 첫 선을 보였다.

　퀸즐랜드 중서부 윈턴(Winton)의 대그워스(Dagworth) 목장에서 일했던 밴조 패터슨은 1895년 1월 '왈칭 마틸다'를 작사했고, 목장주 가족인 크리스

1990년대 호주 안셋 항공사 여객기에 새겨진 '왈칭 마틸다'

티나 맥퍼슨(Christina McPherson)이 기타를 연주하며 곡을 완성했다. 맥퍼슨은 1894년 4월 빅토리아에서 열린 경마 대회에 구경을 갔다가 군악대 연주에서 흘러나오는 'The Craigielee March'의 리듬을 목장에 돌아와서 기타로 연주했고, 이를 듣게 된 벤조 패터슨이 가사를 붙인 것이다. 훗날 호주의 저명한 전원시인으로 유명해진 벤조 패터슨은 스코틀랜드 이민자 출신 아버지 밑에서 자랐고, 어린 시절을 뉴사우스웨일스 전원도시에서 생활하면서 작가적 영감을 키웠다. 시드니에 위치한 학교에 진학하면서 학업에 열중했고 이후 기자 생활을 하던 중 보다 넓은 세상을 경험하기 위하여 종군기자와 군인으로 해외 전쟁에 참가하게 된다. 1916년 프랑스에서 실종됐던 그는 1919년 호주로 살아서 돌아오면서 작가로서 작업을 이어 가다가 1941년 심장마비로 사망했다.

2002년 10월 12일 인도네시아 발리에서 발생한 폭탄 테러로 88명의 호주인이 사망한 것을 기리는 행사에서 존 하워드 총리는 호주 공식 국가 대신 호주 전통 민요 '왈칭 마틸다'를 부르며 눈물을 보이기도 했다. '왈칭 마틸다'는 지금도 호주 럭비 리그의 공식 음악으로 사용되고 있으며, 호주 여자 축구대표팀은 별칭으로 '마틸다'를 사용하고 있다. 가사 내용에서 알 수 있듯이 이 곡은 호주 백인들의 힘들었던 초기 정착 시기를 용맹스럽고 자립적이면서 영웅적으로 묘사함으로써 많은 호주 백인들의 공감을 얻고 있다. 어쩌면 '왈칭 마틸다'는 과거 힘들고 외롭고 서글펐던 자신들의 내면세계를 고스란히 표현하고 있다고 볼 수 있다.

원주민 토지권

1939년 에디 코이키 마보(Eddie Koiki Mabo)가 태어난 곳은 토레스 해협의 머리(Murray)라고 불리는 작은 섬이었다. 마보의 어머니는 그를 낳고 얼마 안 있어 세상을 떠났고, 그는 외삼촌에게 맡겨졌다. 어려서부터 마보는 그의 부족과 땅에 대해 어른들로부터 가르침을 받았다. 자신들의 땅은 여러 세대를 거치며 전해져 왔고, 땅의 경계에는 나무, 돌, 바위가 있어 쉽게 알 수 있었다. 하지만 토레스 해협 도서 지역 사람들은 당시 퀸즐랜드 주 정부에 의해 엄격하게 통제된 삶을 살고 있었다. 17세가 되던 해 마보는 퀸즐랜드 타운스빌(Townsville)로 이주하여 철도 노동자로 일했다. 1959년 부인을 만나 결혼하고 열 명의 자녀를 키우면서 다양한 직업을 전전하던 그는 31세 되던 해에 제임스 쿡 대학교 정원사로 일하게 된다.

1974년 대학교수들과 식사를 하면서 그의 부족과 땅에 대해 이야기를 나

머리 섬의 원주민들, 1914년

누던 중 조상 대대로 살아온 부족의 땅을 되찾고 싶다는 생각을 하게 된다. 마침 1981년 제임스 쿡 대학교에서 개최된 원주민 토지권 관련 컨퍼런스에서 그는 머리 섬(Murray Island)에 대한 원주민 토지소유권과 상속을 주장하는 연설을 하였다.

  컨퍼런스에 참가한 한 법조인의 조언으로 백인 정부의 '테라 눌리우스(Terra nullius: no-ones land, 백인 정착 이전에 호주 대륙의 주인은 없다는 원칙)'에 도전하기 위한 법적 소송을 준비하면서 그는 원주민 리더로 선출되었다. 퍼스 출신 변호사 그렉 매킨타이어(Greg McIntyre)가 마보의 대리인으로서 청문회에 임했지만, 10년여 간에 걸친 소송 끝에 호주 법원은 기각 결정을 내렸다. 실의에 빠진 마보는 자신의 주장이 옳으며 법적으로 싸워 반드시 승리할 수 있다는 확신으로 연방 고등법원에 재차 소송을 제기했다. 소송 기간 내내 그

에디 코이키 마보, 원주민 운동가

는 그렇게 사랑하는 고향 섬에 관한 그림을 그리면서 서서히 건강이 피폐해지기 시작했다. 병중에도 그는 끝까지 백인 정부에 맞서 조상의 땅을 반드시 되찾을 수 있다는 확신을 갖고 있었지만, 1992년 1월 결국 56세의 나이에 암으로 세상을 떠난다.

그로부터 5개월 후인 1992년 6월 3일 연방 고등법원은 역사적인 결정을 내리게 된다. 판결문은 원주민의 주권이 엄연히 존재하며 원주민 혹은 도서 지역 사람이 토지의 소유권을 결정할 수 있기 때문에 기존 법원의 기각 결정은 이유 없다고 판시하고 있다. 마보에 대한 애도 기간이 끝나고 3년 후 타운스빌에 모인 섬사람들은 영결식을 거행하였다. 하지만, 그날 그의 무덤이 훼손되면서 그가 평생 그토록 사랑하고 투쟁해 왔던 머리 섬에 재안치되었다. 그날 밤 섬사람들은 80년 만에 전통 의식을 치르면서 마보를 왕으로 추대하였다. 마보는 호주 백인 사회에 정면으로 맞선 진정한 원주민이었다.

한편, 1996년 12월 연방 고등법원은 윅 케이스(Wik Case)에 대해서 마보 케이스와는 다른 판결을 내리게 된다. 마보의 원주민 토지권 소송은 백인에게 부여된 토지권의 해당 토지가 원주민 소유였을 경우에 반드시 원주민에게 돌려주어야 한다는 것이었지만, 윅 케이스의 경우에는 백인에게 부여된 토지권과 원주민의 소유권이 공존할 수 있다고 판결하고 있다.

윅 지역은 퀸즐랜드 북부의 광활한 원주민 영토가 백인들에게 대여되면서 목축업, 농업, 광산업 등으로 심각하게 훼손이 된 경우이며, 여기에다 한 지역에 대한 권리를 주장하는 주체가 많아지면서 사회적으로도 큰 문제가 되었다. 웨스턴오스트레일리아의 한 사례에서는 한 지역에 대해 14개의 토지권 주장이 제기되기도 하였다.

300페이지에 달하는 윅 판결문은 동일 토지에 대하여 원주민과 백인 모두 소유권을 주장할 수 있되, 분쟁이 발생하는 경우에는 원주민에 비해 백인의 소유권이 우선시되어야 한다는 내용을 담고 있다. 이러한 입법안이 1997년 10월 연방 하원을 통과하게 되면서 백인 목축업자들과 광산업자들은 환영했지만, 원주민을 비롯한 종교계와 일부 법조인들까지 이 법안이 인종차별 금지법의 취지를 훼손할 수 있다는 이유를 들어 반대하였다. 호주 대륙에 아주 오래전부터 살고 있던 원주민의 주권과 토지권 문제는 호주가 영원히 풀어야 할 숙제로 남게 되었다.

끝나지 않은 고민

호주의 백인은 분명 유럽 대륙으로부터 건너온 조상을 가진 유럽 인종이다. 어쩌면 그들은 유럽인처럼 생각하고 행동하는 것이 당연하다고 교육받고 또 그렇게 세대를 이어 왔을지 모른다. 하지만 지정학적으로 그들은 아시아태평양 지역의 일원으로서 존재한다. 근대사적으로도 이제 유럽에서 어떤 일이 벌어졌는지보다는 일본이나 중국, 그리고 인도네시아에서 벌어지고 있는 일에 더 관심을 가질 수밖에 없었다. 마음만은 유럽에 있지만 몸은 아시아태평양에 존재하는 일종의 정체성 혼란이 오늘날 호주가 처한 현실의 일부분인 것이다.

다른 왕권 국가와는 다르게 호주에는 왕의 존재는 있지만 실질적인 통치는 이루어지지 않고 있다. 이제 1차 세계대전 참전자 중에서 더 이상 생존자가 남아 있지 않으며 2차 세계대전 참전자들도 역사의 뒤안길로 사라져 가고 있는 상황에서, 영국을 향한 감상적인 향수는 점차 희미해져 가고 있다.

공화제 전환 문제는 20세기 말부터 호주 사회를 뒤흔들고 있다. 폴 키팅 총리는 호주 국기에서 영연방의 상징인 유니언 잭을 없애고 연방 총독 대신 대통령을 선출하는 공화제로 전환하자는 의견을 심각하게 거론한 바 있다. 국론이 분열되는 진통 끝에 1999년 공화제 전환과 대통령 선출 안을 놓고 국민투표까지 이어졌지만 호주 국민들은 영연방에 잔류하는 것이 자신들의 안전과 번영을 위해 필요하다는 생각을 하고 있는 것으로 나타났다.

2016년 들어 호주는 또다시 공화제로 전환하자는 움직임이 불붙고 있다. 호주 6개 주와 2개 준주 가운데 웨스턴오스트레일리아를 제외한 모든 지역이 공화국 전환에 찬성하면서 이제 호주 공화국으로의 전환은 시간문제로 보아도 과언이 아닐 것이다. 호주를 장차 어떤 국가로 만들어 나갈지는 결국 호주 사람들 자신의 선택에 달려 있다.

부록

뉴사우스웨일스 총독

Governor of New South Wales

재임 기간	이름
1788~1792	Captain Arthur Phillip
1795~1800	Captain John Hunter
1800~1806	Captain Philip King
1806~1808	Captain William Bligh
1810~1821	Major-General Lachlan Macquarie
1821~1825	Major-General Sir Thomas Brisbane
1825~1831	Lieutenant-General Ralph Darling
1831~1837	Major-General Sir Richard Bourke
1838~1846	Sir George Gipps
1846~1855	Sir Charles FitzRoy
1855~1861	Sir William Denison
1861~1867	Sir John Young
1868~1872	Somerset Lowry-Corry, 4th Earl Belmore
1872~1879	Sir Hercules Robinson
1879~1885	Lord Augustus Loftus
1885~1890	Charles Wynn-Carington, 3rd Baron Carrington
1891~1893	Victor Albert George Child-Villiers, 7th Earl of Jersey
1893~1895	Sir Robert Duff
1895~1899	Henry Robert Brand, 2nd Viscount Hampden
1899~1901	William Lygon, 7th Earl Beauchamp

태즈메이니아 총독

Governor of Tasmania

재임 기간	이 름
1804~1810	Colonel David Collins*
1813~1817	Colonel Thomas Davey*
1817~1824	Colonel William Sorell*
1824~1836	Colonel George Arthur*
1837~1843	Captain Sir John Franklin*
1843~1846	Sir John Eardley-Wilmot*
1847~1855	Sir William Denison*
1855~1861	Sir Henry Fox Young
1862~1868	Colonel Thomas Browne
1868~1874	Charles Du Cane
1875~1880	Frederick Weld
1881~1886	Major Sir George Strahan
1887~1892	Sir Robert Hamilton
1893~1900	Jenico Preston, 14th Viscount Gormanston
1901~1904	Captain Sir Arthur Havelock

*부총독

✣

웨스턴오스트레일리아 총독
Governor of Western Australia

재임 기간	이름
1828~1832	Captain James Stirling*
1832~1839	Captain James Stirling
1839~1846	John Hutt
1846~1847	Lieutenant-Colonel Andrew Clarke
1847~1848	Lieutenant-Colonel Frederick Irwin
1848~1855	Captain Charles Fitzgerald
1855~1862	Arthur Kennedy
1862~1868	John Hampton
1869~1875	Frederick Weld
1875~1877	William Robinson
1878~1880	Major-General Sir Harry Ord
1880~1883	Sir William Robinson
1883~1889	Sir Frederick Broome
1890~1895	Sir William Robinson
1895~1900	Lieutenant-Colonel Sir Gerard Smith
1901~1902	Captain Sir Arthur Lawley

*부총독

사우스오스트레일리아 총독

Governor of South Australia

재임 기간	이름
1836~1838	Captain John Hindmarsh
1841~1845	Captain George Grey
1845~1848	Lieutenant-Colonel Frederick Robe
1848~1855	Sir Henry Fox Young
1855~1862	Sir Richard Macdonnell
1862~1868	Sir Dominick Daly
1869~1873	Sir James Fergusson
1873~1877	Sir Anthony Musgrave
1877~1883	Sir William Jervois
1883~1889	Sir William Robinson
1889~1895	Algernon Keith-Falconer, 9th Earl of Kintore
1895~1899	Sir Thomas Buxton
1899~1902	Hallam Tennyson, 2nd Baron Tennyson

빅토리아 총독

Governor of Victoria

재임 기간	이 름
1851~1854	Charles La Trobe*
1854~1855	Captain Sir Charles Hotham*
1855	Captain Sir Charles Hotham
1856~1863	Sir Henry Barkly
1863~1866	Sir Charles Darling
1866~1873	Sir John Manners-Sutton
1873~1879	Sir George Bowen
1879~1884	George Phipps, Marquess of Normanby
1884~1889	Sir Henry Loch
1889~1895	John Hope, 7th Earl of Hopetoun
1895~1900	Thomas Brassey, 1st Baron Brassey
1901~1903	Sir George Clarke

*부총독

✠

퀸즐랜드 총독

Governor of Queensland

재임 기간	이름
1859~1868	Sir George Bowen
1868~1871	Colonel Sir Samuel Blackall
1871~1874	George Augustus Constantine Phipps, 2nd Marquess of Normanby
1875~1877	William Cairns
1877~1883	Sir Arthur Kennedy
1883~1889	Sir Anthony Musgrave
1889~1895	General Sir Henry Norman
1896~1901	Charles Baillie, 2nd Baron Lamington

호주 연방 총독

Governor General of Australia

재임 기간	이 름
1901~1902	The Earl of Hopetoun
1902~1904	Lord Tennyson
1904~1908	Lord Northcote
1908~1911	The Earl of Dudley
1911~1914	Lord Denman
1914~1920	Sir R. C. Munro-Fergus (Earl Novar)
1920~1925	Lord Forster
1925~1930	Lord Stonehaven
1930~1931	Lord Somers
1931~1936	Sir I. A. Isaacs
1936~1945	Earl Gowrie
1945~1949	The Duke of Gloucester
1949~1953	Sir W. J. McKell
1953~1960	Viscount Slim
1960~1961	Viscount Dunrossil
1961~1965	Viscount De L'Isle
1965~1969	Lord Casey
1969~1974	Sir P. M. C. Hasluck
1974~1977	Sir J. R. Kerr
1977~1982	Sir I. Cowen

재임 기간	이름
1982~1989	Sir N. Stephen
1989~1996	Sir W. G. Hayden
1996~2001	Sir W. Deane
2001~2003	Rt Revd Dr P. Hollingsworth
2003~2008	Major General Michael Jeffery
2008~2014	Quentin Alice Louise Bryce
2014~	Sir Peter John Cosgrove

호주 연방 총리

Prime Minister of Australia

재임 기간	이 름
1901~1903	Sir Edmund Barton
1903~1904	Alfred Deakin
1904	John Christian Watson
1904~1908	Alfred Deakin
1908~1909	Andrew Fisher
1909~1910	Alfred Deakin
1910~1913	Andrew Fisher
1913~1914	Joseph Cook
1914~1915	Andrew Fisher
1915~1923	William Morris Hughes
1923~1929	Stanley Melbourne Bruce
1929~1932	James Henry Scullin
1932~1939	Joseph Aloysius Lyons
1939	Sir Earle Christmas Grafton Page
1939~1941	Robert Gordon Menzies
1941	Arthur William Fadden
1941~1945	John Curtin
1945	Francis Michael Forde
1945~1949	Joseph Benedict Chifley
1949~1966	Robert Gordon Menzies

재임 기간	이 름
1966~1967	Harold Edward Holt
1967~1968	John McEwen
1968~1971	John Grey Gorton
1971~1972	William McMahon
1972~1975	Edward Gough Whitlam
1975~1983	John Malcolm Fraser
1983~1991	Robert James Lee Hawke
1991~1996	Paul John Keating
1996~2007	John Winston Howard
2007~2010	Kevin Rudd
2010~2013	Julia Gillard
2013	Kevin Rudd
2013~2015	Tony Abbott
2015~	Malcolm Turnbull

찾아보기

14

Australia

호주사
다이제스트100